Ralf Gréus
Wolfgang Barthel
Annette Schafhäutle

MIT DEM WOHNMOBIL DURCH PIEMONT & LIGURIEN

Die Anleitung für einen Erlebnisurlaub

DER WOHNMOBIL-VERLAG
D-98634 Mittelsdorf/Rhön

Die Deutsche Bibliothek – CIP-Einheitsaufnahme

Bibliografische Information der Deutschen Bibliothek

Die Deutsche Bibliothek verzeichnet diese Publikation in der Deutschen Nationalbibliografie.
Detaillierte bibliografische Daten sind im Internet über <http://dnb.ddb.de> abrufbar.

Titelbild: Vernazza – vom berühmten Wanderweg aus (Tour 13)

1. Auflage 2005

Karten und Fotos:
alle Karten von den Autoren;
Fotos: S. 121 (oben) von Werner Hemler, S. 184 von Reinhard Korn, S. 200 von Regine Staudt-Zeun, S. 234 von Florentine Zeun;
alle anderen von den Autoren

Druck:
Wilhelm & Adam GmbH, 63150 Heusenstamm

Vertrieb:
GeoCenter, 70565 Stuttgart

Herausgeber:
WOMO-Verlag, 98634 Mittelsdorf
Position: N 50° 36.696'; E 10° 08.010' (WGS 84)

Fon: 0049 (0) 36946-20691
Fax: 0049 (0) 36946-20692
eMail: verlag@womo.de
Internet: www.womo.de

Autoren-eMail: Greus@womo.de

ISBN 3-928840-62-2

EINLADUNG

Wozu, fragen Sie, werden Sie in diesem Buch eingeladen? Zu allem, was eine Wohnmobilreise zu bieten hat:

Es gibt kaum ein Buch der WOMO-Reihe mit einem solchen Querschnitt unterschiedlicher Reiseziele in ein Land, dessen Aufgeschlossenheit Wohnmobilen gegenüber schon fast sprichwörtlich ist. Erleben Sie eine ungeahnte Vielfalt Italiens, ein Potpourri unterschiedlichster Regionen, Klimazonen und Stellplätze. Alles ist möglich, von den Südalpen bis zum Meer, und das meiste unter südlicher Sonne. Sie bereisen am Lago Maggiore und an der ligurischen Küste, erst recht in den Cinque Terre, europäische Top-Ziele, dazwischen aber, und darin liegt ein besonderer Reiz dieses Buches, fahren Sie durch touristische Entwicklungsgebiete, die landschaftliche und kulturelle Highlights bereithalten, wie sie selbst in Italien ganz vorne rangieren.

Verbinden Sie Berglandschaften mit der Kunst des Barock, eine Wein-Schlemmer-Reise mit einem Wanderurlaub und mit Badetagen. Und freuen Sie sich auf italienische Wohnmobilfreundlichkeit.

Unseren Autor Ralf Gréus kennen Sie schon unter anderem aus seinen Büchern über die Toskana und Umbrien. Nun unterstützt er Wolfgang Barthel, der einst eine Zeitlang in Italien lebte, und Annette Schafhäutle; allerdings nur literarisch. Als nämlich deren altes WOMO, genannt ‚Schinken', mitunter liegen blieb, half meist nur das Warten auf die Selbstheilungskräfte eines ehemaligen Postbusses. Wie gut, dass sie erst nach einer Neuanschaffung durchrauschen konnten und auf mehreren Reisen zuvor ihr vom lauten Motor strapaziertes Gehör schon in der Stille des Nordens, weit abseits ausgefahrener Wege regenerieren mussten. Im Alltag sind sie Architekten, was sie mehr als einen geschulten Blick auf alle Arten von Baulichkeiten werfen ließ.

Ralf Gréus ist zwar kein Koch, aber er ist dennoch der Mann für die legendäre piemontesische Küche, den Wein und die ligurische Farbenpracht.

Lassen Sie sich von dieser Mischung sowie einer landschaftlichen und klimatischen Vielfalt einfangen, wie sie bislang in der WOMO-Reihe nur selten bereist wurde.

Ihre Waltraud Roth-Schulz

Sehr geehrter Leser, lieber WOMO-Freund!

Reiseführer sind für einen gelungenen Urlaub unverzichtbar – das beweisen Sie mit dem Kauf dieses Büchleins. Aber aktuelle Informationen altern schnell und ein veralteter Reiseführer macht wenig Freude.
Sie können helfen, Aktualität und Qualität dieses Buches zu verbessern, indem Sie uns nach Ihrer Reise mitteilen, welchen unserer Empfehlungen Sie gefolgt sind (freie Stellplätze, Campingplätze, Wanderungen, Gaststätten usw.) und uns darüber berichten (auch wenn sich gegenüber unseren Beschreibungen nichts geändert hat).
Bitte füllen Sie schon während Ihrer Reise das Info-Blatt am Buchende aus!

Als Dank für Ihre Mühe wird Sie unser Verlag stets über alle Neuerscheinungen informieren.
Außerdem gewähren wir Ihnen bei Buchbestellungen direkt beim Verlag (mit beigefügtem, ausgefülltem Info-Blatt) ein Info-Honorar von 10%.

Inhaltsverzeichnis

Zeichenerklärungen für die Tourenkarten

Touren / abseits der Touren

- Autobahn
- 4-spurige Straße
- Hauptstraße
- Nebenstraße
- Schotterstraße
- Wanderweg

S — WOMO-Stellplatz, geeignet für freie Übernachtungen

W P B — Wander-, Picknick-, Badeplatz, geeignet für freie Übernachtungen

W B — Wander-, Badeplatz, nicht für freie Übernachtungen

- Kirche, Kloster
- Burg, Schloss, Ruine
- 1493 m — Berggipfel
- Höhle
- Ausgrabungsstätte
- Sehenswürdigkeit
- Aussicht, Rundsicht
- Trinkwasser/Dusche
- E — Ver-/Entsorgung
- WC — Toilette
- C — empf. Campingplatz
- C — sonst. Campingplatz

Gebrauchsanweisung

Wenn Sie schon mal Teile unseres Zielgebietes mit dem Wohnmobil bereist und anschließend die Angebotsliste des WOMO-Verlages betrachtet haben, hat Sie das Fehlen des Piemont und Liguriens vielleicht nicht sehr erstaunt. Weder die eine noch die andere Region taugt für einen vollwertigen WOMO-Führer. In Ligurien sind die Stellplätze am Meer, wo man sie am meisten erwartet, zu rar. Das gilt auch für die Seen im Norden des Piemont, den Lago Maggiore und den Lago d'Orta. Aber im restlichen Piemont, namentlich dem der Wein- und Trüffel-Liebhaber, in der Gegend um Alba, aber auch im Aosta-Tal und in den sogenannten West-Tälern gibt es Stellplätze in Hülle und Fülle, traumhafte Landschaften und Sehenswürdigkeiten bis zum Abwinken. Aber wer fährt schon ins Piemont? Die Region war nur mäßig in Mode und ist erst neuerdings mit Turin in kräftigen Aufwind geraten.

Es lag also nahe, zwei, mit dem Aostatal sogar drei, nicht ganz unproblematische italienische Regionen zu verbinden, wenngleich sie, außer dass sie aneinander grenzen, an Gemeinsamkeiten nur ein wenig Geschichte und die heutige Zugehörigkeit zu Italien besitzen. Sie werden also in diesem Reiseführer eine nicht ganz homogene Tourenabfolge finden, bei der Ihnen auch auffallen wird, dass sie unterschiedlichen Federn, eher Festplatten, entstammt. Dass die Autoren nicht nur verschiedene Stile pflegen, sondern auch ungleiche Urlaubsgewohnheiten. Wir haben uns nicht bemüht, das alles zu glätten, Sie merken sowieso sehr schnell, wer was geschrieben hat.

Die Größe des Gebiets erlaubte uns nicht, es vollständig zu beschreiben. Unsere Auswahl ist subjektiv und lässt auch einige Top-Sehenswürdigkeiten vermissen. Dafür beschreiben wir Dinge, die sonst niemand beschreibt und die von anderen Leuten „Geheimtipps" genannt werden.

Erwarten Sie bitte auch in diesem Buch nicht, dass wir Unmögliches herbeizaubern können: den allzeit zugänglichen Superbadeplatz am Meer (oder an den Seen), geräumige Campingplätze hinter den Stränden oder auch nur Preise wie vor dem Euro. Trotzdem werden wir Sie durch touristisch fast unbeleckte Kulturlandschaften führen, in denen Sie in jeder Beziehung, auch stellplatzmäßig, aus dem Vollen schöpfen dürfen.

Die **allgemeinen Tipps** am Ende des Buches nerven Sie vielleicht schon ein wenig, wenn Sie andere Bücher des Verlags oder gar eines Mitautors besitzen, sie passen auch nicht immer bis ins Detail auf alle Teilgebiete unserer Touren. Es war uns daher wichtig, die Allgemeinheiten nicht noch mehr auszudehnen. Wir fassen uns hinten eher kurz.

Das Prinzip vorliegenden Buches entspricht dem aller anderen der Reihe. Die **Bau- und Kunstdenkmäler** kommen nicht zu kurz, wobei Sie aber bitte daran denken, dass wir nur einen Wohnmobilführer geschrieben haben. Die angegebenen **Öffnungszeiten** und noch mehr die **Preise** haben ein sehr kurzes Verfallsdatum, sie dienen hauptsächlich einer groben Orientierung, weshalb wir Kinderermäßigungen meist auch nicht angeben.

Von einem Mitautor sind Sie aus anderen Büchern **Restaurant-Tipps** gewohnt. Dieser Autor hält sich insoweit etwas zurück, aber was gesagt werden musste, wird auch nicht verschwiegen.

Selbstverständlich wird auch wieder gemeinsam **gewandert**, zumal wir die Alpen mehr als nur streifen und obendrein eines der renommiertesten mediterranen Wanderziele, den Weg zu den Cinque Terre, begehen. Damit wir die gehfaulen Leser nicht quälen und damit diese im Text leichter weiterlesen können, sind längere Beschreibungen von Wanderstrecken grün unterlegt.

Aber deswegen haben Sie diesen Reiseführer nicht gekauft. Sie planen eine Reise mit Ihrem Wohnmobil und erwarten nun von uns Vorschläge für **Stellplätze**. Wir helfen Ihnen dabei, und häufig haben wir die Plätze sogar fotografiert. Die wichtigsten sind farbig hervorgehoben, damit Sie hinterm Steuer nicht lange blättern müssen: Blau sind die Badeplätze, grün die Wanderparkplätze, rot die Picknick-Plätze, an denen zumindest Bänke und Tische für Sie installiert sind, und gelb ist der große Rest, auf dem Sie, wie auf allen vorgenannten, übernachten können. Für alle gilt, dass sie nicht ausnahmslos für Wohnmobile im Lastwagenformat in Frage kommen, wenngleich wir meistens auch auf die möglichen WOMO-Größen eingehen (wobei es sehr schwierig ist, sich nur in der Vorstellung in ein Wohnmobil größerer Dimensionen zu setzen - Maßangaben sind daher nicht mehr als eine grobe Schätzung). Bitte beachten Sie auch, dass sich nicht alle Plätze - ebenso wenig wie die empfohlenen Campingplätze - für jede Jahreszeit gleichermaßen eignen. Bei unseren Reisen haben wir uns beispielsweise an Ostern für Stellen begeistert, die uns aus verschiedenen Gründen im Sommer kaum aufgefallen sind. Wir berichten Ihnen, wenn die Plätze einsam liegen, und den Übervorsichtigen sagen wir meistens, welche Plätze „offiziell", also von der jeweiligen Gemeinde, eingerichtet oder beschildert worden sind.

Zusätzlich haben wir in diesem Buch die **Positionen** fast aller Stellplätze angegeben. Einzelheiten dazu finden Sie hinten bei den Tipps unter der Überschrift *GPS*.

Den in anderen Büchern der Reihe angedeuteten Glaubenskrieg über die Behandlung der **Campingplätze** müssen wir hier nicht führen. Dazu gibt es im Piemont und in Ligurien einfach zu wenige. So fiel es uns leicht, alle guten zu erwähnen, zumindest die meisten. Aber wir bewerten kaum die sanitäre Ausstattung. Unser Augenmerk liegt auch nicht in der detailgenauen Differenzierung der Campingplatzführer, sondern bei den landschaftlichen und atmosphärischen Reizen. Auch die Campingplätze sind - ähnlich einem Stellplatz - in grüner Farbe aus dem übrigen Text hervor gehoben. Wir bitte Sie aber, nicht zu vergessen, dass sich die WOMO-Führer dem **freien Übernachten** (die Terminologie dieses Buches versteht darunter auch den kostenpflichtigen Stellplatz außerhalb eines Campingplatzes) verschrieben haben.

Von einem Wohnmobil-Führer erwarten Sie Angaben über **Entsorgungsstationen** und über **Wasserstellen**. Diese werden von uns bei den Stellplätzen, gelegentlich auch nur auf den Touren-Karten genannt. Oft müssen Sie aber das Wasser in Behältnissen eine gewisse Strecke tragen.

Jeder unserer Touren stellen wir eine Übersicht voran, in der wir Ihnen Übernachtungs- und Campingplätze anbieten, Besichtigungsvorschläge machen, bisweilen Gaststätten empfehlen und Sie auf Wanderrouten hinweisen.

Die den Touren vorangestellte **Tourenkarte** soll Ihnen die Orientierung ermöglichen, sie kann aber keinesfalls die professionelle Straßenkarte (eine solche im Maßstab 1: 200.000 oder größer setzen wir voraus) ersetzen. Unsere Karte soll vor allem denjenigen helfen, die Probleme mit den Himmelsrichtungen haben, da diese bei unseren Beschreibungen eine große Rolle spielen. Weil Sie nicht sklavisch den Tourenbeschreibungen hinterherfahren, ist es mit den Hinweisen ,rechts' oder ,links' nicht getan, weshalb Sie sich für das Verständnis dieses Buches leider doch etwas mit den Himmelsrichtungen anfreunden müssen. Machen Sie sich bitte mit der Zeichengebung vertraut (siehe Seite 7).

In der hinteren Umschlagseite finden Sie eine **Übersichtskarte** der Touren dieses Buches, die Ihnen ein erstes Verständnis darüber verschafft, in welchen Teilen des Reisegebietes die einzelnen Fahrten verlaufen.

Sie wissen, dass weder der Verlag noch wir Autoren dafür einstehen können, dass das Übernachten auf den von uns erwähnten Plätzen behördlich erlaubt ist. Genauso wenig übernehmen wir die Gewähr dafür, dass auf unseren Plätzen keine Gefahren, zum Beispiel durch Hochwasser, drohen und dass alle sonstigen Angaben richtig sind. Wie alle Reiseführer enthält auch dieses Buch Fehler, und es wird unaktuell. Sie helfen uns sehr, wenn Sie uns schreiben und uns dabei auch Orte nennen, die in diesem Buch (noch) nicht vorkommen. Gehen Sie bitte nicht davon aus, dass uns von Ihren Erfahrungen schon ein anderer Leser berichtet hat. **Wir sind auf die Mithilfe unserer Kunden angewiesen**. Sie unterstützen uns genauso, wenn Sie berichten, dass alles noch so ist, wie wir es beschrieben haben. Wir bitten Sie daher dringend um Ihre Zuschrift an den Verlag oder - stellvertretend für alle drei Autoren - an

Dr. Ralf Gréus
Bahnhofanlage 18
D 68723 Schwetzingen
Fax: 0049/6221/980531,
e-mail: greus@womo.de

denn ein Wohnmobil-Reiseführer lebt - je älter er ist, umso mehr - von den Tipps seiner Leser. Um Ihnen das Feedback zu erleichtern, befindet sich hinten im Buch eine vorbereitete **Antwortkarte**.

Wie in allen unseren Büchern bitten wir Sie am Ende der Vorrede, die empfohlenen Stellplätze nicht zu übervölkern und sie nicht mit Müll, Abwasser oder gar dem Inhalt Ihrer Toilette zu verunreinigen.

Tragen Sie bitte dazu bei, dass den Stellplätzen noch eine lange Zukunft beschieden ist. Schließlich möchten auch wir dort gerne selbst wieder Urlaub machen.

Die Fahrt in das „Land zu Füßen der Berge“

Wer das Piemont besuchen will, muss nach unserer Auffassung als Erstes diesen famosen Reiseführer kaufen. Dann hat er sich die unter *Tipps und Tricks* mitgekauften Empfehlungen zu Herzen zu nehmen, damit die Reise zu einem ungetrübten Vergnügen wird. Und schließlich muss er, nach vorsorglicher Lektüre dieses Reiseführers, Prüfung der Reisekasse und –zeit sowie detaillierter Abstimmung mit der lieben Gattin/dem lieben Gatten, dem Klassenlehrer (wegen der schulpflichtigen Kinder) und den Nachbarn (wegen der Geranien), entscheiden, ob die erste Begegnung mit dem **„Land zu Füßen der Berge“**, denn das bedeutet der lateinische Name *pedes montium,* von wilder oder von milder Natur sein soll.

Wer nämlich gleich hinein in das **Aosta-Tal**, in die Bergwildnis und damit in unsere Tour 5 einsteigen will, kann für die Überquerung der Alpen zwischen dem **Mont-Blanc-Tunnel** und dem Gran San Bernardo wählen. Von dem fast 12 km langen Tunnel raten wir deshalb ab, weil der Reisende unsere Tour 6 praktisch rückwärts abfahren müsste, was natürlich nicht bedeutet, dass er sie im Rückwärtsgang zu fahren hätte. Genauso wenig würde diese Anreisevariante dem Reisenden ernsthaft abfordern, die Tourbeschreibung rückwärts zu lesen, denn dann würde er am Schluss seiner Lektüre den Satz „will besuchen Piemont das wer“ lesen und an unserer literarischen Kompetenz zweifeln. Ebenso wenig müsste er wegen seiner Entscheidung für die Tunnelfahrt das Buch über Kopf lesen, denn dann würde diese Anfahrtsbeschreibung mit den Worten „Wer das Piemont besuchen will“ beginnen, was ja auch keinen Sinn ergäbe.

Papperlapapp.

In Wahrheit raten wir von dem berüchtigten Tunnel wegen seiner grauenhaften Vergangenheit, der hohen Transferkosten und des eingeschränkten Landschaftserlebnisses ab und empfehlen Ihnen den **Gran San Bernardo**, der Sie auf spannende Weise in die **wilde** Landschaft des Seealpenbogens bringt. Wer aber den Einstieg über die **milden** Ufer des Lago Maggiore bevorzugt, hat die Wahl zwischen dem **San Gottardo,** dem **San Bernadino** und dem **Simplon**, der über Domodossola an den See führt.

Beginnen wir mit der Beschreibung für die **wilden** Aosta-Liebhaber, die nicht rückwärts oder über Kopf fahren wollen. Wir nehmen dabei grundsätzlich zu Ihren Gunsten an, dass Sie aus der gesegneten Gegend um Mannheim, Schwetzingen und der fröhlichen Pfalz kommen oder auf Ihrer Anreise eben diese gesegnete Gegend irgendwie streifen:

Der Weg zum Gran S. Bernardo führt Sie dann über die A 5 nach Basel (hierzu gibt es übrigens als schöne Alternative die französische A 35 und den dazugehörenden WOMO-Führer „Elsaß") und weiter über die eidgenössische A 3 und A 2 bis Olten. Von hier aus geht's weiter über die A 1 nach Bern, über die A 12 Richtung Fribourg/Montreux und von dort durch das Rhônetal über die A 9 nach Martigny. Auf der L 21 durchfährt man das Val d'Entremont und erreicht nach etwa 40 km den 5.800 m langen Tunnel bzw. den Colle del Gran San Bernardo, die über das Valle Gran San Bernardo nach **Aosta** und damit zu unseren Touren 5 und 6 führen.

Drei Wege führen zum **See**:

Als erstes beschreiben wir in Kürze die Anreise über den **San Gottardo**. Wieder ist unser Ausgangspunkt die gesegnete Pfalz. Bis Olten entspricht der Weg dem oben beschriebenen, von hier setzen wir unsere Fahrt auf der A 2 fort bis zum Gottardo. Am Ostufer des *Vierwaldstädter Sees* locken übrigens einige gute Stellplätze, deren Beschreibung Sie den WOMO-Führern über die Toskana oder Süditalien (nebst weiteren Anreiserouten) entnehmen können. Ob Sie dann durch den Tunnel (16.900 m lang) oder über den Pass fahren, müssen Sie in Göschenen entscheiden. In der Regel ist der Pass zwischen Mai und November offen, er ist für WOMOs aller Größen problemlos passierbar. Auf der Alpensüdseite geht's dann – immer noch auf der Autobahn durch das Valle Leventina nach Bellinzona und von dort über die Landstraße nach Locarno. Hier ist der Weg zur *Confine del stato* bzw. nach Cannobio ausgeschildert, wo unsere erste Tour beginnt.

Wer nicht eindeutig aus der Saumagen-, sondern eher aus der Weißwurstgegend anreist, wird über den **San Bernadino** und damit an der Ostseite des Bodensees vorbeifahren. Sein Weg führt über Bregenz (Achtung: in Süd-Nord-Richtung oft sehr verstopft!) auf der A 13 nach Chur, von dort weiter durch das Rheinwaldtal und erreicht den Tunnel des San Bernadino (6.600 m Länge) etwa 35 km hinter Thusis. Auch hier muss je nach Straßenlage zwischen Pass und Tunnel gewählt werden. Der Weg nach Bellinzona führt dann durch das Val Mesolcina. In unserer Tour 1 beschreiben wir einige Details dieser Variante.

Der dritte und nach unserer Auffassung schönste Weg in das Piemont ist der über den **Grimsel**- und den **Simplonpass**. Die Anfahrt ist die gleiche wie die zum Gottardo, biegt jedoch etwa 10 km hinter Luzern auf die A 8 Richtung Sarnen ab. Am Sarner See geht die Autobahn über in die L 4, die am Lungernsee vorbeiführt und uns über den **Brünigpass** in das Hochtal der Aare und auf der L 6 nach Handegg bringt. Hier beginnt die

Grimselstraße, die dramatisch hinauf in die Bergwelt führt und uns in unauslöschlicher Erinnerung bleiben wird, weil wir in der Gaststätte am Pass zwei liebenswerte und etwas ältliche WOMO-Kollegen belauscht haben, die sich verwundert darüber aussprachen, dass bei nebligem Wetter kaum Unterschiede zwischen der Auffahrt zum Pass und der Abfahrt nach Süden zu erkennen wären.

Ihnen war nämlich, wie sie uns offenherzig bekannt haben, Folgendes passiert: Nach Erreichen des Passes hatte man eingeparkt und war auf einen Kaffee eingekehrt. Kaum hatte man Platz genommen, musste wegen eines ankommenden Reisebusses das WOMO umgeparkt werden. Um ein schönes Fotomotiv herzustellen, wurde nach dem Kaffee das WOMO nochmals umgeparkt. Nach der Fotosession kehrte man auf ein wohlverdientes Gläschen Wein auf's Neue ein, legte dann einen kleinen Verdauungsspaziergang ein, parkte rückwärts aus und fuhr weiter nach Süden. Irgendwann hat sich dann ein Zweifel über die Reise gelegt: Wieso sieht es hier denn genau so aus wie bei der Auffahrt zum Pass? Man hatte sich über das mehrfache Umparken, den Kaffee und das Gläschen Wein ganz einfach in seiner Orientierung um 180° gedreht und war nun wieder zurückgekehrt an den Ort der Sinnestäuschung. Selbstverständlich haben diese lieben alten Leute mit ihrer ganz besonderen Ortskenntnis uns nach dem Abschied den richtigen Weg nach Süden gewiesen.

Die beiden und die zwei schönen Stauseen hinter uns lassend, kurven wir bergab Richtung Gletsch und wenden uns nach Westen in das **Rhônetal**. Wir nehmen uns Zeit, die alte Furka-Dampfbahn zu bestaunen, einen Blick auf den Rhônegletscher zu werfen und beim Abfahren durch das Tal nach Brig wunderschöne bäuerliche Anwesen zu genießen. In Brig ist der Weg zum **Simplon** ausgeschildert, der bei uns der „Kochschinkenpass“ heißt – Sie werden später den Grund dafür noch erfahren. Am Pass sind ein altes Pilgerhospiz, ein erstaunliches historisches Spittel und manchmal Murmeltiere zu besichtigen. Die Abfahrt nach Domodossola ist ein historischer Pfad: ältester Fußweg über den Pass, als solcher in Teilstrecken noch sichtbar, später unter Napoleon wichtiger Handelsweg zwischen Milano und Paris. Auskunft über diesen Abschnitt der Alpenbezwingung gibt ein hervorragendes Museum links der Straße, zu dem auch eine sehr ambitionierte Brückenkonstruktion gehört, die eine Verbindung zum historischen Stockalperweg herstellt.

In Domodossola landen Sie mitten in unserer ersten Tour und damit genau in den Themen dieses Reiseführers: Wasser, Berge, Wein und alte Kulturen.

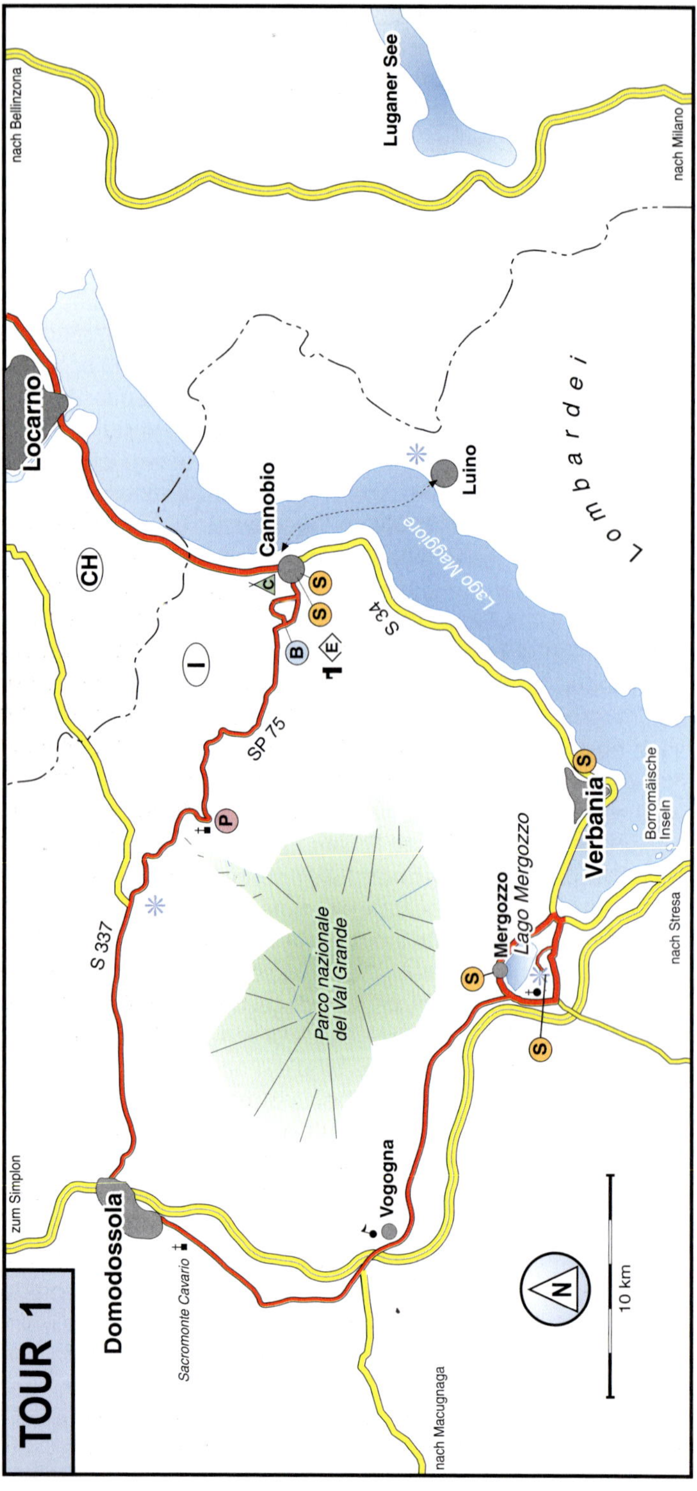

TOUR 1
Domodossola
Sacromonte Cavario
zum Simplon
nach Macugnaga
Vogogna
S 337
Parco nazionale
del Val Grande
Mergozzo
Lago Mergozzo
nach Stresa
Verbania
Borromäische
Inseln
SP 75
S 34
Cannobio
Lago Maggiore
Locarno
Luino
CH
I
Lombardei
nach Bellinzona
Luganer See
nach Milano
10 km
N

Tour 1: Brücken, Helden und Heilige

Cannobio – Domodossola – Mergozzo

Stellplätze:	in Cannobio, in Sant'Anna, in Montorfano und in Mergozzo
Campingplatz:	in Cannobio
Besichtigen:	Cannobio, Sacromonte Calvario di Domodossola, San Giovanni di Montorfano
Wandern:	Spaziergang zum *Punto Panoramico* und zum Steinbruch von *Cima Montorfano*
Essen:	Ristorante *Grotto Sant'Anna*, Trattoria *Belvedere* in Montorfano

Unsere erste Fahrt in das Piemont hat uns über den San Bernadino geführt. Wir empfehlen die Fahrt über den alten Pass und machen auf eine kleine und merkwürdige Sehenswürdigkeit aufmerksam: Fünf Kilometer nach dem Passieren der berüchtigten Via Mala-Schlucht, in die hinunterzusteigen die Verspannungen der Anfahrt vertreiben kann, taucht in einer der vielen Spitzkehren rechter Hand an einem großen Parkplatz ein Gasthaus auf, in dem man nicht nur einen wunderbaren Kaffee serviert bekommt, sondern von wo aus man auch gegen Entrichtung von 3 Franken die *Roffla-Schlucht* begehen kann, in die zwischen 1907 und 1914 der wackere Schweizer Bergbauer Christian Pitschen-Melchior mit Hilfe des Handbohrers und unter Einsatz von 10.000 Sprengladungen einen Steig getrieben hat, der den Besucher tatsächlich **unter** dem Hinterrhein hindurchführt. Ein schönes Bauernstübchen im Gasthaus erläutert anrührend die Geschichte dieser eidgenössischen Heldentat. Der Kaffee ist übrigens genauso so teuer wie das Billet für die Begehung der Schlucht.

Die Abfahrt vom Sattel des Passes hinein in das Tessin spült warme mediterrane Luft durch unsere geöffneten Schiebetüren - wir fuhren damals noch einen Postbus-Umbau, „Schinken" genannt - der hier einen seiner wenigen Vorteile ausspielen konnte.

Immer wieder lohnt sich eine kleine Pause, um aus der Ferne die Bemühungen von Generationen zu bewundern, an den Steilhängen auch kleinste Almen und Felsvorsprünge für die Landwirtschaft oder die kirchliche Baukunst nutzbar zu machen.

Bei Bellinzona treffen sich die Gotthard- und die Bernadino-Routen. Die Hochebene des Ticino, wichtigster Zufluss des

Lago Maggiore, führt uns an Locarno vorbei an das Westufer des Sees. Wir sind im Piemont - einem Land, welches übrigens völlig zu Unrecht mit dem Anbau von Kirschen für die Herstellung einer bekannten Konfektsorte verbunden wird. Diese kommen nämlich fast ausschließlich aus Deutschland. Wir werden aber andere Köstlichkeiten entdecken - später.

Bald erreichen wir **Cannobio** (5.000 Einwohner), traditionsreiches Mittelzentrum am Zufluss des *Cannobino* und Ausgangspunkt unserer ersten beiden Touren.

Wir könnten in Cannobio auf einem der sechs Campingplätze Quartier machen, von denen wir den **Camping *Riviera*** (am Ortseingang) mit Badestrand und heiterer Geselligkeits-Atmosphäre empfehlen würden. Am südlichen Ortsausgang jedoch führt uns die Strada Valle Cannobina nach rechts zu einem gut ausgeschilderten Stellplatz, der direkt am Fluss liegt:

WOMO-Stellplatz: Cannobio *(am Fluss)*

Position: N 46°03.579' E 08°41.604'; **WOMO-Zahl**: 34 (10 weitere Plätze in Vorbereitung); **Ausstattung**: Toilette, Wasser, Entsorgungsstation, Mülleimer, Grillplatz; **Zufahrt**: wie oben beschrieben; **Gebühr**: 10 €/ Tag vom 01.03. – 31.12. über Automaten.

Hier machen wir Bekanntschaft mit einem WOMO-Kollegen aus Norddeutschland, der unseren „Schinken“ samt seiner Ausstattung mitleidig mustert, als wir uns auf schwach geneigtem Gelände einrichten wollen. Nachdem wir ihm erklärt haben, dass wir ohnehin am nächsten Morgen früh aufbrechen werden und deshalb die Dosenlibelle im Armaturenbrett nicht allzu ernst nehmen, gibt er uns den ersten genialen Tipp unseres Osterurlaubs: Bei Eile habe es sich auf seinen Fahrten schon immer bewährt, die Auffahrkeile nicht unter die Reifen zu legen, sondern unter die Kopfkissen. Der Effekt für die Lage des Kopfes sei der Gleiche. Wir nehmen diesen Rat nach einigem Nachdenken nicht an, empfehlen Ihnen aber, bei Überfüllung dieses Stellplatzes als Alternative den großen Parkplatz aufzusuchen, den man von Norden kommend hinter der Brücke links abbiegend über die Via Generale Carlo Alberto della Chiesa erreicht.

WOMO-Stellplatz: Cannobio *(am See)*

Position: N 46°04.088' E 08°42.016'; **WOMO-Zahl**: >50; **Ausstattung**: Toilette, Mülleimer, Spielwiese, Zugang zum Strand; **Zufahrt**: wie beschrieben, dem Wegweiser *Campo Sportivo* folgen.

Cannobio scheint auf den ersten Blick ein wenig darunter zu leiden, dass der Stadtkern von der SS 34 durchschnitten und entsprechend belärmt wird. Machen Sie trotzdem einen Spaziergang durch die Altstadt, um ihre mittelalterliche Schönheit zu genießen!

Wir zweigen von der Hauptstraße nahe am südlichen Ortsausgang in die Via Petrolini ab und erreichen die Piazza San Ambrogio, welche durch die gleichnamige Kirche mit einem bemerkenswerten Läutwerk und einer profanierten Kirche des Franziskanerordens mit schönen Fresken eingefasst wird. Auf ornamentiertem Flussstein-Pflaster erreichen wir die Via Umberto I., die uns am spätgotischen Palazzo *Casa Pironi* mit spitzwinkligem Grundriss und dunklen Arkaden vorbei über eine der vielen steilen Treppengassen zur Promenade führt, die sicherlich zu den schönsten am ganzen See zählt. Auf dem Weg zur Wallfahrtskirche Ss. Pieta genehmigen wir uns eine kleine Stärkung in der *Bar Sport* und genießen dabei den Blick auf das lombardische Westufer des Sees und das bunte Treiben auf der Promenade, die an schönen Tagen auch einen Überblick auf die Modellpolitik der führenden Motorradhersteller bietet, deren Anhänger hier ein gelegentliches Schaulaufen veranstalten.

Hausportal in Cannobio

An der Anlegestelle kann man sich mit dem Express-Boot über Maccagno nach **Luino** an der Ostseite des Sees einschiffen - das Tragflächenboot legt im Sommer alle 25 Minuten ab und ist in der gleichen Zeit am Ziel. Die Passage kostet mit Rückfahrt 4,80 € und ist alleine schon deshalb erheiternd, weil einen die Selbstgefälligkeit des überaus zahlreichen uniformierten Personals an Erlebnisse mit dem hiesigen Personennahverkehr erinnert. Luino selbst begrüßt den Kreuzfahrer mit einer einladenden Uferpromenade und einigen sehenswerten Villen am Hang über der Stadt. Ein Spaziergang lohnt sich auch deshalb, weil die Lage und Formation Cannobios sich vom Gegenufer bestens verstehen lassen. Der ***Lago*** – wie ihn der Kenner kurz nennt – weist wegen seiner Nähe zu den Alpen und einem aus der Enge der Seitentäler entstehenden Düseneffekt verschiedene Winde auf, die je nach Jahreszeit überraschend kräftig blasen können. Am Knickpunkt von Cannobio kreuzt sich mitunter der *Levante* mit dem *Inverno*, was dazu führen kann, dass gute Segler urplötzlich auf Gegenkurs gehen, ohne die Segelstellung im Geringsten verändern zu müssen.

Freitags findet ein kitschig-authentischer Wochenmarkt entlang der Promenade statt, zu dem sich glücklicherweise nicht nur Touristen einfinden, sondern auch die Erzeuger dessen, was den Piemont-Reisenden innerlich bewegt: Pilze, Maroni, mächtige geräucherte Schinken und – Trüffeln, über die ein Mitautor am Ende unter den Tipps mehr erzählen wird !

Wer den Weg zu Fuß fortsetzen will, kommt hinter S. Pieta zum ruhigeren Teil von Cannobios Promenade mit einigen interessanten Läden und Restaurants, von denen wir die ***Vineria*** guten Gewissens empfehlen können. Am Ende der Promenade liegt in öffentlich-rechtlicher Beschaulichkeit der Zollhafen. Wir stoßen auf den oben erwähnten Alternativ-Stellplatz, überqueren die Einfallstraße, gehen auf einem Holzsteg am südlichen Ufer des Cannobino entlang und geraten hinter einem Sport- und Freizeitgelände zu einem Relikt der gewerblichen Vergangenheit der Stadt, nämlich zu den Ruinen einer ehemaligen Ölmühle. Ein Wehr mit einem imposanten Monolith als Sturzstein ist noch da, die Spuren der früheren Kanalisierung des Flusses, der bis zur Abschöpfung seiner Kraft im Mittellauf hier noch viel mehr Wasser führte, sind noch undeutlich zu erkennen.

Kurz vor dem Erreichen des beschriebenen Stellplatzes - Sie erinnern sich an die Begegnung mit dem Keil-Kollegen - überquert die Hängebrücke *Ponte ballerino* den Fluss. Sie heißt völlig zu Recht *Tanzbrücke*. Es lohnt sich, sie zu überqueren, denn sie ist nach dem Prinzip der statischen Weichheit konstruiert worden, also ohne jegliche Queraussteifung an 2 Tragseilen über Betonpylone abgespannt, auf welche sich jede Bewegung sichtbar überträgt. Achten Sie auf dem Rückweg auf die Antennen am Kopf der Pylone und befassen Sie die Tragseile an ihrem Verankerungspunkt, um einen Eindruck davon zu bekommen, welche Kräfte und Verformungen ein einzelner Mensch auf einer Hängebrücke auslösen kann ! Und bedenken Sie: das Bauen ist der ständige Kampf gegen das Wasser.

Unsere *passegiata* führt uns weiter durch die *Via ponte ballerino* in die *Via cimetero*. Wer der Landessprache unkundig ist, kann sich von einem schönen Detail eines runden schmiedeeisernen Gitters in der mächtigen Mauer zur Linken erklären lassen, was der Straßenname und eben diese Mauer bedeuten.

Am Ende der Straße lädt eine schattige schmale Gasse, gesäumt von hohen Trockenmauern, zum Weiterschlendern ein. Sie führt uns in die *Via Antonio Giovanola* und damit zurück in das Geschäftsleben der Stadt. Im Haus Nr. 11 wird derart gute handgemachte *Pasta* verkauft, dass Signore T. es nicht für erforderlich hält, seinem Laden auch nur irgendeinen Namen zu geben oder etwa ein erklärendes Schild aufzuhängen. Signore T. sagt uns in breitem Singsang, dass die Qualität seiner Erzeugnisse jegliche Werbung überflüssig mache. Man spricht **kein** Deutsch.

Noch ein *Espresso* in der *Via Umberto I*, vielleicht auch ein *pinot spumante*, und unsere fußläufige Exkursion ist beendet.

Für den Liebhaber der großen Fahrt über wunderschöne Bergstraßen empfehlen wir nun eine Route, die das **Naturschutzgebiet** und **Wanderparadies Val Grande** umrundet:

Sie beginnt kurz vor dem Ortsausgang an der Abzweigung in die *Strada Val Cannobina*. Nach 1,5 km sollten Eigner größerer Fahrzeuge hier geradeaus fahren, während wir – unser Gefährt ist über die Außenspiegel gemessen 2,40 m breit – den Weg nach rechts über **Traffiume** nehmen und durch enge, blumengeschmückte Gassen zum **Orrido di St. Anna** kurbeln. Beide Strecken erreichen die profanierte Kirche St. Anna, die auf das 17. Jahrhundert datiert, vor 25 Jahren aufgegeben worden ist und seitdem und schon immer den Ausgang der Cannobino-Schlucht bewacht. Eine zierliche Brücke überspannt das steile Tal – sie ist vielleicht wirklich römischen Ursprungs, aber sicherlich innerhalb der letzten 50 Jahre mit neuzeitlichen Mitteln instandgesetzt worden.

Wer Cannobio gegen Abend verlassen hat, sollte hier nach einem angenehmen Abendessen im direkt an der Kirche gelegenen **Ristorante *Grotto Sant' Anna*** *(montags geschlossen, Tel. 0323 70682)* verweilen. Das Ristorante belegt seine lange Geschichte als Gasthof der Bergreisenden mit grobkörngen Schwarz-Weiß-Fotos und tischt ohne jede Wichtigtuerei hervorragende *Antipasti* und hausgemachte *Pasta* auf.

Oberhalb der Kirche befindet sich ein kleiner ruhiger Parkplatz, der Treffpunkt von Sporttauchern und Naturfreunden geworden ist. Wer im Ristorante den ausgezeichneten *Nebbiolo* verkostet hat, wird trotz der Schieflage des Platzes und ohne Einsatz der beschriebenen Aufkeilmethode hier geruhsamen Schlaf finden:

WOMO-Badeplatz: Sant' Anna

Position: N 46°02.644' E 08°40.110'; **WOMO-Zahl**: <10; **Ausstattung**: Mülleimer, Gaststätte, Beleuchtung, Wanderwege, Bademöglichkeit; **Zufahrt**: von Cannobio über die *Strada provinciale della Valle Cannobino* nach Orrido di Sant'Anna.

Vom Kirchplatz führt ein gepflasterter Steig hinab zum Fluss, in dessen grünem, klarem Wasser man baden und tauchen kann.

Unsere Tour soll uns nach Westen durch das Valle Cannobino nach Domodossola führen. Wer wie wir den Weg über Traffiume gewählt hat, muss von Sant'Anna zunächst einen

halben Kilometer nach Südosten fahren, bis er auf die Strada Valle Cannobino trifft, die einer gewählt hat, dessen Außenspiegel weiter auseinander liegen als unsere.

Nach drei Kilometern kann man rechts an einer alten Schmiede parken und ein Lehrstück in Sachen Brückenbau besichtigen: Über den Taleinschnitt des Flusses führen hier in unmittelbarer Nachbarschaft **drei Brücken**, die den Zusammenhang zwischen Fortschritt und Vergänglichkeit erkennbar machen: Die älteste, kaum noch sichtbar, überquert die Schlucht an zwei Tragseilen über gemauerten Pylonen mit einer Spannweite von ca. 60 m und einer Breite von knapp 1,80 m. Sie hat 1880 eine Furt durch den Fluss ersetzt, die nur noch zu erahnen ist. Noch 1999 konnte man auf dieser Brücke den Gang über die Schlucht wagen – irgendwann seitdem ist das eine der beiden Tragseile gerissen und hat den Bohlenbelag mitgenommen. Die Fragmente hängen nun bizarr an der nördlichen Steilwand. Wer den Hang hinunterkrabbelt, kann auch noch Reste der Trockenmauern entdecken, die die ehemalige Zufahrt eingefasst haben. Die Rückverankerung des gerissenen Stahlseils ist ebenfalls noch aufzufinden – nicht auszudenken, welches Sturmereignis die Tragfähigkeit der Trosse an ihre Grenze gebracht und mit welchem Tosen das filigrane technische Meisterwerk seinen Dienst eingestellt hat.

Weil die Brücke nicht von Automobilen benutzt werden konnte, hat man sie in den 20er Jahren durch eine etwas höher gelegene neue Brücke ersetzt, ebenfalls eine abgehängte Stahl-Konstruktion, aber mit einer Spannweite von ca. 72 m und einer Fahrbahnbreite von immerhin 2,70 m. Sie ist zwar inzwischen gesperrt, aber dennoch durchaus sicher begehbar. Wegen ihres Belags aus Betonfertigteilen ist diese Brücke außerordentlich querstabil und ruhig beim Begehen. Interessant ist der nördliche Brückenkopf, bei dem man wegen der Topologie des Hanges eine ungewöhnliche Lösung gewählt hat: Der Fahrweg knickt unmittelbar am Brückenende hinter dem Pylon nach rechts ab und unterquert die Abspannung des Tragseils. Die mit dieser Lösung verbundene Einschränkung der Kopfhöhe und die Schwierigkeiten beim Begegnungsverkehr der einspurigen Fahrbahn haben dazu geführt, dass man in den 70er Jahren wiederum eine neue Brücke, noch etwas weiter oberhalb und mit einer Spannweite von ca. 90 m gebaut hat – eine schmucklose Hohlkastenkonstruktion aus Stahl, über die man Cavaglio erreichen kann.

Besser als mit diesen drei Brücken kann das Dilemma des Ingenieurbaus nicht beschrieben werden: Je größer die technischen Ansprüche werden, umso ungeschlachter und unansehnlicher werden die gestalterischen Lösungen.

Wir fahren weiter Richtung Domodossola und passieren in Ponte Spoccia eines der wenigen noch intakten alten Waschhäuser mit einer interessanten Sammlung von allerlei handgemachten Wurzelbürsten und dann eine der vielen fragwürdigen Hängebrücken, deren Bestimmung mit der Aufgabe der landwirtschaftlichen Kultivierung der Gegenhänge erloschen ist.

Kurz darauf erfahren wir durch ein Straßenschild, dass der nächste Abschnitt der Tour für Fahrzeuge mit mehr als 12 Tonnen Gewicht oder 7,50 m Gesamtlänge nicht befahrbar ist. Tatsächlich müssen wir dann und wann bei Gegenverkehr eine der Ausweichbuchten in Anspruch nehmen. Unterhalb der Straße tauchen

in herrlicher Landschaft die ersten *Rustici* auf, einräumige Hirtenhäuser und Schutzhütten aus mörtellosem Mauerwerk mit Bedachungen aus Steinplatten, von denen manche - sorgfältig saniert - den Wohlhabenden als Wochenendhaus dienen. Ab Cursolo verbreitert sich die Straße wieder. Hinter dem westlichen Ausgang des Tunnels *Galeria di Creves* parken wir an der rechten Straßenseite und entdecken an der alten Straße westlich vom Tunnel einen schönen Picknick- und Aussichtsplatz:

WOMO-Picknickplatz: Galeria di Creves

Position: N 46°06.173' E 08° 32.867'; **WOMO-Zahl**: 2-3; **Ausstattung**: Bänke und Tisch, Mülleimer; **Zufahrt**: am nördlichen Ausgang der Galeria di Creves parken, auf der aufgelassenen Straße ca. 300 m zurück nach Westen gehen (die alte Straße kann nicht mehr befahren werden).

Wenn man die wiedereroberte Straße noch einen knappen Kilometer zurückverfolgt, stößt man in der Abgeschiedenheit auf ein anrührendes Denkmal für den *Colonello* Attilio Moneta, der hier als Partisan im Kampf gegen die Deutschen sein Leben gelassen hat. Der Blick auf die Gipfel des **Parco Nazionale Val Grande** gibt einen ergreifenden Bildhintergrund für die Bronzebüste des Helden ab. Immer noch werden Blumen für sein Gedenken hierher gebracht. Still und fragend schaut der *Colonnello* in das kleine Stück Heimat hinab, dessen Verteidigung seinen Tod bedeutete.

Beim Überschreiten der Grenze des Nationalparks, am Weiler Finero, stößt man nochmals auf das gleiche Thema: Am Ortsausgang stellt man sein Gefährt auf dem Parkplatz des Friedhofs ab und läuft einige Meter zurück: Eine kleine Allee aus 15 Bäumen mit 15 dazugehörigen Gedenkstelen erinnert an 15 Partisanen, die am 23.06.1944 von deutschen Truppen füsiliert wurden. Die Szene ist still und beklemmend.

Unsere Weiterfahrt führt uns auf die Hochebene **Piano di Sale**, auf der sich schöne Picknick- und Rastplätze aneinander reihen. Malesco lohnt eine kleine Pause und einen kleinen Fußweg. Die Straßen der beschaulichen Altstadt sind mit Flusskieseln gepflastert, es riecht nach geräuchertem Schinken; die unruhige Welt des Reisens und des Fotografierens hat hier noch keinen Einzug gehalten. Es geht - mit oder ohne Schinken im Gepäck - weiter über Santa Maria Maggiore, vorbei an einem hübschen Wasserfall, nach **Domodossola** (18.500 Einwohner), das seit keltischer Zeit den Eingang zum strategisch wichtigen Simplonübergang bewacht. Die Straßen der Altstadt sind immer noch auf die Piazza del Mercato zentriert, auf welcher ohne nennenswerte Unterbrechung tatsächlich und ohne Übertreibung seit 917 allsamstaglich der Wochenmarkt abgehalten werden darf. Die Einrahmung des Platzes durch reich gegliederte Patrizierhäuser aus dem 15. und 16. Jahrhundert mit verbindenden Arkaden ist sehenswert. Außerdem gibt es hier einen ausgezeichneten *Espresso* für den Herrn, während die Dame vielleicht einen *Semifreddo* nimmt. Ernstblickende Geschäftsleute in braunen polierten Maßschuhen eilen vorbei.

Nicht weit entfernt gibt an der Piazza della Chiesa ein beeindruckendes Steinrelief mit der Darstellung einer Reiterschlacht den Kunsthistorikern ein Rätsel auf, denn seine Herkunft konnte bis heute nicht eindeutig bestimmt werden. Für den Laien interessant ist eher die Frage, weshalb dieses Relief drei fünfbeinige Pferde zeigt und wo diese sich befinden.

Über die westliche Umgehungsstraße in Richtung Villadossola erreichen wir mit dem **Sacromonte Calvariao di Domodossola** das erste bedeutende Monument der Gegenreformation auf unserer Reise durch das Piemont, welches sich jahrzehntelang in der Spannung zwischen Katholizismus und Protestantismus ebenso wie in der Spannung zwischen französischer und italienischer Herrschaft befand. Als Antwort auf die ketzerischen

Einflüsse des schweizerischen und deutschen Protestantismus sind hier - an der Schnittstelle der Systeme - bemerkenswerte Wallfahrtsorte entstanden, mit deren Hilfe der Kirchenapparat die verunsicherte Bevölkerung fest an das personen- und ereignisbezogene Weltbild des römischen Glaubens binden wollte. Das grundsätzliche Problem der Purpurträger in Rom bestand in den überraschend umfangreichen Abwanderungstendenzen innerhalb der ungebildeten Bevölkerungsschichten, denen die diesseitsbezogenen Tendenzen des Protestantismus naturgemäß gelegener kamen als die leidvolle Selbstaufgabe zugunsten eines selbstgefälligen und mitunter repressiven Kirchenapparates. Hinzu kam, dass die Verkünder des neuen, protestantischen Glaubens tatsächlich in der Landessprache der Menschen predigten, während aus Rom bzw. aus Avignon ausschließlich in der lateinischen Sprache gelehrt wurde. Also liefen der Kirche sozusagen die Fans davon.

Wie sollte man diese Unkundigen, diese Armseligen, fest an den Glauben binden, ohne ihre verachtenswerte Umgangssprache zu benutzen ? Man kam auf die Idee, die Verkündigung der Kirche und ihrer Hauptfiguren zu bebildern, indem man – Vorläufern des Jahrmarkt-Dioramas gleich – die Stationen der Schöpfungsgeschichte, der Passion oder der Heiligen als plastische Darstellungen in einzelnen Kapellen inszenierte, teilweise mit größter inhaltlicher und künstlerischer Überhöhung. So

Biblische Szene aus dem Sacromonte: *'Die Versuchung'*

entstanden dreidimensionale Bildergeschichten – eine kurzgefasste Bibel der Leseunkundigen.

Der Sacromonte Calvario di Domodossola gehört in gestalterischer oder architektonischer Hinsicht nicht unbedingt zu den bedeutendsten Beispielen dieser Heiligtumsarchitektur des 17. Jahrhunderts. Aber er ist deshalb bemerkenswert, weil die Einbindung der Wallfahrtskirche und der 15 Kapellen mit der Darstellung der Passion in die sanfte Landschaft besonders schön gelungen ist. Wer Bilder des Zusammenspiels zwischen barocker Formgestaltung und leichter Landschaft sucht, sollte dies hier „beim ersten Büchsenlicht" tun.

Wir fahren nach unserer Besichtigung weiter gen Süden über Villadossola, überqueren dort den Toce und passieren Cuzzego. In **Vogogna** (1.800 Einwohner) halten wir ein und betrachten die beiden oberhalb der Stadt gelegenen Burgen, deren Befestigungen sich bis in die Stadt hinunterziehen. Sie dienten über 2 Jahrtausende dem Schutz des Tales gegen Angriffe von Nordwesten und wurden schließlich anfangs des 16. Jahrhunderts geschleift. Unbeschädigt blieb eine mittelalterliche Markthalle mit freien Gewölben und Fresken-Resten.

Blick vom Montorfano auf den Lago

Die Straße führt uns über Cozzago weiter in Richtung Laghi an Steinbrüchen und Steinverkäufern vorbei, welche Marmor und Granit feilbieten. Wir erreichen das mittelalterliche **Mergozzo**. Bevor wir uns diesem bezaubernden Ort näher widmen und Ihnen einen schönen Stellplatz vorschlagen, empfehlen wir dringend die Auffahrt und die Begehung der fast unentdeckten **Wallfahrtskirche San Giovanni**, die an der östliche Flanke des Berges Montorfano liegt. Ursprünglich war diese kegelförmige Erhebung eine Insel im Lago Maggiore, der einst bis hinauf nach Cuzzago schiffbar war und als Transportweg Richtung Simplon diente. Das vermehrte Einbringen von Geröllmassen durch den Toce ließ das Einlassdelta des Flusses zunehmend versanden. Der kleine Lago di Mergozzo wurde schließlich vom Hauptsee abgetrennt.

Von Mergozzo kommend umfährt man den **Montorfano** an seinem westlichen Fuß auf der Straße nach Verbania und biegt direkt vor der Bahnunterführung links hinauf. Nach kurzer und steiler Auffahrt sollte man dort einparken, wo die Asphaltstraße aufhört und alleine schon deshalb zu Fuß weitergehen, um das am Eingang des Weilers gelegene Waisenhaus lärm- und staubfrei zu passieren, welches dem Namen des Berges („Berg der Waisenkinder“) seinen Sinn gibt. Inmitten einer kleinen, von Mauerrudimenten früherer Kirchenbauwerke durchzogenen großen Wiese stößt man auf San Giovanni. Die Kirche wurde im 12. Jahrhundert direkt über einer **Quelle** erbaut, die vermutlich Teil eines vorchristlichen Heiligtums war. Die Einfassung der Quelle hat man beim Bau der Kirche rücksichtsvoll durch eine Aussparung im Boden der Nachwelt erhalten. Interessant ist daneben der Übergang eines quadratischen Mittelschiffs des Kirchleins in einen achteckigen Querschnitt der Kuppel, gelöst durch feine viertelkreisförmige Gewölbe, die man Trompen nennt. Die spar-

samen Öffnungen in der Fassade sind früher – das ist belegt – mit Alabasterplatten „verglast“ gewesen, deren Verbleib ungewiss ist. In sparsamer List hat man an ihre Stelle hundsgemeine Acrylplatten eingesetzt - und wir sind sicher, dass Ihnen das nicht auffiele, wenn wir Sie nicht darauf hinweisen würden.

Ein kleiner Spaziergang führt, den Schildern *Punto Panoramico* folgend – an der ***Trattoria Belvedere*** vorbei zu einem Aussichtspunkt, der einen überraschenden Blick über die Bucht von Pallanza anbietet. Zu Füßen liegt der aktive Steinbruch, den man beim Auffahren auf den Berg passiert hat. Wer noch etwas herumstreunen will, wird überall in der blühenden Landschaft Spuren der ehemaligen landwirtschaftlichen Nutzung finden. Interessant sind die schönen Einfriedungen aus Granit-Stelen, die den untergegangenen Gärten etwas Mystisches verleihen.

Die Trattoria bietet die vielzitiert „ehrliche und einfache Kost“ an. Wer keinen Wert auf gestärkte Tischwäsche und ritualisiertes Flaschenentkorken legt, ist hier – außer donnerstags (Ruhetag) – wirklich gut aufgehoben.

Steinbruch am Montorfano

Wer etwas mehr Zeit hat, sollte von dem Parkplatz vor der Kirche den Wegweisern **Cima** zum Gipfel folgen. Eine gute Viertelstunde des Aufstiegs führt uns in einen aufgelassenen Steinbruch, dessen gewaltiger Dreibock-Kran mitsamt allerlei technischer Ausrüstung seit 20 Jahren als unbekanntes Denkmal des Tagebaus vor sich hinrostet. Mit etwas Geschick und Manneskraft allerdings kann man den Kran immer noch in majestätische Drehbewegungen versetzen und sich so eine Illusion davon verschaffen, wie hier einst WOMO-große Granitblöcke gebohrt, gesägt und verladen worden sind. Wer noch Saft und Kraft hat, kann den Weg bis hinauf zum Gipfel des Berges nehmen und sich von dort oben die Welt zwischen See und Bergen zu Füßen liegen lassen.

Montorfano ist ein unentdecktes Kleinod mit einer ganz starken Atmosphäre. So soll es bleiben. Unter der Bedingung der rücksichtsvollen Nutzung nennen wir es trotzdem als Stellplatz, aber bitte nur für kleine Fahrzeuge:

WOMO-Stellplatz: Montorfano

Position: N 45°56.697’ E 08°27.870’; **WOMO-Zahl**: 2; **Ausstattung**: Gaststätte, Beleuchtung, Wanderwege, Picknickplatz, Spielwiese, nur für kleinere WOMOs geeignet; **Zufahrt**: wie beschrieben.

Unser Weg führt uns wieder hinunter zur SS 34 und nach **Mergozzo**. Wir biegen nach Passieren des Steinbruchs links ab und umfahren den Lago di Mergozzo diesmal an seiner Ostseite. Am Ortseingang liegt ein ausgezeichneter Stellplatz:

WOMO-Stellplatz: Mergozzo

Position: N 45°57.701' E 08°27.424'; **WOMO-Zahl:** <15; **Ausstattung:** Mülleimer, Toilette, Bolzplatz, Spielwiese, Grillplatz, alter Baumbestand, Bushaltestelle, Fußweg am See nach Mergozzo (10 Minuten); **Zufahrt:** am Ortseingang von Mergozzo rechts als Parkplatz ausgeschildert; **Parkgebühr:** 3 € / Tag.

Mergozzo (2.000 Einwohner) lohnt einen Spaziergang, obwohl die beschauliche Promenade ein wenig unter einem ampelgeregelten Engpass der Straßenführung leidet. Trotzdem raten wir zur Einkehr in einem der Straßencafés, am besten montags, wenn ein kleiner und kunsthandwerklich wirklich interessanter Markt abgehalten wird, vielleicht in der *Vineria Portici*, wo man wohl einen *Spumante* und ein *Affetato* bestellen sollte, um dem gemächlichen Treiben seine Aufmerksamkeit zu schenken. Hier tauchen mitunter *Celebrities* der norditalienischen Bussi-Gesellschaft auf und lassen sich lässig anstarren.

In der Bäckerei *Al vecchio Fornaio Pasticcere* kann man zum Abschluss dieser Tour ein *dolce tipico* erstehen: *La Fuga Scina*, welches ursprünglich ausschließlich zum Fest der Heiligen Elisabeth hergestellt worden ist. Heutzutage wird es täglich gebacken und angeboten, wenigstens während der Hochsaison. Wir wünschen Ihnen einen guten Appetit und weiterhin viel Spaß bei unserer Reise durch das Piemont!

TOUR 2

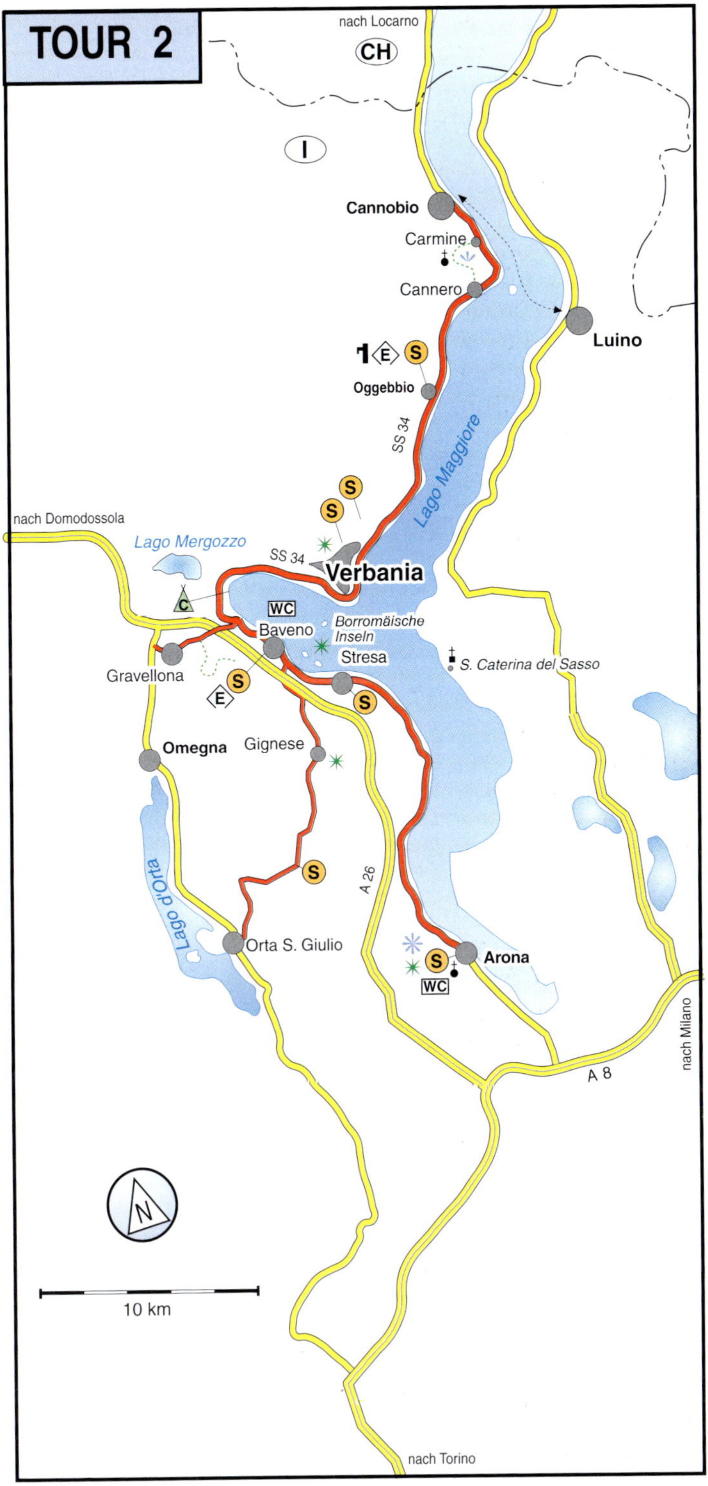
nach Locarno
CH
I
Cannobio
Carmine
Cannero
Luino
E
S
Oggebbio
SS 34
Lago Maggiore
S
S
nach Domodossola
Lago Mergozzo
SS 34
Verbania
C
WC
Baveno
Borromäische
Inseln
Stresa
S. Caterina del Sasso
Gravellona
S
E
S
Omegna
Gignese
S
A 26
Lago d'Orta
Orta S. Giulio
S
Arona
WC
A 8
nach Milano
N
10 km
nach Torino

Tour 2: Hol über, Fährmann!

Cannobio – Carmine – Cannero – Verbania – Baveno
Borromäische Inseln – Arona – Gignese – Orta

Stellplätze:	in Oggebbio, in Verbania, in Baveno, in Stresa, in Arona, am Rio Agogna
Campingplatz:	in Feriolo
Besichtigen:	Borromäische Inseln, Riesenkarl in Arona, Schirmmuseum in Gignese
Wandern:	von Carmine nach Cannero, zum Steinbruch von Baveno
Karte:	siehe Seite 29

Unsere zweite Tour startet - wie die erste - in **Cannobio** und führt uns am Westufer des Sees hinab nach Süden. Stellen Sie sich auf eine wunderschöne mediterrane Landschaft, opulente Vegetation und viel Verkehr ein !

Unseren ersten Halt machen wir am Ortsausgang von **Carmine**. Eine Ausweichbucht bietet erfreulich viel Platz zum Anker werfen:

Wir gehen – mit Kamera, Botanisiertrommel und guter Laune perfekt ausgestattet – zurück ins Dorf und steigen am Wegweiser ***'Carmine superiore'*** über einen gepflasterten Serpentinenweg innerhalb von 15 Minuten hinauf in das kleine Festungsdorf oberhalb des Sees - in den 60er Jahren schon von den Landflüchtigen verlassen und dem Untergang geweiht. Inzwischen haben Gutmenschen und Liebhaber einige der ineinandergeschachtelten Berghäuser gekauft und saniert. So kurz der Spaziergang durch die schulterbreiten Gassen ist, so reichhaltig und wehmütig machend sind die Eindrücke. Am Kopf des Hanges steht die freskierte Kirche *„S. Gottardo"*, von deren kleiner Terrasse, dem ehemaligen Friedhof, der nördliche Teil des Sees überblickt werden kann.

Der Abstieg hinab zum See kann nach Süden über eine weite Schleife hinunter zum Ausgangspunkt Carmine genommen (ca. 35 Minuten) oder auf halber Strecke noch nach **Cannero** (ca. 75 Minuten) verlängert werden. Dieser Weg ist geradezu verwunschen und führt an zahlreichen Artefakten vorbei, die die frühere intensive Nutzung der Hänge zum Obst-, Wein- und Kastanienanbau belegen. Der Rückweg zum Fahrzeug ist dann allerdings weniger verwunschen, denn er führt, abgesehen vom ersten Kilometer, an der Uferstraße entlang. Im günstigsten Fall geht **einer** von Carmine den kurzen Wanderweg zurück und holt die **anderen** in Cannero ab.

Er wird auf dem Weg zwei rätselhafte kleine Inseln bemerken: die *Castelli di Cannero*, ehemals Festungen der Visconti gegen die Schweizer Bedrohung, dann Fluchtburgen einer brandschatzenden Sippschaft namens Mazzarditi, später Lustschloss des Grafen von Borromäo, heute nur noch bizarre

Ruinen. In **Cannero** (1.225 Einwohner) – und übrigens auch auf der Ostseite des Sees, nämlich in Luino, können Ruder- oder sogar Motorboote gemietet werden, mit denen man die Inseln umrunden kann. Zu betreten sind die verfallenen Bauwerke leider nicht.

Blick von Carmine superiore

Wie oben erwähnt, herrscht in Cannero dramatischer Stellplatzmangel. Wer sein Fahrzeug nicht oben an der Uferstraße abstellen kann, sollte optimistisch versuchen, auf einem der wenigen kleinen Parkplätze im Ort fündig zu werden, denn die Strandzone lohnt eine kleine Besichtigung. Daneben lockt – zu erreichen durch eine Unterführung unterhalb der Uferstraße – ein ordentlich vom Berg herabdonnernder Wasserfall.

Die Szene in Cannero, die Cafés, die Sträßchen sind so interessant, dass man in Betracht ziehen sollte, sich etwa 4 km weiter südlich auf einem wirklich unglaublich guten Stellplatz niederzulassen:

WOMO-Stellplatz: Oggebbio

Position: N 45°59.808' E 08°39.209'; **WOMO-Zahl**: 21;
Ausstattung: Entsorgung, Mülleimer, Strom, Wasser an jedem einzelnen Platz, Beleuchtung, kleine „private" Terrasse mit Seeblick an jedem einzelnen Platz, beheizte und saubere Sanitärräume, alles behindertengerecht;
Zufahrt: zwischen km 24 und 25 am Stellplatzschild nach rechts hochfahren, steil und schmal; **Parkgebühr**: 10 €/Tag.

Weiter geht's nach Süden: Als nächster Ort taucht **Verbania** (30.500 Einwohner) vor uns auf, gelegen auf einer Halbinsel,

und früher Zuflucht sowie Sommerfrische reicher Menschen und sehr reicher Engländer. Von dieser gloriosen Zeit zeugen eine wunderschöne Uferpromenade mit bekiesten Wegen, Denkmälern und Imbissbuden, einige pompöse aufgegebene Hotels im Empire-Stil und ein botanischer Garten (*Villa Taranto* – ungeliebt wegen großer WOMO-Verbotsschilder auf dem Parkplatz), der dem blässlichen Reisenden gegen Ende des 19. Jahrhunderts einen Einblick in die Möglichkeiten mediterraner Gartenarchitektur geben sollte. Hier kann man sich einschiffen zur Isola Madre und die Interieurs eines borromäischen Schlosses genießen. Verbania ist eigentlich als verwaltungstechnischer Zusammenschluss der beiden Gemeinden Intra und Pallanza entstanden.

Intra war stets gewerblicher verfasst als Pallanza, wovon man sich durch einen Spaziergang am Ufer des Flusses San Giovanni überzeugen kann: Interessante manufakturelle Gebäude lassen ahnen, dass es hier vor der Erfindung des Tourismus bereits reges Treiben gab. Ebenso rege ist das Treiben auf einem „offiziellen" und zwei „inoffiziellen" Stellplätzen. Der offiziell ausgewiesene Stellplatz ist etwas lieblos angelegt (man steht hintereinander wie vor der Waschanlage) und außerdem ziemlich vermüllt:

WOMO-Stellplatz: Intra

Position: N 45°56.432' E 08°34.601'; **WOMO-Zahl**: <20; **Ausstattung**: Mülleimer, Beleuchtung; **Zufahrt**: von Norden kommend nach Überquerung des Flusses vor der Tankstelle rechts abbiegen.
Viel besser und sympatischer ist der

WOMO-Stellplatz: Verbania *(Arena)*

Position: N 45°55.873' E 08°34.250'; **WOMO-Zahl**: <50; **Ausstattung**: Mülleimer, Beleuchtung, Volleyballfeld, Spielwiese, Park, Amphitheater am Ufer; **Zufahrt**: von Norden kommend hinter dem Fährhafen dem Hinweisschild *‚Arena'* folgen

Er ist allerdings mit einem Verbotsschild belegt, das nach unseren Beobachtungen missachtet wird. Dieser Platz ist sehr groß, gut frequentiert und hat am Wochenende manchmal fast internationale Party-Atmosphäre. Von hier aus kann man die Brücke über den Toce San Bernardino unterqueren und erreicht einen dritten Stellplatz, der allerdings laut, klein und hässlich ist, also nur im Krisenfall angefahren werden sollte. Hier streifen wir fast das Ende unserer ersten Lago-Tour, kürzen aber an der Mündung des Toce etwas ab. Wir können den Ruhebedürftigen von den zahlreichen Campingplätzen in der Bucht von Pallanza nach sorgfältiger Abwägung am ehesten den *Camping Conca d' Oro* empfehlen – direkt am Wasser, ruhig, freundlich. Die beste Parzelle, sofern verfügbar: Platz 3.

Campingplatz-Tipp: Feriolo *(Camping Conca d' Oro)*
Position: N 45° 56.114' E 08°29.231'; **Ortszentrum:** 0,5 km; **Zeiten**: 29.03. – 28.09.; **Ausstattung:** Restaurant, Laden, Entsorgung; **Zufahrt:** von Feriolo Richtung Verbania dem Wegweiser folgen.

Als Alternative dazu können wir einen Stellplatz anbieten, der zwar billiger, aber dafür etwas geräuschvoller daherkommt:

WOMO-Stellplatz: Baveno
Position: N 45° 54.697' E 08° 30.037'; **WOMO-Zahl**: <30; **Ausstattung**: Beleuchtung, Entsorgung, Toiletten, Spülgelegenheit, gepflastert, Belästigung durch Zugverkehr; **Zufahrt**: von Feriolo kommend in Baveno nach der Brücke (Hinweisschild) rechts unter den Bahngleisen hindurchfahren; **Parkgebühr**: 5 € / Nacht (Automat).

Wichtiger als alle diese Stellplätze sind aber die **Steinbrüche von Baveno**, die über lange Jahrhunderte hinweg kostbaren rosafarbenen Granit auf die großen Baustellen der Renaissance geliefert haben. Einen dieser Steinbrüche kann man – allerdings nur durch eine beschwerliche Wanderung – ersteigen:

Dazu muss man in Feriolo in Richtung Gravellona Toce abbiegen und kurz vor dessen Ortseingang nach links in die *Via Cantonaccio* auffahren. Nach ungefähr 300 m sieht man links am Steilhang – schon fast wieder untergegangen in der Vegetation - vage die Überbleibsel einer Zahnradbahn, die früher das Gestein in atemberaubendem Gefälle zu Tal gebracht hat. Hier sollte man parken. Ein asphaltierter Weg führt hinauf in die Stille des Berges. Eine Schranke muss überflankt werden, Verbotsschilder spielen plötzlich keine Rolle mehr. Die von jahrhundertelangem Gebrauch und vielen Zerstörungs- und Sanierungsspuren gezeichnete Straße führt endlos hinauf in die Berglandschaft. Oben,

noch sehr weit oben, sieht man manchmal das Ziel: die große tote Wunde im Bergmassiv. Die Wanderung ist anstrengend und still; nicht oft gehen hier noch Menschen hinauf, weshalb man sogar nicht selten ansehnliche Schlangen aufschreckt, die sich arglos auf dem warmen Asphalt räkeln. Dann und wann tauchen Artefakte auf. Zweimal überquert man die Reste der erwähnten Zahnradbahn. Der Lohn der Angst und der Anstrengung ist das Ziel selbst: der Steinbruch, aufgelassen, überflüssig geworden. Noch nicht mal die großen Radlader hat man hinuntergefahren, als der lange Transportweg den Abbau unwirtschaftlich werden ließ. Hier ist das Ende der Welt, aber eigentümlicherweise noch nicht lange. Eine grandiose Ära des Bergbaus hat außer massivem Schrott nur Stille hinterlassen. Die Natur kommt mächtig zurück. Der Weg hinab ist genauso anstrengend wie der hinauf es war.

Zurück zum See: Wir erreichen **Stresa** (4.640 Einwohner), Ausgangspunkt für die Besichtigung der berühmten *Borromäischen Inseln*. Mehr noch als in Verbania kann man hier den Untergang des ganz großen Hoteltourismus des 19.Jahrhunderts besichtigen. Aber es geht uns um die Inseln – die **Isola Bella** und die **Isola dei Pescatori**. Der Kluge nimmt das Linienboot vom offiziellen Anleger (Isola Bella: 2,60 €, Isola dei Pescatori 5,00 €/Person). Wer den ausgewiesenen Stellplatz

WOMO-Stellplatz: Lido di Stresa
Position: N 45°53.383' E 08°31.400' **WOMO-Zahl**: <20;
Ausstattung: Schatten, Mülleimer, Gaststätte, Beleuchtung, Strand;
Zufahrt: von Norden kommend dem Wegweiser *‚Funivia'* zum Ufer folgen, am Hotel *Lido* nach links abbiegen

aufsucht, wird der Versuchung vielleicht nicht widerstehen können, sich von einem weiß bemützten Kobermann am Anleger einen „Spezialtarif" für die Überfahrt mit einem kleinen *motoscaffo* aufschwätzen zu lassen. Das kostet – je nach Laune des Seebären – ungefähr 10 €/Person für beide Inseln und dauert nicht länger und nicht kürzer als die offizielle Überfahrt.

Die Isola dei Pescatori war, wie ihr Name sagt und wie überall nachzulesen ist, früher die Heimat redlicher Fischer und ihrer Lieben. Heute ist sie die Heimat unredlicher Andenkenverkäufer und ihrer schlechtbezahlten Erfüllungsgehilfen. In der Tat ist die Uferlinie der kleinen Insel so flächendeckend von Buden und Postkartenständern umgeben, dass der Blick auf die gegenüberliegende Küste fast völlig verstellt ist. Hastig und unentwegt werden erstaunliche Menschenmengen angelandet und , ausgestattet mit T-Shirts, Eiswaffeln und bemuschelten Papstbildern, wieder abgeholt.

Die Isola Bella wiederum war, wie ebenfalls überall nachzulesen ist, der Höhepunkt des borromäischen Schaffens und wirbt mit **terrassierten Gärten** und enormer Blütenpracht. Auch hier spucken die Schiffe ganz enorme Mengen an Zeitreisenden aus und sammeln sie alle wieder ein, nachdem sich diese gegen Entrichtung von 12 Euro durch die Drehkreuze der Sehenswürdigkeit haben pressen lassen. An den Ablegern können in der kurzen Wartezeit T-Shirts, Eiswaffeln und beseesternte Papstbilder käuflich erworben werden.

Zusammenfassend: Wir halten einen Besuch der berühmten Inseln eigentlich für verzichtbar. Wer von Stresa aus eine Seefahrt unternehmen will, sollte besser für 5,60€/Person nach **S. Caterina del Sasso** übersetzen. Wir kommen auf diese schöne und stimmungsvolle Eremitage am Ostufer des Sees noch zurück. Es gibt dort allerdings weder Eiswaffeln noch beperlte Papstbilder!

Castelli di Cannero

Außerdem bietet der oben genannte Stellplatz ja auch noch die außerordentliche Möglichkeit, sich mit der Seilbahn auf den Hausberg **Mottarone** hinauf zu schaffen und sich nach ausgiebigem Fernblick von dort entweder mit eigenen oder geliehenen Mountainbikes wieder seewärts hinab zu stürzen.

Hier gabelt sich unsere Tour. Wer noch Lust auf die brodelige Uferkultur hat, kann uns hinab bis **Arona** (16.150 Einwohner) begleiten. Auf dem Weg dahin wird man bemerken, dass der See mit dem Zurücktreten der Bergflanke seine Art verändert: Mit der Zunahme an Fläche wird das kulturelle Angebot eben seichter.

In Arona gibt es trotzdem ein hochinteressantes Angebot an Sakralbauwerken: **Zwei Kirchen** stehen in enger Nachbarschaft für die Entwicklung frühbarocker Kunst aus romanischer und gotischer Quelle: Ss. Gratiniano e Felino und die Basilika Sta. Maria zeichnen sich beide durch gelungene Freskierungen und überraschende Lichtführungen aus. Derzeit ist die Besichtigung beider Bauwerke wegen andauernder Sanierung allerdings eher ungewiss.

Ebenfalls berühmt und etwas kurios ist der **Colosso di San Carlo**, von seinen guten Bekannten auch vertraulich ***Carlone (Riesenkarl)*** genannt. Man erreicht ihn von Norden kommend, wenn man am Ortseingang von Arona scharf rechts abbiegt und ins Vorgebirge auffährt. Schon ist man am

WOMO-Stellplatz: Arona *(Riesenkarl)*

Position: N 45°46.319' E 08°32.585'; **WOMO-Zahl**: <50; **Ausstattung**: Mülleimer, Toiletten, (Entsorgung und Wasserfassen ausdrücklich untersagt); **Zufahrt**: wie oben beschrieben.

Die insgesamt 35 Meter hohe Statue des Heiligen Karl wurde in einer vorbildlich kurzen Bauzeit von 1624 bis 1698 nach Plänen des Jean-Baptiste Crespi im Auftrag des Kardinals Federico Borromäo erbaut. Eigentlich sollte das ganze Bauwerk aus reinem Marmor errichtet werden, was an statischen Problemen scheiterte. So wurde dann die Basis aus Vollziegeln gemauert und außen mit Kupferblech verkleidet. Der Koloss kann über eine schön ausgeführte Treppe für 3,50 Euro innerlich bestiegen werden. Man kann dann aus dem Kopf des Riesenkarls herausschauen wie aus einem pfälzischen Fassnachts-Schwellkopf und erblickt erwartungsgemäß den See von oben.

In der schräg gegenüber gelegenen frühbarocken **Kirche San Carlo** ist eine hochinteressante Dauer-Ausstellung mit (faksimilierten) Zeichnungen des genialen Leonardo da Vinci zu besuchen, die sich mit Fragen der technischen Innovation beschäftigt.

Wir fahren hinab ins Ortszentrum und haben – es ist Dienstag – Glück: Seit dem 14. Jahrhundert wird an der Promenade Markt gehalten. Man bietet außer geklöppelten Deckchen und Socken im Sechserpack auch frisches Gemüse, den Fisch des Sees und andere Köstlichkeiten an. Wir beobachten fasziniert einen Marketender beim Abbau seines Standes. Innerhalb von zwei Minuten falten sich seine stützenfreien Markisen mit einer Grundfläche von annähernd 90 Quadratmetern funkferngesteuert in das Aluminium-Gehäuse auf dem Dach seines *Ducatos*. Das sollte man mal auf einem gut besuchten Stellplatz zelebrieren !

Neidisch schweift der Blick von der Monstermarkise hinüber auf das lombardische Ostufer des Sees: hier thront oberhalb von

Angera auf der Rocca Borromäa das Meisterwerk der emsigen Familie: die mittelalterliche Burg. Sie ist die perfekte Kulisse für ein Abschiedsphoto vom See. Aber das hat noch etwas Zeit bis zu unserer Tour 14.

Aus dem Zentrum von Stresa führt uns der Weg zunächst durch leichtes Vorgebirge mit landwirtschaftlicher Prägung nach **Gignese** (835 Einwohner). Hier, weil Gignese auf eine jahrhundertealte Tradition der Textilverarbeitung zurückblickt, hat die Gemeindeverwaltung in einem etwas prätentiösen Gebäude mit schirmartigem Tragwerk das bedeutendste **Schirmmuseum** Europas eingerichtet. Eigenartigerweise stehen dem Museum nur drei Parkplätze zur Verfügung. Die freundliche und gedanklich äußerst gut beschirmte Dame an der Kasse liefert uns eine augenzwinkernde Erklärung für diesen Fall von Fehlplanung: Der Kurator hatte dem Architekten die Anzahl der Exponate korrekt mitgeteilt. Dieser aber hatte sich die auszustellenden Schirme stets im geschlossenen Zustand vorgestellt und das Raumprogramm entsprechend geplant. Fast in letzter Minute – der Architekt hatte einen Weg im Regen zurücklegen müssen - wurde hastig umgeplant. Wie woanders auch fielen die notwendigen Stellplätze der Umplanung zum Opfer.

Wir empfehlen also, etwa 300 Meter weiter hinter dem Rathaus zu parken und sich je nach Wetterlage mit geschlossenem oder aufgespanntem *ombrello* der wirklich hochinteressanten Kulturgeschichte der Regenabwehr zu nähern *(1. April bis 30. September 10-12 und 15-18 Uhr außer montags; 2,00 €).*

Wir verlassen die beschirmte Stadt durch ein heiteres Tal in Richtung Sovazza. Ungefähr 500 m vor dieser kleinen und vielleicht unbedeutenden Gemeinde liegt in einer langgezogenen Linkskurve auf der Talseite des Rio Agogna ein Stellplatz für die, die auf dem Land verweilen möchten, bevor sie uns auf die nächste Tour begleiten.

WOMO-Stellplatz: Rio Agogna

Position: N 45° 49.571' E 08° 28.035'; **WOMO-Zahl**: <20; **Ausstattung**: Grillplatz, Tische und Bänke, Mülleimer, Spielwiese, Ausgangspunkt für Wanderungen; **Zufahrt**: von Gignese nach Sovazza, am gelben Wanderschild links abbiegen.

TOUR 3

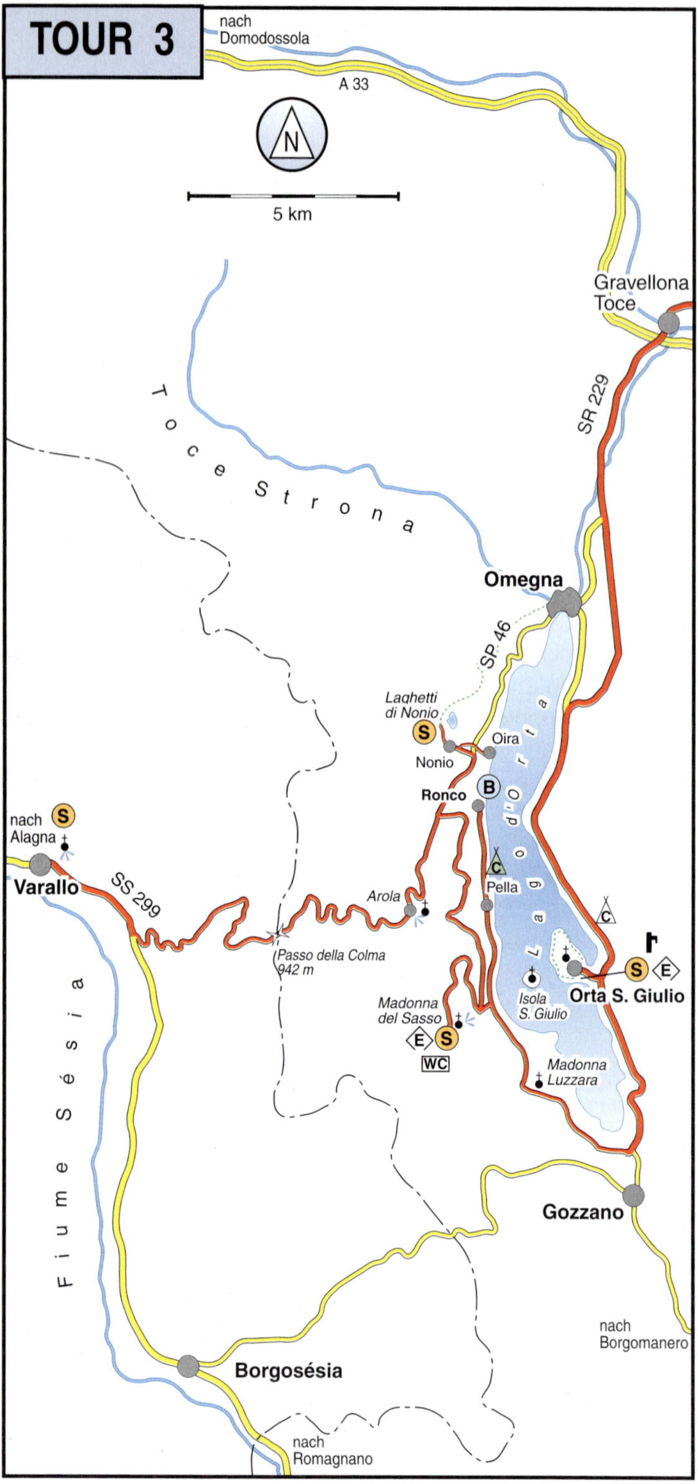

nach
Domodossola
A 33
N
5 km
Gravellona
Toce
SR 229
T o c e S t r o n a
Omegna
SP 46
Laghetti
di Nonio
S
Oira
Nonio
Ronco
B
L a g o d'O r t a
nach
Alagna
S
Varallo
SS 299
Arola
C
Pella
C
S
E
Orta S. Giulio
Isola
S. Giulio
Passo della Colma
942 m
Madonna
del Sasso
E
S
WC
Madonna
Luzzara
F i u m e S é s i a
Gozzano
nach
Borgomanero
Borgosésia
nach
Romagnano

Tour 3: Vom Badevergnügen zur Erleuchtung

Orta S. Giulio – Pella – Ronco - Varallo

Stellplätze:	in Orta S. Giulio, bei Madonna del Sasso, in Ronco, bei den Laghetti di Nonio
Campingplätze:	in Orta S. Giulio, in Pella
Besichtigen:	Altstadt und Sacromonte in Orta S. Giulio, Isola S. Giulio, Madonna del Sasso, Sacromonte di Varallo
Essen:	Taverna *Antico Agnello* in Orta, im *Sacromonte d'Orta*
Wandern:	Spaziergang um die Halbinsel Orta S. Giulio, Wanderung von den Laghetti di Nonio nach Omegna

Wir verlassen die etwas hektische Welt des großen Sees und brechen auf zu seinem kleinen und viel stilleren Brüderchen, dem **Lago d'Orta**, der völlig zu Unrecht ein Schattendasein in den Fahrplänen der Freizeitkapitäne führt. In römischer und noch in mittelalterlicher Zeit wurde die Bedeutung des Orta-Sees wesentlich höher eingeschätzt als die des Lago Maggiore, weil die Straße an seiner Ostseite die bessere Verbindung zum Simplon und damit zur Alpennordseite bot. Davon ist heute nicht mehr viel zu spüren – trotzdem lohnt sich ein Besuch unbedingt.

Unsere Tour biegt von Tour 1 kurz vor der Auffahrt auf den Montorfano in Richtung Gravellona Toce ab. Wir vermeiden die Durchfahrt durch Omegna, indem wir den Tunnel nehmen. Die Straße an der Ostseite des Sees bietet nicht viel Erfreuliches, weil das Ufer über lange Strecken von der Eisenbahntrasse abgeschnitten oder in Privatbesitz ist. An einer großen Ampelkreuzung vor Orta S. Giulio – im Angesicht eines eklektizistischen Hotelschlosses – kann man unseren ersten Stellplatz ansteuern:

WOMO-Stellplatz: Orta S. Giulio

Position: N 45°47.793' E 08°24.711' **WOMO-Zahl**: <20;
Ausstattung: WC (behindertengerecht), Beleuchtung, Wasser, Müllentsorgung, Belag geschottert, schöner Baumbestand;
Zufahrt: von der Zufahrt nach Orta an der Touristeninformation nach links abbiegen, ca. 500 m aufwärts durch den Wald, vor der Schranke links bergab; **Parkgebühr**: bis 48 Stunden Aufenthalt keine.

Der kürzeste Weg von hier in das Zentrum und an den See führt von diesem famosen Stellplatz ohnehin über den Sacromonte – warum also nicht ausnahmsweise einmal der Bildung den Vorzug gegenüber den fleischlichen Genüssen einräumen? Sie sollten unbedingt zunächst den Park mit seinen Kapellen zügig durchqueren, um die Aussichtsterrasse an seiner Westseite zu erreichen, wo der Pilgerweg in der chronologischen Ordnung der Kapellen beginnt. Genießen Sie hier ausgiebig den Blick über den See zu Ihren Füßen und die geheimnisvolle Isola S. Giulio. Dann sollten Sie gemächlich über stille Wege die Lebens- und Passionsgeschichte des Heiligen Franz von Assisi nachgehen, wie sie hier in 20 Kapellen (geplant waren eigentlich 50) in erstaunlich plastischer Bildhaftigkeit dem Volk in Erinnerung gerufen worden ist.

Auch ohne nähere Erläuterungen, sogar ohne belehrende Kommentare durch belesene Reiseführer, erschließen die farben- und formenreichen Szenen alleine durch aufmerksame Beobachtung die bewegenden Themen der Lebensgeschichte des Heiligen, der der katholischen Glaubenslehre einen vergessenen Aspekt wiedergegeben hat: Besitzlosigkeit, Demut und bedingungslose Nächstenliebe – in eigentümlicher Entsprechung genau zu denjenigen Zielen, welche die verhasste Reformation den Menschen anbot.

Wer noch etwas bleiben und das Gesehene bedenken will, kann in dem lauschigen **Gartenrestaurant *Sacromonte*** *(dienstags und im Januar geschlossen)* einen preiswerten Imbiss einnehmen.

Selbst in der Hochsaison ist der Park des *Sacromonte* erstaunlich unbevölkert. Anders sieht es aus, wenn man hinabsteigt in die Altstadt. Trotzdem fühlt der Reisende sich hier wohl, denn der Weg durch steile Gassen, vorbei an der spätgotischen Kirche S. Maria, über die kieselgepflasterte Magistrale zum Hafen hat magische Kraft. Unten, an der Piazza, im Gegenüber der Insel, treffen sich alle Wege und alle Menschen in anmutiger Umgebung. **Honoré de Balzac** hat dies in seinem Reisetagebuch so beschrieben:

„Das Prunkvolle und sein Getümmel liegen entfernt, seine Proportionen werden wieder menschlich.“

Wir können Ihnen zwei Varianten für die Gestaltung des Aufenthaltes in **Orta S. Giulio** (1.000 Einwohner) empfehlen: Der ruhige Betrachter bezieht Stellung in einer der vielen Trattorias und nimmt einfach das Treiben in Augenschein.

Der Rührige und Suchende begibt sich in drei unterschiedlichen Varianten auf die geheimnisvolle **Insel**: Das Motorboot fährt alle 20 Minuten und bringt ihn für 3 € hinüber. Wer der Legende glaubt, vertraut sich dem Heiligen Julius an, der die Überfahrt mit Hilfe seines ausgebreiteten Mantels und dem Wanderstock als Ruderhilfe bewerkstelligt habe soll.

Wer allerdings zur Romantik neigt, muss in der Trattoria *Albergo Ristorante Leon d'Oro* (rechts vom Anleger) dem Kellner beim Begleichen der Rechnung ein kleines Trinkgeld zustecken, wofür ihm wortreich für ein weiteres kleines Trinkgeld ein hauseigenes Ruderboot anvertraut wird, welches man nach erfolgreicher Expedition zusammen mit einem dritten kleinen Trinkgeld wieder abzuliefern hat.

Die Insel, die man also auf einem der drei Wege erreicht hat, bietet zwei kurze Rundgänge an: den **Weg der Stille** und den **Weg der Meditation**. Beide schlängeln sich um die Basilika, welche berühmt ist für ihre schwarze Marmorkanzel und die dem Heiligen Julius zugeschriebenen Reliquien. Viel schöner und vor allen Dingen viel echter als diese sind die kleinen Stichwege, die von den beiden Rundwegen durch schmale Gassen hinab zum Wasser führen und immer andere Perspektiven auf die Ufer des Sees anbieten. Etwas merkwürdig muten hingegen die zahlreichen mehrsprachig präsentierten Sinnsprüche an, die den Besucher ermahnen, trösten oder vernachdenklichen sollen.

Wer von all dieser Wichtigkeit sich nicht beeindrucken lassen will, kann - zurück auf dem Festland - von der Piazza eine schöne *Passegiata* zurück zum Stellplatz unternehmen: Nach Betrachtung der offenen Markthalle sollte unbedingt ein erstaunlicher Pasta-Hersteller in der Via Olina 8 gewürdigt werden: ***Il buon Gustaio*** sichert grundsätzlich umfassende Vielsprachigkeit zu. Wer tatsächlich keine der hier angesagten 16 Sprachen sprechen sollte, kann einfach auf sprachlos machenden Schautafeln die abwegigsten Varianten der nudeligen Welt genießen. Allerdings nur als Trockensubstanz. Wem der Magen knurrt, empfehlen wir im Allgemeinen eine Einkehr in die ***Taverna antico Agnello*** in unmittelbarer Nähe *(Via Olina/Piazetta Ernesto Ragazzoni, dienstags geschlossen)* und im Speziellen die Bestellung von *Taglierini alla Fonduta di Toma e Olio tartuffato*. Der beste Platz zum Speisen und Schauen ist der auf dem kleinen Balkon oberhalb der Straße.

Noch einen *Espresso*, vielleicht einen *Grappa*, und weiter bis zur Via Professore Antonio Poli. Hier ist einer Waschfrau am 28.07.1997 Erstaunliches passiert: Sie erkannte urplötzlich in den Ausblühungen einer durchfeuchteten Fassade unzweifelhaft das Antlitz des heiliggesprochenen Padre Pio wieder und verhökert seither in einem bezaubernden Laden allerlei heiliges Zubehör.

Von hier aus erreicht man nach angemessenem Erstaunen den Uferweg, der einen um die nördliche Hälfte der Halbinsel an den oben erwähnten Stellplatz zurückbringt. Der **Spaziergang** dauert etwa eine halbe Stunde. Kleine Naturhäfen zeigen deutlich, dass der Wasserspiegel des Lago früher um einen halben Meter höher lag als heute. Die Einbindung des Sees in die Wasserversorgung der Region hat aber im Gegenzug zu seiner Volumenverkleinerung immerhin dafür gesorgt, dass seine Wasserqualität sich beträchtlich verbessert hat und der See überall zum Baden einlädt.

Nördlich der Halbinsel, an der Straße nach Pettenasco bzw. Omegna liegen einige Campingplätze, von denen nach unserer Auffassung der schönste der **Campingplatz *Orta*** ist, besonders wenn man einen der Plätze direkt am Ufer erhaschen kann. Die besten Plätze sind - wie eine kurze Besichtigung ergibt - die Plätze Nr. 1A bis 12A. Das Glück ist uns jedoch nicht hold, denn wir erreichen den Platz an einem Freitagabend (siehe hierzu die Anmerkungen im Anhang!).

Unsere Tour jedoch führt uns weiter um den Südzipfel des Sees zum Westufer, vorbei an den selbstbewussten Villen bis Buccione. An einem Kreisel vor Gozzano fahren wir Richtung San Maurizio d'Opaglio. Kurz vor der Stadtgrenze liegt rechts unterhalb der Strasse die kleine **Kapelle Madonna di Luzzara** in ziemlicher Vergessenheit. Sie kann innen leider nicht besichtigt werden; eine Betrachtung der eigentümlichen Fresken und der drei bienenkorbartigen Absiden von außen lohnt sich trotzdem.

In Maurizio biegen wir rechts ab Richtung Lagna bzw. Pella, um ein Stück weit am Seeufer entlang bis zur Kirche S. Filiberto mit ihrem freistehenden Glockenturm zu fahren. Dort wenden wir uns Richtung Boleto ansteigend durch den winzigen Ort Alzo hindurch. Bald führt uns eine Abzweigung nach links über steile Serpentinen durch den Wald hinauf zur stolz über dem See gelegenen **Wallfahrtskirche Madonna del Sasso**. Hier finden wir in der opulenten Barockkirche erstaunliche Fresken und Trompe l´Oeils, sowie von der Terrasse eine traumhafte Aussicht auf den Ortasee und die Isola S. Giulio vor, vor allem einen überaus empfehlenswerten Stellplatz:

WOMO-Stellplatz: Madonna del Sasso

Position: N 45°47.365' E 08°22.334'; **WOMO-Zahl**: <25;
Ausstattung: Strom, Entsorgung, Mülleimer, Beleuchtung, Restaurant mit Terrasse, Spielplatz und WC beim nahegelegenen Kiosk;
Zufahrt: vor dem Santuario rechts genau gegenüber einem Friedhof.

Oberhalb von Pella kann man auf dem Weg einen Blick auf ein außerordentliches Bauwerk erhaschen, welches einem schon von der Ostseite des Sees und von der Insel her ein Rätsel aufgegeben hat: Hier hat ein ungenannter Industrieller aus der Badezimmerbranche in tiefer Verbeugung vor klassischen James-Bond-Inszenierungen ein mächtiges **Ufo** am Hang landen lassen.

Egozentrisch und lächerlich verschandelt das Monstrum den gesamten Bildhintergrund.

Wegen der Steilheit der Uferhänge ist die Westseite des Sees nur bis Ronco erschlossen. Es gibt am Ortsausgang von **Pella** (1.180 Einwohner) einen kleinen Campingplatz in schöner Lage. Außerhalb der Hochsaison lohnt sich unbedingt der Versuch, hier an einem der Stege Anker zu werfen:

WOMO-Campingplatz-Tipp: Pella (Castellania d'Orta)

Ortszentrum: 0,5 km; **Ausstattung:** Restaurant, Laden, Entsorgung; Bademöglichkeit;
Zufahrt: von Pella Richtung Ronco am Ortsausgang rechts.

Auch wenn die Straße in **Ronco** als Sackgasse endet, sollte man den Weg in das kleine Dorf nicht scheuen. Denn hier ist die Welt wirklich noch in Ordnung. Am Ortseingang gibt es Platz für etwa 5 WOMOs, durchaus auch für eine Übernachtung gut.

Weiter hinein zu fahren ist unmöglich, denn der kleine Fischerort besteht lediglich aus einigen Gassen, die zu einer beschaulichen Piazza am Wasser führen. Wer baden will, sollte aus den Weingärten einem schmalen Terrassenweg nach Norden folgen, der ihn nach ca. 800 m an einen beschaulichen und schattigen Kiesstrand bringt.

WOMO-Badeplatz: Ronco

Position: N 45°49.601' E 08°22.873'; **WOMO-Zahl**: <5;
Ausstattung: Mülleimer, Beleuchtung, wenig Platz zum Rangieren;
Zufahrt: von Pella nach Ronco; Parken am Ortseingang; bitte darauf achten, daß die Zufahrt zum Parkplatz nicht eingeschränkt wird

Wer die Westküste des Sees weiter erkunden möchte, kann die Straße von Pella über Cesara Richtung Nonio nehmen. Hier zweigt nach links eine kleine Straße in die Mitte des Dorfes ab, welche dann die Hauptstraße unterquert und auf einer steilen Stichstraße zum See hinunter nach **Oira del Lago** führt. Dieses Sträßchen ist jedoch allenfalls für kleine WOMOs geeignet und dies auch nur bis zum öffentlichen Parkplatz am rechten Straßenrand, von dem aus nach etwa 400 m Fußmarsch das vergessene Örtchen erreicht wird. Wir raten aus eigener Erfahrung davon ab, mit dem WOMO den weiteren Weg nach unten anzutreten. Wer ein großes Gefährt besitzt und vermeiden will, den Rückweg hinauf nur noch unter Zurücklassung von Ab- und Frischwasser, Motorrad und Freundin anzutreten, sollte bereits in Nonio im Bereich des bemerkenswerten Treffpunkts ***Cercolo Obraio*** parken und den gesamten Weg zu Fuß antreten (ca. 1.500 m). Er wird für die kleine Mühe entlohnt mit einem tollen **Badeplatz** – oft gut besucht von den lokalen *Raggazzi* – und einem ausgezeichneten Restaurant, welches den frischesten Fisch des Sees anbietet.

Chiesa Maria Assunta

Zurück in **Nonio** (851 Einwohner) reizen ein weiteres kleines Abenteuer und ein spitzenmäßiger Stellplatz: die **Laghetti di Nonio**. Der Weg ist vom Dorfplatz in Nonio ausgeschildert und mit Respekt gegenüber dem landwirtschaftlichen Verkehr gut zu befahren. Man erreicht die kleinen Fischweiher nach 4 km und befindet sich in einem wahrhaftigen Paradies. Die *Osteria* bietet einfache Speisen und anständige Getränke, es ist Platz in Hülle und Fülle vorhanden.

WOMO-Stellplatz: Laghetti di Nonio
Position: N 45°51.344' E 08°22.417'; **WOMO-Zahl**: <20;
Ausstattung: Mülleimer, Gaststätte, Spielplatz, Wanderwege;
Zufahrt: von Nonio den Wegweisern zu den *Laghetti* folgen.

Wer den Tag müßig verbringen möchte, wird sich in einen Stuhl auf der Terrasse der *Osteria* fläzen und den Anglern ab und zu ein Augenblinzeln widmen. Wer sich ein wenig die Beine vertreten will, erforscht vielleicht die fast zur Gänze überwucherten Wehre, Kanäle und zerfallenen Gemäuer längst verlassener Mühlengebäude. Wer auch damit seinem Bewegungsdrang noch nicht ausreichend nachgegeben hat, nimmt sich den ausgeschilderten Wanderweg durch den Wald Richtung **Omegna** (15.300 Einwohner) über uralte gepflasterte Handelspfade und vorbei an einigen Wasserfällen vor. Omegna selbst – über die Landsgrenzen hinaus bekannt für die Ungeschicklichkeit seiner Taschendiebe – taugt als Anlaufort zur Ergänzung der Vorräte und ist donnerstags Schauplatz eines munteren Marktes. Im übrigen leidet die Stadt sichtbar unter der üblichen Bürde der Mittelzentren: Verkehr, Bausünden, Lärm. Nicht umsonst wählt der von Norden kommende Reisende die Umgehung durch den Tunnel, der von **Gravellona Toce** aus das Passieren der Stadt überflüssig macht.

Wir verlassen den kleinen großartigen See bei **Arola**, um uns über den Passo della Colma hinüberzubegeben in das Valle Sésia und seinen überwältigenden Wallfahrtsort **Varallo** (7.800 Einwohner).

Wer noch einen letzten Blick zurück auf den See werfen will, sollte am Ortsausgang von Arola linker Hand in den Parkplatz der kleinen **Kirche Chiesa Maria Assunta** einbiegen und hier unter Rücksichtnahme auf die örtliche Sitte innehalten. Im Abendlicht überschaut man den See, die Halbinsel, die Insel und alles Erlebte. Dieser **Stellplatz** ist von wunderschöner Anmutung und sollte genau deshalb nicht überstrapaziert werden. Wir geben keine Koordinaten aus.

Bereits beim Passieren von **Civiasco** erhascht man den ersten Blick auf den **Sacromonte di Varallo**. Dieses älteste Wahrzeichen der Gegenreformation oberhalb der traditionsreichen Stadt mit seinen 45 Kapellen wurde bereits 1497 begonnen und sollte zunächst nur die Stationen der Passion darstellen. Später wurde das Bauprojekt von Carlo Borromeo, dem Erzbischof Mailands, auf enorme Weise vergrößert. Unter Inanspruchnahme der führenden Maler, Bildhauer und Architekten wurde die Anlage bis 1650 im Sinne des Manierismus und der bildhaften Übersteigerung der gezeigten Inhalte fertiggestellt. Zusammengenommen sind in den 45 Kapellen, die teilweise gruppiert sind, ungefähr 600 plastische und 4000 gemalte überlebensgroße Figuren entstanden, die den Betrachter in ihrer Mischung aus Zwei- und Dreidimensionalität bisweilen geradezu anspringen. Die Gesichter scheinen zu leben. Der Weg durch die Kapellen ist – wie ein gutes Drehbuch – dramaturgisch durchgebildet und führt den Besucher hinauf zu einem perfekt strukturierten Platz unterhalb der Wallfahrtskirche, der aber immerhin noch weit oberhalb der nichtig gewordenen Stadt liegt. Dieser Platz hat den Pilger gleichzeitig unterworfen und ihn von der Unterwerfung erlöst.

Biblische Szene: *'Die Kreuzabnahme'*

Das Erstaunlichste der gesamten Darstellung liegt jedoch darin, dass die Szenen zwar traditionell und im Wesentlichen biblisch sind, die Ausführung jedoch mit den Attributen der Herstellungsepoche, also der Renaissance, daherkommen. Auf diese Weise erhielten die Bilder eine bis dahin ungekannte Aktualität. In der 39. Kapelle wird der Zeitsprung am deutlichsten: vor der italianisierten Kulisse Jerusalems wohnen Bauern in

der traditionellen Tracht des Sésia-Tals demütig und tiefgläubig der Kreuzabnahme Christi bei. Zum ersten Mal in der abendländischen Kunstgeschichte wurde im großen Umfang der Versuch unternommen, scheinbar Altbackenes dem Betrachter dadurch wieder schmackhaft zu machen, dass man es in zeitgenössische Gewänder kleidete und so auf überzeugende Weise aktualisierte. Varallo ist die erste Zeitreise und der erste Comic der religiösen Kunstgeschichte gleichzeitig. Geparkt wird vor all diesen Erkenntnissen unterhalb der ersten Kapelle, nachdem man sich aus Varallo kommend den gelben Schildern folgend hinaufdestilliert hat. Wer sich zeitgenössischer der Unterwerfung nähern will, folgt in der Stadt den braunen Schildern *‚Funivia'* und benutzt die Seilbahn, die allerdings leider nicht an den Beginn des Passionsweges führt. Der Besuch der heiligen Anlage selbst ist übrigens kostenlos.

Hier endet unsere Tour in angemessener Demut. Zur Weiterfahrt durch das Land an den Füßen der Berge bieten wir mit unserer Tour 4 eine Reise über die Höhen der südlichen Voralpen hinab in die große Ebene an, während der Reisende zu entscheiden hat, ob seine weitere Leidenschaft eher den Bergen oder den Tälern gehört.

TOUR 4

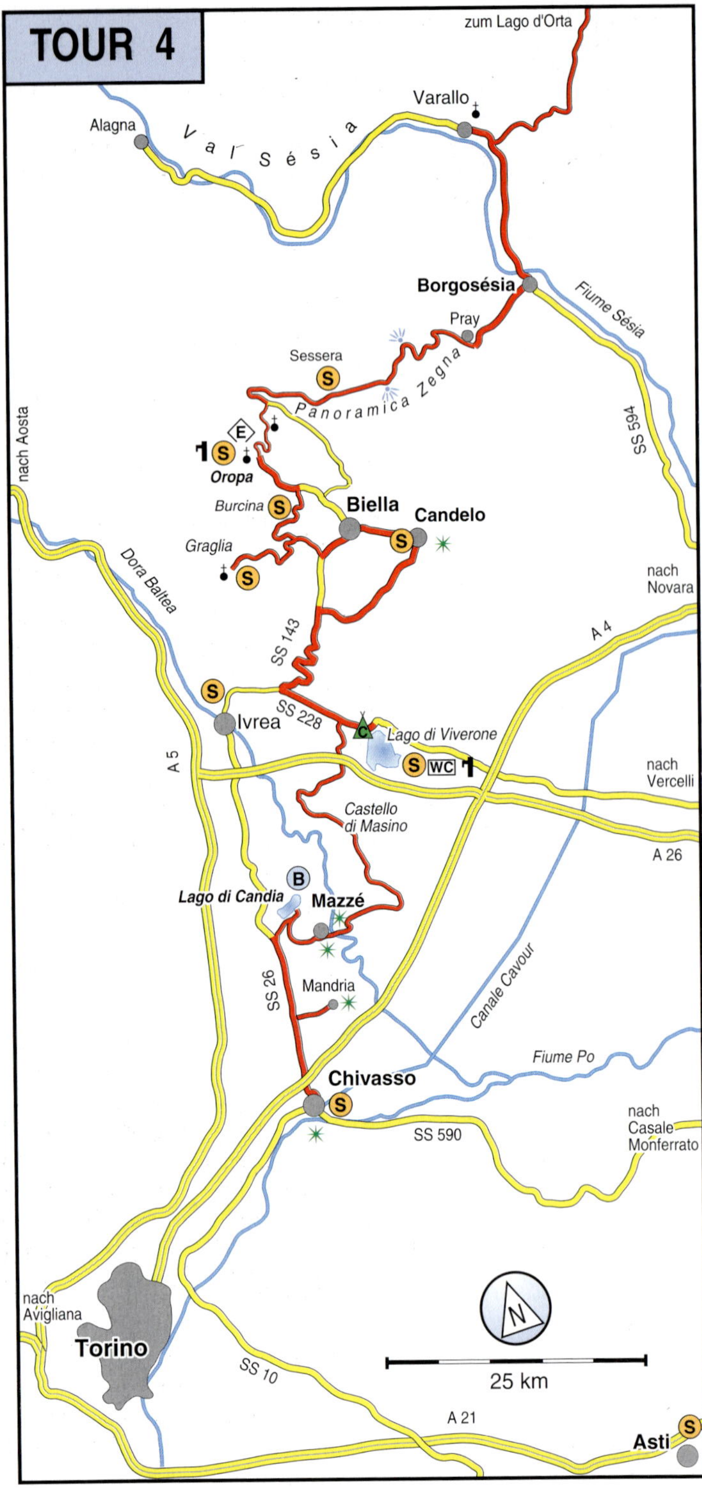
zum Lago d'Orta
Varallo
Alagna
Val Sésia
Borgosésia
Fiume Sésia
Pray
Sessera
S
Panoramica Zegna
E
S
Oropa
SS 594
nach Aosta
Burcina
S
Biella
Candelo
S
Graglia
S
Dora Baltea
nach Novara
A 4
SS 143
S
Ivrea
SS 228
C
Lago di Viverone
A 5
S
WC
nach Vercelli
Castello di Masino
A 26
B
Lago di Candia
Mazzé
Canale Cavour
SS 26
Mandria
Fiume Po
Chivasso
S
nach Casale Monferrato
SS 590
N
nach Avigliana
Torino
25 km
SS 10
A 21
Asti
S

Tour 4: Fromme Felsen, fruchtbare Felder

Varallo - Oropa - Graglia - Candelo - Mandria - Chivasso

Stellplätze:	in Sessera, beim Santuario d´Oropa, beim Parco della Burcina, am Santuario di Graglia, in Candelo, am Lago Viverone, am Lago di Candia, in Chivasso
Campingplatz:	am Lago Viverone
Besichtigen:	Santuario d´Oropa, Santuario di Graglia, Ricetto Candelo, Castello di Masino, Sito archeologico in Mazzè, Mandria, Wasserbauwerk von Cavour in Chivasso
Essen:	beim Santuario d'Oropa, im *Parco della Burcina*, Pizzeria *Castello di Ropollo* bei Viverone, *Antica Scuderia* in Mandria
Wandern:	diverse Wanderungen ab der *Panoramica Zegna*, Spaziergang auf den *Sacromonte d´Oropa*, im Botanischen Garten des *Parco della Burcina*, auf den *Sacromonte di Graglia* und zu den Ausgrabungen von Mazzè

Wir entfliehen der Bedeutungsschwere Varallos nach Süden Richtung Borgosésia, zunächst auf der Ostseite des Flusses. Hinter Roccapietra überquert man das Flussbett der *Sésia*, vermeidet auf diese Weise die unerquickliche Durchfahrt von **Borgosésia** (14.500 Einwohner) – weithin bekannt für die Irrationalität seiner Ampelschaltungen – und erreicht alsbald das Flüsschen *Sessera*. Hier hält man zunächst auf Biella zu, passiert einige auffallende genial-hässliche Fabrikgebäude, die Zeugnis für die textile Vergangenheit der Gegend ablegen, und folgt schließlich den braunen Wegweisern ‚*Panoramica Zegna*'.

Diese Hochstraße ist auf Anregung und mit Unterstützung des Industriellen *E. Zegna* als Verbindung vom Valle di Sésia zum Valle Cervo angelegt worden. Die ersten Kilometer führen durch eine verschwenderische Parklandschaft aus Rhododendron- und Kastanienhainen, später wird die Vegetation immer ungezähmter und alpiner. Über eine Serie von Serpentinen erklimmt man geschmeidig den Höhenzug und setzt die Fahrt auf einem atemberaubenden Grat fort. Immer wieder fordern Park- und Picknickplätze zum Einhalten auf. Sie sind Ausgangspunkt für zahlreiche Wanderungen, deren Wege ausgezeichnet beschildert sind. Im Westen liegen fern die Gipfel des Seealpenbogens, im Südosten fängt die Ebene des **Biellese** den Blick.

Der winzige Ort **Bielmonte** ist nur im Winter belebt – er bedient ein kleines Skigebiet. Knapp drei Kilometer weiter auf dem Weg nach Westen liegt der ebenso riesenhafte wie schöne Stellplatz von Sessera:

WOMO-Stellplatz: Sessera

Position: N 45°39.703' E 08°04.448'; **WOMO-Zahl**: <20; **Ausstattung**: Entsorgung, Mülleimer, Gaststätte, Beleuchtung, Wanderwege; **Zufahrt**: auf der Panoramica Zegna von Bielmonte kommend nach ca. 2,5 km rechts abbiegen.

Der offiziell ausgewiesene Stellplatz mit Entsorgungsstation liegt kurz hinter der Abzweigung von der Straße. Viel schöner ist jedoch der große Parkplatz am Ende des geschotterten Weges, der das kleine blockhausartige Restaurant, eine phantastische Aussicht und an Sommerwochenenden manchmal tollkühne Darbietungen von Asphaltseglern bietet. Es entsteht auf diesem Parkplatz bisweilen eine ganz eigenartig gute Stimmung, die aus der Verschiedenheit der Akteure herrührt: Biedere WOMO-Fahrer, asphaltsegelnde Hasardeure, behelmte Einzelgänger, mit entschlossenem Blick auf ihren Motorrädern sitzend, einige verlegen den Sonnenuntergang genießende Liebespaare und verschwitzte Wanderer machen die Stimmung aus. Einmal haben wir erlebt, wie sich hier ein fulminantes spontanes Fußball-Länderspiel Italien-Deutschland entwickelt hat.

Das Resultat wird in Würdigung der guten Gastfreundschaft verschwiegen.

Es geht weiter nach Westen, langsam abfallend durch Bergwiesen und vorbei an verlassenen Rustici nach Rosazza (180 Einwohner). Vorsichtig fahren – denn Begegnungen mit Schafherden sind hier nicht ungewöhnlich!

In **Rosazza** ist ein Weg zum Sacromonte Oropa ausgeschildert (gelbes Schild: 12,9 km). Diese Passstraße ist in vielen Karten als befahrbar ausgewiesen – sie war es aber jedenfalls bis Juli 2004 absolut noch nicht, auch nicht mit geländegängigem Zweirad. Man kann jedoch ohne Schwierigkeiten 3 km bis zu dem aufgelassenen Santuario di S. Giovanni hinauffahren, dort mit einigen Umständen parken und in einem kleinen Restaurant ausgezeichnet essen.

Die Passstraße soll bis Mitte 2005 in Stand gesetzt worden sein, was sicher im Interesse des Reisenden, nicht aber im Interesse der Erbauer des pompösen Heiligtums wäre. Denn man würde sich auf ihr der Inszenierung gleichermaßen von höherer Warte nähern und nicht, wie es gewollt war und derzeit immer noch der Fall ist, von unten – in demütiger Unterwerfung.

Solange diese Variante also noch nicht möglich ist, wenden wir uns zurück bis zu der Kreuzung, an der wir von der *Panoramica* eingebogen sind und fahren durch das immer weiter werdende Valle Cervo hinab in Richtung **Biella** (48.500 Einwohner). Der Fluss zu unserer Rechten wächst durch zahlreiche kleinere Zuflüsse stetig an und lässt uns anhand seines großen Bettes die Wassermassen der Schneeschmelze nur zu deutlich erahnen. Um auf unserem Weg nach Oropa den Stadtverkehr von Biella zu umgehen, biegen wir kurz nach der Überquerung des Flusses bei Ponte Salvante Richtung Tollegno ab und folgen den Wegweisern nach Pralungo, wo wir bereits auf die braunen Schilder *‚Santuario d´Oropa'* stoßen, denen wir nun stetig bergan folgen. In einigen Kurven des von immer größer werdenden Kapellen gesäumten ehemaligen Prozessionswegs kann man erste vorsichtige Blicke auf das Religionsmonster werfen, dem man entgegenstrebt.

Das **Santuario d'Oropa**, einer der bedeutendsten Schauplätze der Marienverehrung Italiens, ist eigentlich aus irrtümlichen Gründen entstanden: Ausgangspunkt der Entwicklung war eine Marienstatue, die der Legende nach der Evangelist Lukas persönlich nach Oropa getragen haben soll. Später stellte sich heraus, dass nicht der Evangelist sie gebracht, sondern die

Gründer der frommen Anlage sie im späten 13. Jahrhundert hatten herstellen lassen. Trotzdem kamen im festen Glauben an die Lukas-Legende derart viele Pilger und Neugierige, dass von Stund an ein munteres Bauen und Erweitern sich entwickelte. Zunächst bestand der heilige Ort nur aus wenigen Pilgerhäusern und einigen Kapellen; im Verlauf des 17. Jahrhunderts haben die savoyischen Heiligtums-Spezialisten in immensem Schaffensdrang das angelegt, was – man möchte es eigentlich gar nicht glauben – erst **1960** seine vorläufige Vollendung gefunden hat.

Die Gesamtanlage ist auf drei Ebenen durch übereinander gestaffelte Höfe angelegt und wird durch die **Kirche Regina Montium** dramatisch überhöht, deren Bildhintergrund wiederum die Flanken des Monte Mucrone sind. Was auf den ersten Blick höchst bewegend und authentisch erscheint, erweist sich bei näherer Betrachtung als groteske Architektur-Kulisse. Imposant ist das alles aber gleichwohl, auch wenn es unecht und kitschig sein mag.

Das übliche Herzstück der norditalienischen Wallfahrtsorte, nämlich die Kapellen mit ihren belehrenden Darstellungen, ist hier zu einem sparsamen Beiwerk von nur 12 Bauwerken „degradiert“. Trotzdem haben wir den Spaziergang über die Wiesen den Hang hinauf genossen, denn es lassen sich auch ohne künstlerische Höhepunkte umso hübschere kleine Details wie z. B. der lustige Drache in Kapelle Nr. 2 oder der fledermausartige Engel in Kapelle Nr. 3 entdecken. Die Puppenstubenatmosphäre der Kapelle Nr. 9 und beiden letzten Kapellen, die eher an klamme Grotten mit Stalaktiten erinnern als an fromme Orte, hat einen nun doch den Berg hinauf gelockt, von wo aus man die schöne Sicht ins Tal auf Biella genießen kann.

Als Stellplatz können wir für den Besuch Oropas und eine etwaige Übernachtung anbieten:

WOMO-Stellplatz: Santuario d'Oropa

Position: N 45°37.757' E 07°58.750'; **WOMO-Zahl**: <30;
Ausstattung: Wasser, Mülleimer, Entsorgung, Toiletten, Oberfläche geschottert und leicht abschüssig, Läden und Restaurants;
Zufahrt: vom Tal kommend links am Haupttrakt vorbei, unterhalb der Kuppelkirche queren und rechts von der Kirche parken.

Erwähnenswert ist sicher noch das kleine Restaurant im linken Flügel des großen Hofes, in dem in einem schlichten Speisesaal mit klösterlicher Anmutung einfache Gerichte aufgetischt werden *(geöffnet bis ca. 22.00 Uhr)*. Das nobel-schicke Restaurant im gegenüberliegenden Flügel blieb uns erspart.

Am Kopf des südöstlichen Flügels des Eingangshofes kann die Endstation der Zugverbindung Biella – Oropa mit einem historischen Triebwagen besichtigt werden. Erst mit der Aufgabe dieser Verbindung im Jahre 1959 wurde der ursprüngliche Prozessionsweg zur Autostraße ausgebaut. Damit war das Monument endgültig den Massen erschlossen. Kleine Sektionen des Prozessionsweges sind immer noch erhalten, teilweise eher durch verfallende Kapellen markiert als durch seinen Pflasterbelag.

Auf der Rückfahrt Richtung Biella stößt man in einer Linkskurve bei Kilometer 10 auf eine sehr filigrane dreibogige Eisenbahnbrücke. Hier ist am rechten Straßenrand Platz zum Anhalten. Am talseitigen Brückenkopf kann man zu der verlassenen Bahntrasse hinaufkrabbeln. Gleise und Schwellen existieren schon lange nicht mehr – die Trasse ist in ihrer gleichmäßigen Steigung zu einem meditativen Bergweg mutiert, dem man ein Stück bergauf folgen sollte. Ein kleiner Wasserfall, Relikte der Hangbefestigungen und der Signalanlagen und die Ruhe des Weges schaffen eine Vorstellung davon, wie gemächlich das Reisen hier früher war. Einen etwas zynischen Kontrast hierzu liefert das bizarre Gerippe eines *Fiat Topolino*, den irgendeine Riesenhand in den Wald hineingeworfen hat.

Zurück auf der Straße erreichen wir alsbald den stillen Ort **Favaro**, an dessen Ende sich in einer linken Spitzkehre eine Abzweigung versteckt. Diese sollte man nicht verfehlen, um zu einem weiteren schönen Stellplatz zu gelangen. Scharf nach rechts abbiegend geraten wir ansteigend wieder in den Ort hinein und zweigen gleich links Richtung *'Pollone'* ab. Ein kleines Sträßchen schlängelt sich etwa 4 km durch den Wald hinab bis zu einer T-Kreuzung, an der wir links abbiegen, um in **Pollone** (2.100 Einwohner) zu dem ausgeschilderten Parkplatz des Parco della Burcina, einem riesigen Botanischen Garten, zu gelangen, den Giovanni Piacenza Mitte des 19. Jahrhunderts auf ca. 57 Hektar hügeligen Landes in der Manier des Englischen Gartens angelegt hat:

WOMO-Stellplatz: Parco della Burcina

Position: N 45°35.124' E 08°00.295'; **WOMO-Zahl**: <20; **Ausstattung**: Mülleimer, Beleuchtung, Belag aus Rasengittersteinen, Picknickplatz; **Zufahrt**: wie oben beschrieben; **Parkgebühr**: 4,00 € / Tag (Automat).

Beeindruckend ist die Blüte der vielen Rhododendren im Mai und im Juni. Der Eintritt zum Park ist für Fußgänger frei *(Alte und Behinderte können donnerstags von 9 – 18 Uhr und samstags von 9 – 11 Uhr mit dem Auto einfahren)*. Das kleine Restaurant *Bar Trattoria Parco Burcina* ist außer dienstags zwischen 10 und 20 Uhr geöffnet. Abends sollte man unter Tel. 328 9552619 (auch in deutscher Sprache) reservieren – es lohnt sich!

Wem dieser ruhige Platz zusagt, kann von ihm aus noch ein weiteres Monument der Gegenreformation aufsuchen: das unvollendet gebliebene **Santuario di Graglia**. Er unterquert am Ausgang des Stellplatzes ein Stadttor (Vorsicht: Durchfahrtshöhe auf 3,00 m eingeschränkt), wendet sich im Zentrum von Pollone nach links in Richtung Sordevolo und hält am Ortsausgang geradeaus. Hier ist Graglia (1.600 Einwohner) schon ausgeschildert. Die kleine Straße führt durch sanfte Hügel, vorbei an kleinen Villen, bisweilen gesegnet durch schöne Aussichten auf die Höhenzüge der Seealpen. Zum ersten Mal auf unserer Reise tauchen hier die wunderbaren Dachdeckungen aus gradierten Granitplatten auf, gegenüber deren Lebensdauer von reichlich 300 Jahren alles andere wie Flickwerk erscheint, was der Baustoffhandel heute im Angebot hat.

Nach etwa 6 Kilometern überqueren wir den Gebirgsfluss Elvö und biegen in **Muzzano** rechts ab, dem braunen Schild *'Santuario di Graglia'* folgend. Nach Passieren des Wasserreservoirs von Graglia destillieren wir uns in großen Kurven bergan, bis plötzlich das Santuario steil vor uns aufragt. Wir umkreisen es ehrfurchtsvoll, um schließlich direkt vor der riesigen Kirche mit angeschlossenem Pilgerhospiz auf dem baumumsäumten

Parkplatz innezuhalten. Schon haben wir einen Stellplatz mit imposanter Kulisse:

WOMO-Stellplatz: Santuario di Graglia

Position: N 45°33.654' E 07°57.253'; **WOMO-Zahl**: <20
Ausstattung: Müllentsorgung etwas weiter unten beim Grandhotel, Kinderspielplatz, Souvenirladen, Restaurant *(dienstags geschlossen)*
Zufahrt: wie oben beschrieben.

Das **Heiligtum** entstand in der ersten Hälfte des 17. Jahrhunderts sozusagen im Alleingang des Priesters Don Andrea Nicola Velotti, der ganz einfach auch einen Wallfahrtsort erschaffen wollte, und zwar ursprünglich mit einer monumentalen Kirche und mit genauso vielen Kapellen wie Christus Lebensjahre erreicht hat – nämlich 33. Von all dem sind wegen mangelnder Unterstützung durch die religiöse Zentralverwaltung und wegen des notorischen Geldmangels des frommen Unternehmers nur die grotesk unfertige Wallfahrtskirche und fünf Kapellen hergestellt worden, die man am Gegenhang aufspüren kann. Man lässt dazu das stillgewordene Grandhotel rechts liegen und steigt am Bildstock auf dem Wanderweg B2 in steilen Serpentinen in den Wald hinauf, wobei man sich je nach Saison den Tornister reichlich mit Maronen oder mit Steinpilzen füllen kann.

Genau genommen sind noch nicht einmal die 5 Kapellen fertiggestellt worden, wie die kurzatmigen Reiseführer-Redakteure geflissentlich voneinander abschreiben. Die kleinen Bauwerke unterscheiden sich eigentlich nur noch durch ihre gekonnt gemauerten Gewölbedecken von beliebigen Schutzhütten. Nur die höchstgelegene, schwer zu findende, ist durch private Initiative von Anwohnern zumindest äußerlich fertiggestellt worden.

Die Wallfahrtskirche **Madonna di Loreto** selbst ist nie verputzt und mit den geplanten Inkrustationen bekleidet worden. Die für deren Montage notwendigen auskragenden Gesimse und die Auflager für die Rückverankerung von großen Schmucksteinen sind aber in Weitsicht angelegt worden und geben den gigantischen Fassaden zusammen mit den leergebliebenen halbkreisförmigen Konchen und der brachial außen angebrachten Heizungsanlage eine eigenartig faszinierende Rohheit. Einige Fenster sind – wohl aus Geldmangel – ohne jede Leidenschaft einfach als verputzte Blindöffnungen ausgebildet worden. Es kommen Erinnerungen auf an unterfinanzierte Einfamilienhäuser im Neubaugebiet, die weit vor ihrer Fertigstellung in Gebrauch genommen werden und in ihrer Unfertigkeit den Erbauer überdauern – hier allerdings in einer ganz anderen räumlichen und spirituellen Dimension. Auch das Pilgerhospiz ist schon lange seiner Funktion beraubt – es kamen hier eigentlich noch nie im erwarteten Maße Pilger, Besucher oder wenigstens WOMO-Fahrer hinauf. Vom Letzteren allerdings profitieren wir beim Durchstreifen der leeren Gänge und Hallen.

Dem Innenraum der Kirche kommt eigentümlicherweise die erzwungene Sparsamkeit in der Ausführung zugute: Unbeladen und in sehr sanfter Farbgestaltung entwickelt sich der barocke Raum außerordentlich. Interessant ist die Ausgestaltung der Kuppel, wo aus dem Mangel eine schöne Tugend gemacht worden ist, indem man sie durch eine äußerst schöne täuschmalerische Befensterung mit einer Perspektive ausgestattet hat, die sich dem Betrachter nur von einem einzigen Standpunkt im Kirchenschiff erschließt.

Gelungen ist ebenfalls der kleine und unschuldige Klostergarten mit einer schönen Brunnenverzierung des Kunstschmieds, der auch die symbolische Schöpfkelle nicht vergessen hat. All diese eigentümlichen Widersprüche aus unfertigem Popanz und liebevollem Detail stehen vor dem Bildhintergrund der Seealpenzüge so schön da, dass am Ende der Betrachtung Zuneigung und Respekt vor der besonderen Authentizität dieses Ortes überwiegen.

Wir verlassen die Berge und wenden uns der Ebene zu. In der Ferne winken immerhin wein- und trüffelselige Genüsse. Es geht ein Stück zurück auf der gleichen Straße und bei Muzzano weiter bergab über Occhieppo inferiore in das Verkehrsgetümmel von **Biella** (48.000 Einwohner). Wer sich nach den eher ruhigen Sträßchen nicht auf die krakeelige Stadt einlassen will, durchfährt sie in südöstlicher Richtung, den Schildern *‚Vercelli'* folgend. An einem Kreisverkehr mit rundem bunt bebildertem Kunstwerk biegen wir Richtung *Candelo* aus.

Wir sind nun angelangt im **Biellese**, der Übergangslandschaft zwischen den Bergen und dem Canavese. Die Szene wird zunehmend geprägt von gewerblicher und landwirtschaftlicher Nutzung. Immer noch begleiten uns außerordentliche Wasserwege – auf sie kommen wir später nochmals zurück.

Candelo (7.600 Einwohner) beherbergt eine städtebauliche Sensation: die größte erhaltene innerstädtische Fluchtstadt Europas. Im 14. Jahrhundert haben hier die Bewohner – müde der ständigen Angriffe und Ausplünderungen durch marodierende fremde Heere – inmitten der Stadt ein „Ricetto“ gebaut, eine rechteckige bewehrte Fluchtstadt. Im Angriffs- oder Belagerungsfall haben sie sich mit ihren wichtigsten **Habseligkeiten**, dem Vieh und den Ernteerträgen in den Schutz der Mauern zurückgezogen und dort ausgeharrt. Das „Ricetto“ ist in seiner kompakten und unglaublich dichten Bauweise als Stadt in der Stadt fast vollständig erhalten geblieben. Immer noch gehören die einzelnen Parzellen den gleichen Familien, deren Urväter hier einst für die Sicherheit der ihnen Anvertrauten gesorgt haben. Die mittelalterlich gedrängt stehenden, fast fensterlosen Häuser mit den darüber liegenden Speichern dürfen heute nicht gehandelt und nicht bewohnt werden. Zugelassen sind Nebenerwerbstätigkeiten, die erfreulicherweise die engen Gassen immer noch mit Musik, Kunsthandwerk und sehr zurückhaltender Gastronomie erfüllen. Die heutige Funktion des „Ricettos“ aber ist insofern nicht weit entfernt von der ursprünglichen Bestimmung des Ortes: Flucht nämlich, heute aber nicht mehr vor den Belagerern, sondern vor der Mühsal des Alltags. So treffen sich abends oder am Wochenende die Familien zum akkordeonbegleiteten Tanz und zum gemeinsamen Essen.

Stößt man auf die umgebenden Schutzmauern mit ihren kleinen Sichtöffnungen, ist man von der unglaublichen Regelmäßigkeit des geschichteten Flusssteinmauerwerks beeindruckt. Eine resolute Signora, die in einem der Häuser interessante Bilder und schöne Seidentücher verkauft, tischt uns zwischen ihren Exponaten hierzu eine bedenkenswerte Geschichte auf: Das Sortieren der Kieselsteine sei stets Aufgabe der Frauen gewesen, weil diese wegen ihres ständigen Umgangs mit den Feldfrüchten ein besseres Gefühl für Proportionen und Größe gehabt hätten – und immer noch hätten, wie die Signora selbstbewusst hinzufügt. Schon im Mittelalter hätte es beispielsweise für Rüben das gegeben, was wir heute „Handelsklassen" nennen. Das Vermauern allerdings - so fügt die Signora einschränkend hinzu - hätten die Männer dann doch selbst erledigen müssen. Ihr Mann beispielsweise wäre auch dafür verantwortlich, nach ihrer Anweisung das Grobe zu erledigen.

Candelo bietet einen amtlichen Stellplatz, der nahe am „Ricetto" liegt, aber leider etwas lärmbeaufschlagt ist:

WOMO-Stellplatz: Candelo *(amtlich)*
Position: N 45°32.621' E 08°06.808'; **WOMO-Zahl**: <5; **Ausstattung**: Mülleimer, Spielplatz, Geschäfte i. d. Nähe; **Zufahrt**: von der Piazza Castelli Richtung dem Hinweisschild für Reisebusse folgen.

Wem dieser Platz nicht behagt, kann von der Via Roma vor der Kirche Santa Maria Maggiore links abbiegen und das „Ricetto" südöstlich umfahren, bis er an eine Wiese gerät, die direkt an der Umfassungsmauer des „Ricetto" liegt:

WOMO-Stellplatz: Candelo *(inoffiziell)*
Position: N 45°32.639' E 08°06.752'; **WOMO-Zahl**: <5; **Ausstattung**: Spielplatz, Picknickplatz, Müllentsorgung, Halfpipe für skateboards, Boden teilweise nicht befestigt;
Zufahrt: wie oben beschrieben.

Wir tauchen jetzt tiefer in das Canavese ein und überqueren auf dem Weg zu einem ziemlich unentdeckten Badesee eine geologische Merkwürdigkeit: die „Serra", die größte **Gletscher-**

moräne Europas, die als schnurgerader Moränen-Höhenrücken das hügelige Land durchschneidet. Unser Weg dahin führt uns von Candelo zurück Richtung Biella. Kurz vor der Stadt biegen wir nach links Richtung Ceresane ab und erreichen über Zubiena die Passstraße, die die Serra an einem natürlichen Einschnitt überwindet. Die Ebene tut sich überraschend auf und stellt den WOMO-Reisenden vor eine Entscheidung: Entweder zweigt er nach Nordwesten Richtung Ivrea und somit zu unserer Tour 5 ab oder er begleitet uns auf dieser Tour weiter nach Südosten in die Po-Ebene. Wir fahren von Bollengo parallel zum Höhenzug nach Südosten und erreichen nach 8 Kilometern das Nordende des **Lago Viverone**, natürliches Überbleibsel eines ehemaligen Gletscherauslaufs. Der See ist nur an der Ost- und an der Südseite zugänglich, die Uferzone jedoch leider durchgängig privatisiert und daher dem Gast verschlossen. In **Viverone** (1.300 Einwohner) ist der einzige öffentliche Stellplatz angesiedelt: Steil bergab geht es über eine kopfsteingepflasterte Straße hinunter durch die Weinberge. Ein etwas unauffälliges Schild weist am Beginn der Bebauung nach rechts und führt zu einer unerwartet harmonischen, piniendurchzogenen Wiese:

WOMO-Stellplatz: Viverone

Position: N 45°25.308' E 08°02.864'; **WOMO-Zahl**: <40; **Ausstattung**: Mülleimer, Toiletten (nicht immer zugänglich); **Zufahrt**: wie oben beschrieben. **Parkgebühr**: tagsüber 4 €, nachts ohne Gebühr.

Der See eignet sich wegen der Einzäunung seiner schönen Ufer nicht zum Baden – er bietet eher einen kleinen Einblick in die Szenerie provinzieller Sommerfrische: Eiscafés, Minigolfbahnen, die Promenade und untalentierte Gelegenheits-Surfer stellen eine unschuldig-schöne Kulisse her.

Wer hier verbleiben und das Wasser selbst genießen will, sollte den **Campingplatz** am nördlichen Ende des Sees aufsuchen, der mit einem schönen Sandstrand, einem Schwimmbad mit Kringelrutsche und nebenan mit einer bemerkenswert knusprigen Pizza im **Ristorante *Castello di Ropollo*** aufwartet. Uns treibt es weiter. Immer wieder folgen auf unserer Reise den Phasen der Erholung die Phasen der Bildung und Belehrung.

Wir fahren ein Stück zurück Richtung Piverone und biegen an einer Ampelkreuzung nach links Richtung *Azeglio* ab. Unser Weg führt uns - den braunen Wegweisern folgend - zum **Castello di Masino**. Wir erlauben uns darauf aufmerksam zu machen, dass hier eine besondere und in ihrer Namensgebung delikate Art der Dachdeckung zu sehen ist: Halbrunde Ziegelpfannen liegen ineinandergeschmiegt – abwechselnd eine Reihe sozusagen auf dem Rücken und die nächste auf dem Bauch, in Deutschland bildhaft *„Mönch und Nonne“* genannt.

Das **Castello di Masino** ist im Jahre 1987 von der Stiftung *Fondo per l'Ambiente Italiano (FAI)* aus dem privaten Besitz der Familie *Valperga* erworben worden, um seinen Bestand und seine Zugänglichkeit für die Öffentlichkeit sicherzustellen. Nicht nur die restaurierten Räume des luxuriösen Schlosses mitsamt seiner unglaublichen Ausstattung, sondern auch die beeindruckenden Pferdeställe mit wunderschönen Trompe l'Oeils, die Gärten und die Wagenmacherei können besichtigt werden *(10 bis 12 Uhr und 14 bis 17.30 Uhr für 5,50 €)*. Weit geht der Blick von der Schlossterrasse hinab in das Land.

Die schmale Straße vom Dorf hinauf zum Schloss ist gesäumt von bäuerlichen Anwesen, deren Bewohner am Wochenende ihre Erzeugnisse anbieten. Wir empfehlen ausdrücklich den Besuch des Standes der *Familie Bono*, die nicht nur einen ausgezeichneten Honig herstellt, sondern auch mit größter Herzlichkeit erklärt, wie dieser im Einzelnen zustande kommt. Man könnte meinen, dass Signore *Valentino Bono* seine vielen summenden Lieferanten sämtlich mit Namen kennt. Mehr noch:

Es stellt sich heraus, dass Signore auch in der Herstellung exzellenter Liköre ausgesprochen bewandert ist. Ein geselliges und heiteres Verkosten bleibt da nicht aus. Und zu guter Letzt offenbart der Hausherr uns Maronis, deren Größe und Geschmack wirklich enorm sind. Oder haben diese vielen kleinen Likörchen etwa unsere Wahrnehmungen günstig beeinflusst?

Das Erlebte und Genossene gebietet eine angemessene Siesta unter einer der mächtigen Akazien im Schlosspark. Gut erholt wenden wir uns zurück in Richtung Cigliano und überqueren zum ersten Mal einen der vielen Bewässerungskanäle der **Po-Ebene**, der in **Ivrea** von der Dora Baltea gespeist wird. Wir folgen dem Kanal in Richtung Vestigné und können über die linke Schulter noch mal einen Blick auf das Castello di Masino werfen.

In Borgomasino überqueren wir den Kanal aufs Neue und erreichen über Moncrivello und Villareggia nach dem Unterqueren eines Aquäduktes die **Dora Baltea** und damit das erste große **Wasserbauwerk** von Cavour, den deutschsprachige Berichterstatter gerne als den *„Bismarck Italiens"* apostrophieren, wohingegen eigentümlicherweise nach unserer Kenntnis der Reichskanzler hierzulande noch nie als der *„Cavour Deutschlands"* bezeichnet worden ist. Cavour, mit vollem Namen **Camillo Benso Graf von Cavour**, aus alter piemontesischer Familie stammend (siehe Tour 8), machte am Turiner Königshof eine kometenhafte Karriere im Beamtentum und ging dabei einen neuen Weg auf dem Grat zwischen gediegenem Feudalismus und demokratisch-technokratischer Gesinnung. Seine Idee war es, das Übermaß an Wasser aus den Alpen hinabzuleiten in die große Ebene des Piemont. Ursprünglich sollten die zentralen Wasserwege sogar als schiffbare Kanäle ausgebildet werden, um aus ihnen doppelten Nutzen zu erzielen: einerseits die Fruchtbarmachung der Felder in der Mitte des Landes und andererseits den Weitertransport der Erzeugnisse an die Mittelmeerhäfen und in den Süden Italiens. Das zweite Ziel konnte nicht verwirklicht werden; das erste ist erreicht worden durch ein beeindruckendes, in der Öffentlichkeit kaum wahrgenommenes ausgeklügeltes System von Kanälen, Pumpwerken und Verteileranlagen, die umfangreichen Gemüse- und Reisanbau ermöglichen.

Das **Pumpwerk von Mazzè** kann auf regulärem Weg leider nicht besichtigt werden. Von der Brücke über die Dora Baltea gesehen mutet es wie ein Wasserschloss an und dient auch aus dieser Entfernung als Beweis dafür, dass technische Bauwerke früher durchaus unter anspruchsvollen gestalterischen Gesichtspunkten geplant worden sind. Ein vergleichbares Wasserbauwerk schlagen wir aber gerne am Ende dieser Tour zur Besichtigung vor.

Auf dem weiteren Weg nach Mazzè (3.700 Einwohner) lockt uns eine brandneue wissenschaftliche Entdeckung in den Wald. Wir lassen das WOMO in der zweiten Hälfte einer S-Kurve an einem kleinen Schild *,Sito archeologico'* stehen und wandern etwa 30 Minuten den kleinen Wegweisern nach. Sie führen uns zu einem erst 1998 im Rahmen einer Exploration von örtlichen Heimatforschern entdeckten Fragment einer römischen Handelsstraße, die einst Ivrea mit Quadrata (heute Verolengo) verband. Diese Entdeckung besteht bis heute zum Glück lediglich aus ihr selbst. In der meditativen Stille des Waldes sieht man Reste der **Römerstraße**, der Gründungen einiger Wegegebäude und einer ehemaligen Furt durch den Fluss. Kein Andenkenhandel, kein Eisverkäufer, kein Reisebus stören die ruhige Beobachtung. Nur einige liebevoll laminierte kleine Schautafeln der Heimatforscher machen uns klar, dass wir nicht selbst die Entdecker des Kleinodes sind. Den Texten kann man entnehmen, dass für die weitere Untersuchung und systematische Ausforschung der Fundstelle keine Mittel bereitgestellt werden sollen. So bedauerlich das ist - vielleicht wäre es doch am besten, die Wegweiser wieder abzubauen und diese Reiseführerseiten ungedruckt zu lassen, damit der stille Ort vor seiner touristischen Ausplünderung bewahrt bleibt.

Wir durchqueren anschließend den Ort Mazzè, der bereits als römisches Castrum an eben jener jüngst entdeckten Straße lag, und können eine weitere **Burg** der Familie Valperga ansehen, falls uns die Tour an einem Sonn- oder Feiertag hier entlang führt.

In Mazzè ist auf braunen Schildern der Parco naturale provinciale **Lago di Candia** ausgeschildert. Man erreicht den Lido, wo sich heitere Sommerfrische breit macht. Der Parkplatz ist als Stellplatz zu empfehlen:

WOMO-Badeplatz: Lido di Candia

Position: N 45°19.184' E 07°53.916'; **WOMO-Zahl**: <10;
Ausstattung: Mülleimer, Gaststätte, Picknickplatz, Spielplatz, Strand;
Zufahrt: in Caluso rechts den braunen Hinweisschildern *'Parco naturale provinciale Lago di Candia'* folgen, in einer Senke nach links Richtung Candia abbiegen.

Der Lido ist vom 1.4. bis zum 30.9. jeweils von 8 bis 21 Uhr geöffnet. Der Stellplatz ist erfreulich, die Restauration in Ordnung, das Wasser des Gletschersees trotz einer maximalen Tiefe von 7 m glasklar und die Tretboote sind schnell – was sollte da noch zu einem geglückten Aufenthalt fehlen?

Nach guter Erholung geht's weiter durch Candia (1.300 Einwohner) und in Richtung Caluso. Die Landschaft ist geprägt von immer größer werdenden Feldern und vom orthogonalen System der Bewässerungsanlagen. Das alles scheint ziemlich langweilig zu werden. Die Ansiedlungen sind kompakt und zweckmäßig formiert – hier ist wenig Platz für Romantik. Wer aber Bertoluccis *'1900'* gesehen hat, kann hier Bilder von großer Dichte wiederentdecken.

Das beste Beispiel für die Kultur der großen spätfeudalen Landbesitze der Ebene ist **Mandria** (60 Einwohner). Wir erreichen die Domäne, wenn wir die schnurgerade Landstraße (sie hat diese Bezeichnung redlich verdient) von Caluso nach Chivasso ca. 2 km hinter Carolina nach links verlassen, durch Boschetto hindurchfahren, an einer T-Kreuzung links abbiegen und die nächste Abzweigung nach rechts nehmen. Hier finden wir Mandria, eine kleine bäuerliche Idealstadt, die ihre Schönheit noch nicht preisgegeben hat. Auf einem rechteckigen Grundriss von ca. 250 x 450 m, durchkreuzt von zwei Wirtschaftswegen, liegen gewaltige landwirtschaftliche Gebäude streng um einen kleinen Platz gruppiert. Teile der Bauwerke sind noch in Gebrauch, andere verfallen in schöner Verbiegung. Das WOMO lässt man einfach irgendwo stehen; es wird hier ganz offenkundig für eine halbe Stunde nicht mehr gebraucht. Dann durchquert man die Domäne von Süden nach Norden, von Westen nach Osten, umrundet sie vielleicht noch und stellt sich für einen Espresso in die *Trattoria Commestibile*, die echteste aller Bars, im östlichen Torbogen. Hier stehen gummibestiefelte Landmänner in Sechserreihen. Bisweilen ist aber auch niemand da, noch nicht einmal *Signora Gorgolione*. Warten Sie einen Augenblick auf sie, denn sie bietet Ihnen kleine süße Gebäcke an und rät Ihnen warmherzig zur Teilnahme an der Lotterie. Draußen spielen im Abendlicht die Alten um kleine Münze ein unverständliches Kartenspiel, den Gehstock mit vermessingtem Knauf quer über den Schoß gelegt.

Wer den Blazer und das Kleine Schwarze noch unzerknittert vorzeigen kann, sollte in der etwas feineren ***Antica Scuderia*** in einem restaurierten Pferdestall richtig gut essen gehen. Eine kurze freundliche Erklärung reicht aus, um allenthalben Verständnis dafür gewinnen, dass man nachher einfach über Nacht hier bleiben möchte.

Unsere Tour soll in **Chivasso** (24.450 Einwohner) enden. Wir fahren zurück auf die SS 26 und wenden uns nach Süden. Begleitet von unzähligen Bewässerungskanälen und –wehren überqueren wir alsbald die Autobahn Torino-Milano, um uns dann durch die typischen trostlosen Vororte ins Zentrum Chivassos vorzuarbeiten. Hier halten wir uns unbeirrt durch die schmaler werdenden Straßen immer in Richtung Torino. An einem Kreisel kurz vor Überquerung des Flusses Po sticht uns eine Kastanienallee ins Auge, die direkt auf ein beeindruckendes **Wasserbauwerk** des bereits erwähnten Cavour hinführt. Da dieser Zugang jedoch nur zu Fuß zu erreichen ist, biegen wir aus diesem Kreisel eine Ausfahrt weiter in Richtung des Elektrizitätswerks *Enelpower* aus. Vor dem Betriebsgelände bietet sich unter Kiefern direkt am Canale Cavour ein hervorragender Park- oder auch Stellplatz an.

WOMO-Stellplatz: Chivasso

Position: N 45°11.238' E 07°53.811'; **WOMO-Zahl**: <5;
Ausstattung: Mülleimer, Beleuchtung; **Zufahrt**: wie oben beschrieben.

Wir gehen nun zu Fuß über die Viale Storico Canale Cavour direkt auf das Einlasswerk in Klinkerbauweise zu, das seit 1866 die Wasser des T. Orca und des Fiume Po zusammenfasst und nach etwa 12 km über den Fiume Dora Baltea hinweg in die Felder des größten europäischen Reisanbaugebietes führt. Die gesamte Anlage mit ihren schönen galerieartigen Rundbögen wurde 2003 saniert. Von hier aus gelangen wir in wenigen Minuten zu Fuß in das historische Zentrum der Stadt mit einer kleinen sympathischen Fußgängerzone, auf deren Kopfsteinpflaster wir uns zu der quirligen Piazza Republica fortbewegen. Auf dem Weg dahin decken wir uns in der alteingesessenen *Pasticceria Bonfante,* Via Torino 29, mit der unwiderstehlichen Spezialität der *Nocciolini* reichlich ein. Ganz in der Nähe übernachten wir an einem Ort, den wir Ihnen bei aller Sympathie nicht verraten wollen. Manche Orte wollen lieber alleine bleiben. Danke für Ihr Verständnis !

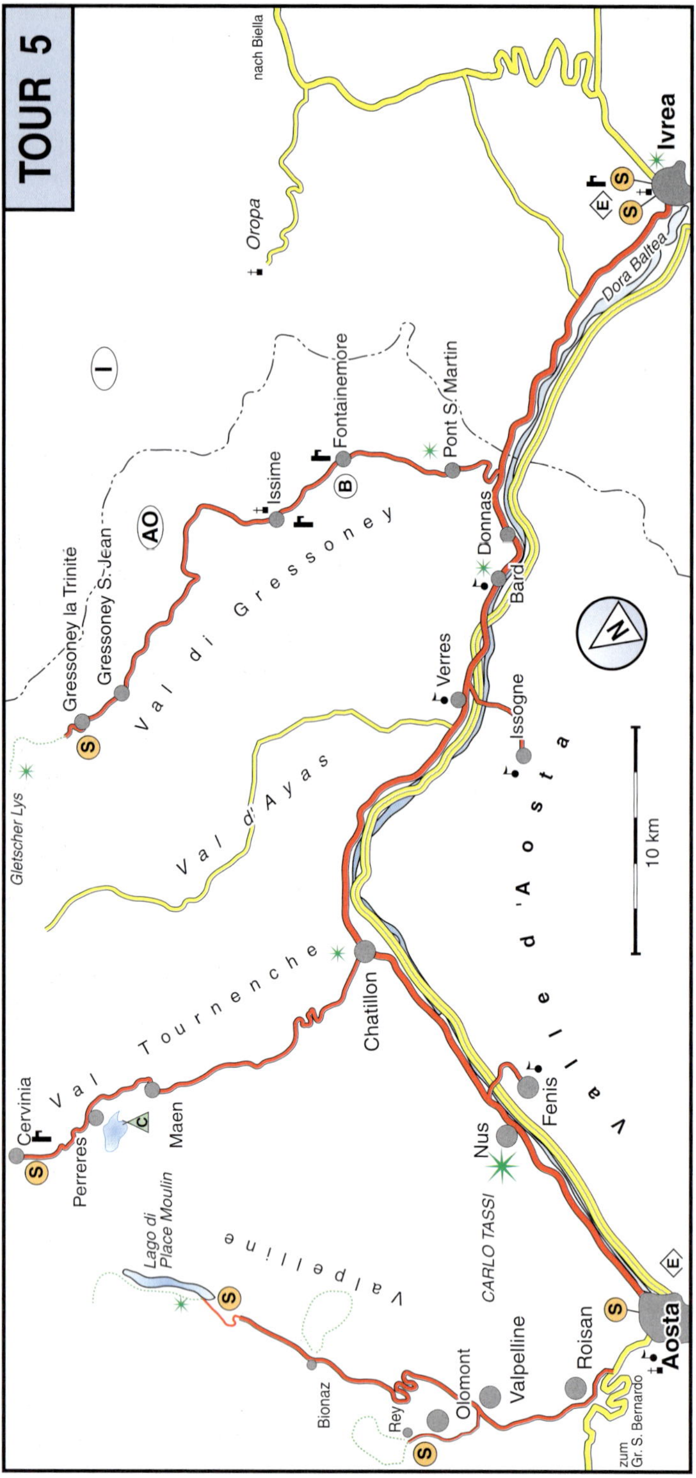
TOUR 5
nach Biella
Oropa
Ivrea
Dora Baltea
I
Fontainemore
Pont S. Martin
Issime
AO
B
Gressoney la Trinité
Gressoney S. Jean
Val di Gressoney
Donnas
Bard
Verres
Issogne
Val d'Ayas
Gletscher Lys
N
10 km
Valle d'Aosta
Chatillon
Val Tournenche
Cervinia
Perreres
Maen
Fenis
Nus
CARLO TASSI
Lago di Place Moulin
Valpelline
Aosta
Roisan
Valpelline
Olomont
Bionaz
Rey
zum Gr. S. Bernardo

Tour 5: Römer, Walser und große Fische

Ivrea - Aosta

Stellplätze:	in Ivrea, in Gressoney S. Jean, in Cervinia, in Perreres, in Aosta, in Rey, am Lago di Lessert
Campingplatz:	in Maen
Besichtigen:	S. Bernadino in Ivrea, Brücke in S. Martin, Pfarrkirche in Issime, Römerstraße in Donnas, Festung von Bard, Schloss von Issogne, Wehrburg von Verrès, Schloss von Fénis, Museum Carlo Tassi in Nus, S. Orso in Aosta
Wandern:	Staffal, Conca di By, Rey, Les Reys

Genau genommen und bei politisch korrekter Betrachtung gehört das **Aosta-Tal** nicht zum Piemont. Seit 1949 genießt es nämlich – ähnlich wie Südtirol – den Status einer autonomen Region, ist also verwaltungsrechtlich dem Piemont gleichgeordnet. Die französische Sprache ist neben der italienischen gleichberechtigte Amtssprache, die alten Ortsnamen wurden wieder eingeführt, die Stadt Aosta ist mit gleichen verwaltungsrechtlichen Kompetenzen ausgestattet wie etwa Torino oder Milano.

Zu Beginn der geschichtlichen Neu-Zeit hat man dem Aosta-Tal zunächst nicht mehr Bedeutung zugemessen als es der sprichwörtliche holländische Caravaner unseren Gefilden heutzutage tut: Eine Gegend zum Hindurchfahren, zum Abkürzen des Wegs, zur Reduzierung der Treibstoff- und Verpflegungskosten. Den Römern ging es bei der Erschließung des verwilderten Tals darum, den Weg zwischen ihrem Machtzentrum und der Provinz *„Gallia Narbonensis"* – dem heutigen Languedoc – und speziell der Region um Vienne von der See auf die Straße zu verlegen.

Die ursprünglichen Bewohner des Tales und seiner Nebentäler, die keltisch-stämmigen *Salasser*, boten den römischen Kohorten mit den Mitteln der klassischen G*uerilla* und begünstigt durch das unwegsame Gelände unerwartet langen und zähen Widerstand. Erst ein taktischer Verrat sollte diesen

Kampf entscheiden: der Feldherr Terentius Varo täuschte im Jahre 25 vor Christus den Wortführern der Salasser (sie werden wie so viele Verlierer in der Geschichtsschreibung weder mit Namen noch mit Titel erwähnt) Verhandlungsbereitschaft vor, ließ dann aber seine verdeckt aufmarschierten Truppen zugreifen und Tausende als Sklaven nach Rom verschleppen.

Derart auf militärische Weise von Widerständlern gereinigt, wurde die einverleibte Gegend sofort durch die Gründung einer Festungsstadt verwaltungstechnisch organisiert. Zynischerweise gab man ihr den Namen *Augusta Prätoria Salassorum*, also *Augusta, Hauptstadt der Salasser*. Heute heißt sie einfach **Aosta** (35.000 Einwohner).

Als Nächstes wurde eine karrengängige Straße nach **Ivrea** gebaut, deren Spuren wir noch begegnen werden. Die Geschichte des Aosta-Tals als Durchgangsweg nahm ihren Lauf. Mit seinem Untergang verlor das römische Imperium naturgemäß jedes Interesse am verwilderten Tal. In das entstehende Machtvakuum stießen in der zweiten Hälfte des 5. Jahrhunderts zunächst die burgundischen Herrscher, etwa ein weiteres Jahrhundert später die Franken, später noch viele andere Mächtige und schließlich – Sie ahnen es – die WOMO-Fahrer mit diesem Buch auf dem Armaturenbrett vor, allerdings in eindeutig friedlicher Absicht – und immer auf der Suche nach einem schönen, ebenen Stellplatz mit frischer Luft und schmackhaften Forellen auf dem Grill.

Castello d'Ivrea

Das Aosta-Tal ist eindeutig eine der schönsten aller Gegenden, die der WOMO-Fahrer bereisen kann. Für eine einzige Tour in diesem Buch ist es allerdings zu vielfältig. Wir schlagen Ihnen also zwei Touren vor: den Eiligen eine Einstiegstour von **Ivrea** (24.500 Einwohner) nach Aosta mit der Möglichkeit des Heimwegs über den Gran San Bernardo, und denen, deren Gas- und Zeitvorräte größer bemessen sind, eine anschließende Tour von Aosta nach **Courmayeur**, von wo man den Heimweg über den Tunnel des Monte Bianco (Mont Blanc) antreten kann. Dabei werden wir jeweils einige der nach Norden und Süden führenden Seitentäler besuchen, die von erstaunlicher Unterschiedlichkeit sind.

Natürlich kann man nach der Erforschung des Aosta-Tales auch wieder den Rückweg nach Osten antreten und unsere Tour 4 weiterverfolgen.

Wir starten also in **Ivrea**, fast noch Ebene und trotzdem schon Einstieg in die Berge. Früher – wie erwähnt – Vorposten der Römer im Kampf gegen die Ureinwohner, heute lebendiges Mittelzentrum an der schäumenden Dora Baltea mit ruhigen Gassen, die sich auf die oben gelegene Burg zentrieren. Übrigens nennen sich die Einwohner Ivreas noch heute *„Eporediesi"*, was auf das keltisch-ligurische Wort *„Eporedia"*, also *„Pferdestation"* zurückgeht.

Vor der Burg befindet sich ein kastanienumsäumter kleiner Platz, der sich zum Übernachten anbietet:

WOMO-Stellplatz: Ivrea ***(am Castello)***
Position: N 45°28.058' E 07°52.476'; **WOMO-Zahl**: <5;
Ausstattung: Mülleimer, Baumbestand, Beleuchtung, Gaststätten;
Zufahrt:der Beschilderung *'Castello'* folgen; **Parkgebühr**: tagsüber.

Als Alternative hierzu gibt es einen offiziell ausgewiesenen Stellplatz am Fluss:

WOMO-Stellplatz: Ivrea ***(am Fluss)***
Position: N 45°27.801' E 07°52.573'; **WOMO-Zahl**: <20;
Ausstattung: Entsorgung, Mülleimer, Beleuchtung, Wasser, Spielplatz, Spielwiese, der rauschende Fluss als Nachtmusik ;
Zufahrt: vom Zentrum die Brücke über die Dora Baltea überqueren, dabei den Wegweisern *'Croce Rosso'* folgen.

Neben vielen sakralen Gebäuden in Ivrea im öffentlichen Bereich gibt es hier eine Merkwürdigkeit: Die sehenswerte spätgotische **Saalkirche San Bernadino** befindet sich auf dem Gelände des größten Arbeitgebers der Stadt, nämlich der Firma *Olivetti*. Trotzdem kann sie besichtigt werden:

Wer die Stadt in Richtung Castellamonte bzw. Rivarolo verlässt, kommt am Hauptempfangsgebäude von Olivetti vorbei und kann tatsächlich alltäglich den freundlichen Pförtner um einen Besichtigungstermin bitten. Innerhalb weniger Minuten eilt der Haushistoriker herbei und liefert eine mehrsprachige Führung durch die Kirche ab, die sozusagen in Reinschrift sofort abgetippt werden könnte.

Im Übrigen ist nach unserem Eindruck Ivrea wegen seiner Vielfältigkeit eine Stadt zum Selbstentdecken. Dazu gehört Spaß am Herumlaufen - Gasse hinauf und nächste Gasse hinab - und auch ein wenig Geduld mit dem lebhaften Verkehr. Wir haben uns immer auf dem oben erwähnten kleinen Stellplatz am Castello am wohlsten gefühlt und von dort aus jedes Mal neue Gassen, kleine *Osterias* und stille Plätze entdeckt.

Ab geht's in das Aosta-Tal. Wir fahren bis zum Eingang des ersten Seitentals nach Norden, in das **Val di Gressoney**, erreichen **Pont St. Martin** und stoßen dort auf eine erste Hinterlassenschaft der römischen Eroberer: eine perfekte Rundbogenbrücke über den Fluss Lys, die nun schon seit über 2000 Jahren ihren Dienst verrichtet. Von den Deckplatten der Fahrbahn abgesehen befindet sie sich immer noch im Originalzustand. Sie ist eine der ersten Brücken der römischen Besatzungsgebiete, die von Anfang an gegenverkehrsfähig konzipiert war.

Alle Seitentäler des Aostatals haben eine geomorphologische Gemeinsamkeit: An ihrer unteren Einmündung ist dadurch eine Steilstufe entstanden, dass der Gletscher im Haupttal das Einfließen der Nebentalgletscher behindert hat, weil der Vortrieb des Hauptgletschers mächtiger war als der der Nebengletscher. So muss man immer nach dem Einbiegen in die Nebentäler zunächst einen ordentlichen Höhenunterschied überwinden.

Bald ist das Tal aber wieder einigermaßen weit und wird entsprechend landwirtschaftlich genutzt. An den Hängen der Westseite kleben schon kleine Dörfer in großer Kargheit. Wir haben die Auffahrt dorthin mehrmals versucht – lange Rückwärtsfahrten waren die Folge. Dafür bietet der Fluss zahlreiche Stellen zum Baden und Verweilen.

In **Issime (Eischeme)** stößt man rechter Hand auf die **Pfarrkirche**, deren straßenseitiger Giebel im 16. Jahrhundert mit einem Diorama des Jüngsten Gerichtes ausgestattet worden ist. Die Maler kamen übrigens aus Varallo, wohin wir Sie bereits geführt haben. Leider hat eine unbekannte Hand das

Fresko Anfang des 18. Jahrhunderts allzu farbenfreudig restauriert. Auch wenn die räumlichen Verhältnisse für den Betrachter durch ein Kreuzgangrelikt *en face* der Fassade sehr eingeschränkt sind, lohnt sich eine intensive Betrachtung der teilweise sehr derben Motive durchaus. Wer Glück hat und die Kirche in geöffnetem Zustand antrifft, wird seine Freude an dem prächtigen, vergoldeten Barockaltar mit seinen zahlreichen Figuren haben.

Die Straße führt uns weiter bergauf in die Gemeinde **Gaby**, in der eine filigrane zweibogige Brücke römischen Ursprungs den Fluss überspannt. Das Tal öffnet sich am Ortseingang von **Gressoney S. Jean**. Hier gibt es einen **Campingplatz**, der sich dem Reisenden geradezu verbirgt, weil er mit ihm nicht rechnet und eher unfreundlich umgeht, wenn er ihn doch finden sollte. Wir verzichten auf eine nähere Beschreibung und empfehlen alternativ am Nordende des Wasserrückhaltebeckens den passablen Stellplatz

WOMO-Stellplatz: Gressoney S. Jean

Position: N 45°45.990' E 07°50.028'; **WOMO-Zahl**: <10;
Ausstattung: Mülleimer, Beleuchtung; **Zufahrt**: vor dem Ortszentrum am nördlichen Ende des Rückhaltebeckens links einbiegen.

Das Städtchen bietet einige Einkaufsmöglichkeiten, die lokale Spezialitäten anbieten und wartet mit dem *„Castello Savoia“* aus dem 19. Jahrhundert auf. Es ist gut ausgeschildert und kann an Wochentagen besichtigt werden.

Über den nächsten Bergort Gressoney la Trinité erreicht man schließlich am Ende des befahrbaren Tals **Staffal**, hinterrahmt vom Massiv des Monte Rosa und sofort erkennbar als Wintersportort. Platz zum Übernachten ist hier außerhalb der Skisaison so reichlich vorhanden, dass der Beschrieb von Stellplätzen überflüssig ist. Auch im Sommer hat das Hochtal seinen Reiz, besonders für den Wandersmann. Wir empfehlen die unter Nr. 7 ausgeschilderte **Wanderung**, die uns nach strammen 2,5 Stunden zur Quelle des Flusses Lys und nach einer weiteren Stunde zum Mund des Lys-Gletschers führt. Der Weg führt über lange Strecken auf dem seitlichen Grat der Moräne und ist mittelschwer zu gehen. Etwas wehmütig erkennt hier oben auch der Laie, in welcher Geschwindigkeit der Gletscher abschmilzt und sich – als wäre er beleidigt - nach oben zurückzieht. Wir grüßen den Berg gebührend zum Abschied und fahren zurück in das Haupttal.

Wir haben einen ersten Eindruck von den Seitentälern mitgenommen: Wenig Verkehr, wenig Tourismus, viel quirliges Wasser, gute Luft und immer wieder Artefakte aus der Zeit der römischen Besatzung – insbesondere wunderschöne kleine Brücken.

Auf dem Rückweg entdecken wir in **Fontainemore** einen spitzenmäßigen Picknick-Platz, ideal kombiniert mit einem kleinen **Badebecken** im Fluss und einigen Kletterfelsen.

Von Pont St. Martin geht es im Haupttal wieder nach Westen Richtung Aosta. Am Ortsausgang von **Donnas** kann und sollte man unbedingt auf der linken Straßenseite parken, um einen hochinteressanten Abschnitt der ersten **Römerstraße** durch das Aostatal zu begehen.

Etwas oberhalb des jetzigen Straßenniveaus durchklettert man einen mürben Maschendrahtzaun und befindet sich auf der aus dem massiven Felsen herausgearbeiteten alten Trasse. Ein steinernes Portal ist hier aus dem Felsen geschlagen worden – ohne jede statische oder verkehrstechnische Funktion. Wir stehen vor einem schönen Beispiel der „unbegründeten“, schlichten Freude an der Baukunst und der Gestaltung. Etwas weiter oberhalb ist ein Meilenstein im Halbrelief in der Felswand entstanden, hier schon eher schlüssig, denn die lichte Breite des Weges musste dem römischen Karrenmaß entsprechen und wäre durch einen freistehenden Meilenstein eingeschränkt worden.

Zusammen mit der Römerstraße ist der *Borgo* von Donnas als Siedlung der beteiligten Handwerker entstanden. Er hat seinen manufakturellen Charakter bis heute bewahrt. An dieser Stelle wird die vielgestellte Frage beantwortet, weshalb in vielen piemontesischen Altstadtgassen mit Wasser gefüllte Plastikflaschen die schönen Hauseingänge verunzieren: sie sollen zur diskreten Beseitigung der Hinterlassenschaften der vielen herrenlosen Katzen dienen.

Weiter nach Westen: Wir erreichen **Bard**, gelegen an einem Nadelöhr des Tales und deshalb von großer strategischer Bedeutung. Entsprechend mächtig dräut die Festung über der Stadt. Sie ist leider voraussichtlich bis 2006 wegen Restaurierungsarbeiten nicht zu besichtigen. Wir können deshalb keine Details aus eigener Erfahrung anbieten.

Festung von Bard

Wir kommen auf dem Weg zum nächsten Seitental, dem **Val Tournenche**, zur Gemeinde **Issogne** auf der westlichen Seite des Flusses. Hier kann das **Schloss** mit seinen äußerst lebhaften Fresken besichtigt werden. Eigentlich handelt es sich um eine Wohnburg, die der Familie *Challant* zu eigen war. Zwei Dinge müssen erwähnt werden: Die halbstündlich angebotene Führung ist eigentlich wegen ihrer Kürze und der ständig ausgesprochenen Verbote eher unangenehm. Es bleibt kaum Zeit, die Brillianz und bestechende Komik der Fresken zu genießen: Die nächste Besichtigungsgruppe belagert schon das Tor, die Führerin wird ungeduldig. Aber: hier hat sich die allergrößte Liebesgeschichte des Aostatals zugetragen. Ihre Protagonisten waren die schöne Filiberta, der ihr als Gatte angesonnene Neffe des Gouverneurs von Mailand und der namenlos gebliebene Reitknecht. Näheres können Sie während der Besichtigung erfahren oder bei Shakespeare nachlesen.

Schräg gegenüber liegt die **Wehrburg** von **Verrès**. Sie wurde wie die meisten Burgen und ihre untergeordneten Stützpunkte so platziert, dass man das Nahen des Feindes, das Aufkommen von Seuchengefahr oder einfach nur gute Nachrichten durch farbcodierte Flaggensignale durch das ganze Tal in Windeseile hinauf- und hinuntermelden konnte. Oft ist diese gute Idee daran gescheitert, dass ein Einziger in der Kette müde, betrunken oder verliebt oder alles gleichzeitig war.

Die Burg von Verrès zeigt sich viel wehrhafter und strategieorientierter als die von Issogne. Hier waren nicht zarte Mägdelein, sondern ganze Kerle gefragt, denn nicht nur der Durchgangsverkehr durch das Haupttal musste überwacht werden, sondern auch der drohende Einfall durch das Seitental. Die Besichtigung findet denn auch marsch-marsch-mäßig statt.

Ziel der Fahrt in das **Val Tournenche** ist die Basis des Monte Cervinio (Matterhorn), Ausgangspunkt einiger schöner Wanderungen.

ehemaliger Hochofen

Kurz nach der Überwindung der erwähnten obligatorischen Steilstufe taucht am rechten Straßenrand ein eigentümliches Gebäude auf. Bei näherem Hinsehen erkennt man es als **Hochofen**, in dem bis in die erste Hälfte des letzten Jahrhunderts Eisenerz verhüttet worden ist.

Bis **Covalou** steigt die Straße steil an, um dann gemächlicher weiter hinaufzuführen. Am Ortseingang steht rechts der Straße ein prachtvoller Industriebau aus dem 19. Jahrhundert, der noch heute als Zentrale eines Wasserkraftwerks dient.

Weiter oben, am Eingang von **Maen**, steht ein ebenso schönes Exemplar der wasserausbeutenden Zunft. Am Ende der sich anschließenden Rechtskurve kann man ausbiegen und nach Passieren von einem Sportplatz den Campingplatz *Glaire* erreichen, der einfach und unprätentiös am Ufer des Flusses liegt.

Campingplatz-Tipp: Maen *(Glaire)*

Position: N 45°51.769' E 07°36.737'; **Zufahrt**: wie oben beschrieben

Von hier aus kann man einen hübschen Spaziergang in das nächstobere Dorf **Pâquier** unternehmen:

Zunächst begibt man sich dazu zurück zur Hauptstraße und folgt dann dem Wegweiser Valtournanche „Gelbe 1". Man befindet sich auf einer Teilstrecke eines uralten Wanderweges, der sich mit Unterbrechungen das gesamte Tal hinaufzieht. Pâquier ist nach einer halben Stunde erreicht und zeigt sich als munteres Örtchen mit guten Einkaufsmöglichkeiten. Mitten im Ortszentrum kann ein kleines Museum besichtigt werden, welches sich dem italienischen Anteil an den großen alpinen und polaren Expeditionen widmet.

Weiter aufwegs passiert man einen Wegweiser *'La Grotta Marmite'*. Der Zugang war zuletzt wegen umfangreicher Bauarbeiten nicht offen; Freunde haben uns erzählt, dass ein Besuch der begehbaren Marmorgrotte durchaus sehenswert ist.

Wir nähern uns dem berühmt-berüchtigten Wintersportort **Breuil (Cervinia).** Hier wächst kein Gras mehr mit Ausnahme des gepflegten Grüns auf dem neu angelegten Golfplatz. Die Riesenhaftigkeit der Parkplätze – im Sommer durchaus als Stellplätze nutzbar – machen das Ausmaß des winterlichen Auftriebs klar. Hier hinaufzufahren lohnt sich nur für den, der wandern will. Aber auch dieser Vorsatz ist nicht immer umzusetzen: 2003 zum Beispiel waren wegen des extrem heißen und trockenen Sommers die Wege hinauf zum Matterhorn wegen Lawinengefahr samt und sonders gesperrt.

Es findet sich ein offizieller Stellplatz, was angesichts des Überangebotes kostenlos nutzbarer Parkplätze etwas eigenartig anmutet:

WOMO-Stellplatz: Cervinia
Position: N 45°55.549' E 07°37.224'; **WOMO-Zahl**: <30;
Ausstattung: Entsorgung, Mülleimer, Beleuchtung, Wasser;
Zufahrt: am Ortseingang vor dem Tunnel an der rechten Straßenseite;
Parkgebühr: 6,00 €/Tag.

Cervinia, der skibestiefelte Moloch in wunderschöner Natur, beschreibt die schwierige Lage des Umgangs im gesamten Aostatal mit der Chance und dem Fluch des massenhaften Tourismus. Durch die hervorragenden Skigebiete am oberen Ende der Hochtäler werden die Orte auf dem Anfahrtsweg degradiert und ihrer Entwicklungsmöglichkeiten beraubt. Sie tragen die Last des Durchfahrtsverkehrs, des Straßenbaus und der Landschaftszerstörung, ohne am Wohlstand teilhaben zu können. Inzwischen gibt es im Aostatal konkrete Pläne, mit der Erteilung von Baugenehmigungen zum Zweck des Wintersports zwingend Auflagen zur Renaturierung der tiefer gelegenen Gemeinden zu verbinden.

Wir fahren etwas ratlos wieder hinab. Ungefähr einen Kilometer vor **Perreres** weist ein gelbes Schild *'Pesca Sportiva'* nach rechts. Ein geschotterter Weg führt steil hinab zu einem aufgestauten kleinen See. Hier finden wir Trost und Einkehr an einem stillen Stellplatz. Das Gewässer steht auch dem Hobby-Angler gegen Bezahlung der Beute zur Verfügung. Wer nicht mit Vorfach, Blei und Rute ausgerüstet ist, sollte einen der Sportsfreunde mit einem kräftigen *„Petri Heil"* begrüßen (das versteht man übrigens auch in Italien) und an seinen Ehrgeiz appellieren. Flugs liegen zwei prächtige Lachsforellen auf dem Eis. Die gesamte Szenerie ist ausgesprochen sympathisch, die Bewirtschaftung unter den Zelten einfach und klar. Nach einigen kleinen *bicchiere* sind dann die Prachtexemplare blitzartig auf den Grill verfrachtet und werden zusammen mit dem Sportsfreund, seiner Freundin und deren Exfreund verzehrt. Die Nacht ist kurz, aber erholsam in guter Luft und völliger Stille:

WOMO-Stellplatz: Perreres
Position: N 45°55.215' E 07°36.876'; **WOMO-Zahl**: <5;
Ausstattung: Mülleimer, Bar mit Außenbestuhlung, Toiletten;
Zufahrt: wie oben beschrieben.

Zurück im Haupttal wenden wir uns Richtung Aosta. Am Ortseingang von **Nus** folgen wir den Hinweisschildern nach **Fénis** und streifen am Friedhof einen kargen Stellplatz, den wir nicht näher beschreiben wollen. Unterhalb des berühmten Schlosses liegt ein großer Parkplatz mit Kiosk, Picknickbereich und Toiletten, der viel angenehmer ist. Wer das Schloss besichtigen will, muss ohnehin hier parken.

Das **Schloss von Fénis** kann alle halbe Stunde besichtigt werden. Die gelangweilte Führerin verschweigt sorgfältig, dass große Teile der umgebenden Festungsmauern nicht authentisch, sondern erst gegen Ende des 19. Jahrhunderts historisierend zugefügt worden sind. *Disneyland* lässt grüßen. Wer fotografiert, wird einmal streng ermahnt und bei wiederholtem Verstoß vor dem fotogenen Hintergrund der falschen Zinnen guillotiniert.

Es gibt aber ganz in der Nähe auch noch authentische und ganz große Kunst: Am westlichen Ortsausgang von Nus, wo die

Ortsstraße in die Umgehungsstraße mündet, verschlägt es dem Kunstfreund die Sprache: Hier hat der geniale **Carlo Tassi** sein Lebenswerk errichtet. Sein ganzes langes Leben lang hat Carlo mit der Kraft des Einzelgängers unglaubliche Kuriositäten und Schätze zusammengetragen und zu einem bizarren **Freilichtmuseum** zusammengestellt, in dem auf sein Kommando die Dinge sich bewegen und zu sprechen beginnen. Carlos Museum kostet keinen Eintritt bis auf einen Eintrag in das Gästebuch und ein gemeinsames Foto mit der Bitte, dieses an ihn zu schicken. Die Führung nimmt der Meister persönlich und unaufgefordert vor, sie dauert so lange wie der Gast aufnahmefähig ist; es gibt kein Entrinnen.

Die Führung nimmt uns mit in Carlos Paralleluniversum. Unschätzbar kostbare Funde stehen gleichberechtigt neben Kitsch und Tinnef, die Grenzen von Wahrhaftigkeit und Ironie verschwimmen völlig. Wenn Carlo in Wallung gerät und überraschend den Scheinangriff mit der historischen Hellebarde führt, ist eines ganz klar: Carlo ist der größte Künstler weit und breit. Er ist die Kunst selbst.

Besuchen Sie ihn, auch wenn Sie kein Italienisch sprechen. Carlo spricht alle Sprachen der Welt (gleichzeitig) und bietet Ihnen obendrein einen höllischen schwarz gebrannten Grappa an. Nichts von alledem werden Sie je bereuen.

Beeindruckt und erfrischt von dieser Begegnung steuern wir die Hauptstadt **Aosta** an, reich an historischen Spuren und guter Gastlichkeit.

Entsprechend ihrer politischen Bedeutung und ihres touristischen Rangs ist Aosta voller Menschen, voller Autoverkehr und voller Altertümlichkeiten. Wir raten dazu, sofort den Stellplatz

WOMO-Stellplatz: Aosta

Position: N 45°44.174' E 07°19.826'; **WOMO-Zahl**: <30; **Ausstattung**: Entsorgung, Mülleimer, Wasser, Toiletten,, Supermarkt in der Nähe, sehr laut ; **Zufahrt**: gut ausgeschildert, direkt an der Straße zum Bahnhof; **Parkgebühr**: keine (0,20 € für die Toilettenbenutzung).

anzufahren, auch wenn keine Übernachtung geplant ist. Innerhalb von einigen Minuten hat man den Palazzo Municipale erreicht, wo die Touristeninformation erstklassiges Material für einen Stadtrundgang bereithält.

So viel ist über Aosta geschrieben worden, so viele Rundgänge sind in den einschlägigen Reiseführern veröffentlicht worden – wir wollen deshalb in diesem Buch nicht noch mehr Eulen nach Athen tragen. Von allen Sehenswürdigkeiten aus römischer und späterer Zeit hat uns am meisten der Kreuzgang von **S. Orso** beeindruckt. Vierzig zierliche Säulen aus künstlich geschwärztem Marmor, teilweise als Doppelsäulen ausgebildet, mit jeweils unterschiedlichen figürlichen Kapitellen umrahmen einen kleinen hochformatigen romanischen Klostergarten. Der Eintritt ist, wie übrigens in fast allen Museen Aostas frei; Photographieren ist nicht gestattet – in diesem Fall verständlicherweise, denn die Situation ist ausgesprochen kontemplativ und hat ihre Ruhe wirklich verdient.

Noch eine Erwähnung möchten wir uns gestatten: Zu welchen Selbstbeweihräucherungen und Entstellungen eine moderne Denkmalpflege führen kann, zeigt das **Forum Romanum**, dessen Wandfragmente in derartig massive stählerne Stützkonstruktionen eingefasst worden sind, dass man sie kaum noch erkennen kann. Hier verschwindet praktisch das Bild vollständig im Rahmen. Bei aller Kritik ist Aosta trotzdem einen Tag des Schlenderns, Schauens und Einkaufens wert.

Wir fahren für diesmal von hier über den *Großen St. Bernhard* nach Hause, haben aber überraschenderweise noch einen Tag in Reserve. Also biegen wir etwa drei Kilometer hinter dem Ortsausgangsschild in das **Valpelline** ab. Wir passieren einen halbverfallenen Aquädukt und erreichen den Ort Valpelline. Hier gibt es einen netten kleinen Campingplatz in terrassiertem Gelände. Die Straße gabelt sich. Wir zweigen links ab und erreichen Olomont nach 5 Kilometern. Etwas weiter oben liegt das Örtchen **Rey**. Ein Parkplatz am Fluss lädt zum Übernachten ein:

WOMO-Stellparkplatz: Rey

Position: N 45°51.241' E 07°18.324'; **WOMO-Zahl**: <20;
Ausstattung: Mülleimer, Gaststätte, Beleuchtung, Wanderwege;
Zufahrt: am Ortseingang von Olomont links von der Hauptstraße.

Dieser Parkplatz ist Ausgangspunkt von einigen phantastischen Wanderungen. Wir legen Ihnen dringend die unter Nummer 2 ausgeschilderte ans Herz:

Wir starten am 200 m vom Parkplatz entfernten Restaurant *Vecchia Miniera* oberhalb einer kleinen historischen Bergarbeitersiedlung. Steil geht der Pfad durch den Wald hinan. Die ersten 800 Höhenmeter bis zur Kapelle *Champillon* sind wahrlich nichts für Oberschüler. Dann wird es bequemer: der Weg begleitet den spätmittelalterlichen Bewässerungskanal *Ru de By*, der abwechselnd offen oder überdeckelt geführt ist. In einem großen Bogen umrunden wir das Hochtal *Conca de By*. In Entsprechung zum sanften Gefälle des Kanals weist der Weg kaum Neigung auf. Einige Stellen verlangen etwas Handarbeit, einmal müssen

wir uns durch eine kleine Klamm hindurchzwängen. Während der ganzen Wanderung ist der weitere Fortgang des Wegs fast immer in Sicht, die Perspektive auf den Kessel des Hochtals und die umgebenden Gipfel verändert sich ständig, fast als würde man eine virtuelle Kamerafahrt real unternehmen. Nach guten zwei Stunden taucht blau und still der Stausee Lago di By auf. Wir überqueren die Staumauer und steigen über eine beeindruckend schöne und bruchsteingepflasterte *Mulattiera* hinab. Nach insgesamt 6 Stunden erreichen wir müde und erleuchtet den Ausgangspunkt der Wanderung.

Wer noch weiter hinauf will, sollte hinter Valpelline in Richtung Bionaz abbiegen. Am **Lago di Lessert** stoßen wir auf den:

WOMO-Stellplatz: Lago di Lessert

Position: N 45°51.786' E 07°23.796'; **WOMO-Zahl**: <20;
Ausstattung: Entsorgung, Mülleimer, Gaststätte, Beleuchtung, Wanderwege, Spielwiese, Toiletten;
Zufahrt: kurz hinter Balmes rechts abbiegen.

Angrenzend an den Stellplatz befinden sich der See und ein dichtes Netz von Wanderwegen. Wer Interesse an der Bergbauvergangenheit der Gegend hat, kann vom Stellplatz eine ein- bis zweistündige Wanderung unternehmen:

Der Wissbegierige läuft die Straße Richtung **Les Reys** hinauf und steigt nach Passieren einer kleinen Kapelle und eines Backhauses rechts Richtung Les Moulins hinab. Mit etwas Aufmerksamkeit und unter Beachtung des Wanderzeichens „Gelbe 16" stößt er nach Überquerung eines Baches auf die überwucherten Artefakte der ehemaligen Mine *Di Rame*. Völlig vergessen ruhen die mächtigen Gebäudereste der industriellen Anlage im Wald. Überwucherte Abraumhalden, eingestürzte Brücken, rudimentäre Wasserbauwerke lassen ahnen, dass hier bis in das beginnende 20. Jahrhundert ganz ernsthaft gearbeitet und ordentliches Geld verdient worden ist. Es lohnt sich durchaus, etwas ausgiebiger herumzustöbern, um aus den Zivilisationsresten lebhafte Bilder entstehen zu lassen. Der Rückweg führt - an einem kleinen Bauernhof vorbei - über einen Schotterweg bergauf zu einer Wegkreuzung, die nahe an einem Sportplatz liegt. Hier biegt man rechts dem roten Balken folgend ab, erreicht nach 5 Minuten einen versteckten Picknickplatz und hält sich von hier aus **links** weiter bergan, um nach weiteren 5 Minuten den Stellplatz wieder zu erreichen.

Oberhalb von Bionaz liegt auf fast 2000 m Höhe der Stausee **Lago di Place Moulin**. Die geschotterte Auffahrt ist gut befahrbar, der kleine Parkplatz am oberen Ende ist so,wie ein guter Stellplatz zu sein hat: umsonst und wirklich draußen. Die hier ausgeschilderten Wanderungen haben allerdings eindeutig hochalpinen Charakter. Der Hobby-Alpinist sollte unvorbereitet nicht mehr unternehmen als einen etwa einstündigen Gang oberhalb des Ufers zur sehenswerten *Pianta monumentale*, einem großen, einsam stehenden Baum vor mächtigem Berghintergrund.

Wir fahren wieder hinab nach **Roisan**. Hier endet unsere erste Aosta-Tour. Der Heimweg nach Deutschland führt über den Gran San Bernado. Wer den Pass nehmen will (und kann, so dieser offen ist), wird nochmals mit einem unvergesslichen Blick auf den Seealpenbogen belohnt. Wer den Tunnel nehmen muss, hat 32,40 € zu entrichten und ist dafür schneller am Ziel. Wer noch Zeit hat, kann uns auf unsere anschließende Tour 6 in den westlichen Teil des Aosta-Tals begleiten.

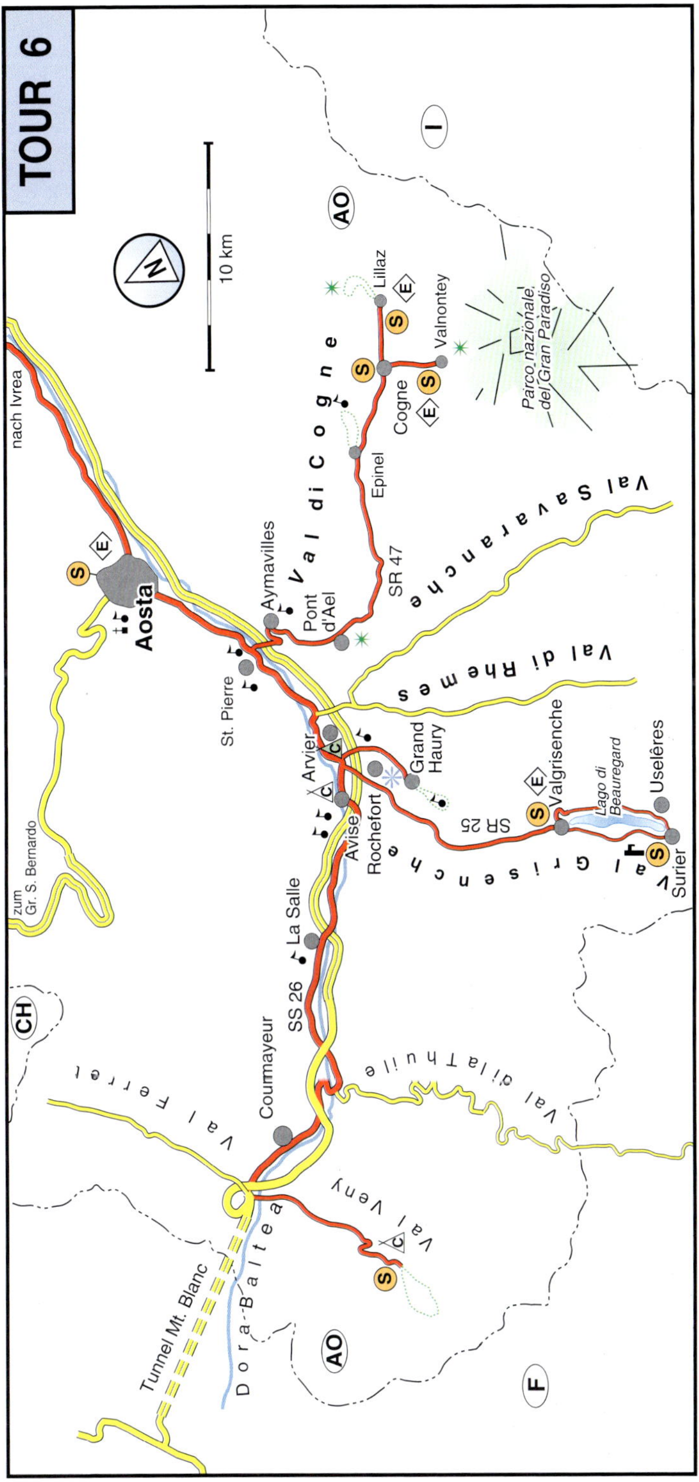

TOUR 6
10 km
N
AO
I
CH
F
nach Ivrea
zum Gr. S. Bernardo
Aosta
Aymavilles
Pont d'Ael
SR 47
Epinel
Val di Cogne
Cogne
Lillaz
Valnontey
Parco nazionale del Gran Paradiso
Val Savaranche
Val di Rhemes
St. Pierre
Arvier
Grand Haury
Avise
Rochefort
SR 25
Valgrisenche
Lago di Beauregard
Uselêres
Surier
Val Grisenche
La Salle
SS 26
Courmayeur
Val di la Thuile
Val Ferret
Val Veny
Dora Baltea
Tunnel Mt. Blanc

Tour 6: Hoch im Westen, wo die Sonne versinkt

Arvier - Cogne - Val Grisenche - Courmayeur

Stellplätze:	in Cogne, in Valnontey, in Lillaz, in Val Grisenche, in Uselêres/Surier, im Val Veny
Campingplätze:	in Arvier, in Avise, im Val Veny
Besichtigen:	Castello Sarriod de la Tour und Château de St. Pierre in St. Pierre, Brücke in Pont d´Ael, Château de Tarambel, Santuario di Rochefort
Wandern:	im Naturpark Gran Paradiso, Spaziergang zu den Wasserfällen von Lillaz, zum Château de Montmayeur, um den Lago di Beauregard
Karte:	Seite 81

Die Anstrengungen unserer ersten Tour durch das Tal des Augustus haben ihre Spuren an Mensch und Maschine hinterlassen. Das Bedürfnis nach einer kleinen Portion Ruhe und die Notwendigkeit einer fachmännischen Untersuchung der Bordelektrik (die Batterien werden nicht mehr aufgeladen) lassen Sehnsucht nach einem kleinen Campingplatz aufkommen. Etwa 15 Kilometer westlich von Aosta finden wir den Platz unserer Wahl:

WOMO-Campingplatz-Tipp:

Camping Arvier *(Arvier)*

Position: N 45°41.844' E 07°09.819';
Ausstattung: Toilette, Wasser, Entsorgungsstation, Mülleimer, Grillplatz, kleines Schwimmbad, Laden; **Zufahrt**: von Aosta kommend am Ortsende von Arvier links abbiegen (ausgeschildert).

Der Platz verfügt über schönen Baumbestand, liegt gut geschützt vor Straßenlärm und wird von freundlichen Menschen geführt. In einer Hinsicht allerdings gibt es kein Pardon: Wer ohne Badekappe den Pool benutzt, wird wortreich verwarnt. Erstaunlicherweise wird bei aller Strenge das klassische Taschentuch mit vier Knoten in den Ecken als Badekappen-Ersatz akzeptiert, als unerwartete Botschaft weltmännischen Modebewusstseins sogar bald nachgeahmt. Hier verweilen eben nicht nur angewurzelte Dauergäste, sondern auch aufgeklärte WOMO-Kollegen aller denkbaren Schattierung und Neigung.

Unsere elektrischen Probleme halten uns auf Reede und führen dazu, dass die erste Exkursion zweirädrig stattfinden muß: Wir fahren mit unserer Enduro in das **Vallon di Cogne**. Auf dem Weg schauen wir uns zunächst zwei Burgen in **St. Pierre** an. Knatternd wenden wir uns nach Osten, fahren am Ufer der Dora Baltea entlang und erreichen nach etwa 6 Kilometern St. Pierre. Rechts der

Straße weist uns ein Schild zum **Castello Sarriod de la Tour**, entstanden im 14. Jahrhundert um einen älteren Wehrturm herum. Die restaurierten Räume können besichtigt werden und beherbergen eine interessante Fotoausstellung, die einen profunden Überblick über alle nennenswerten Schlösser und Burgen des Aosta-Tals gibt. Architektonisch bemerkenswert sind einige Fresken, eine Holzdecke mit 171 Figuren und – als Kuriosum – eine Zwischendecke, die im 16. Jahrhundert in aller Unbekümmertheit so eingezogen worden ist, dass sie einige dieser Fresken einfach horizontal gezweiteilt hat. Dieser Eingriff ist später insoweit rückgängig gemacht worden, als man den Anschluss der Zwischendecke an die freskierten Wände etwas zurückgebaut hat. Wir sehen: Bauen und Verbessern sind stets mit Verlust und Irrtum verbunden.

Nach dieser tiefgründigen Betrachtung kehren wir zurück zur Hauptstraße, wenden uns nach links und überprüfen das Gelernte anhand des **Château de St. Pierre**. Es liegt – vom Tal aus betrachtet – dramatisch auf einer Felsnase und muss deshalb von hinten erklommen werden. Gegen kleines Entgelt kann man eine schöne Sammlung zur Fauna und Flora des Aosta-Tales besichtigen. Besonders die Kristall-Abteilung erstaunt uns außerordentlich. Man lernt: Die Schönheit des Kristalls ist nicht abhängig von seiner Größe – im Gegenteil: Die größten Exemplare machen einen ausgesprochen kitschigen und unechten Eindruck. So ähnlich verhält es sich übrigens auch mit den

Käfern und mitunter auch mit den Bauwerken.

Wir wenden uns von St. Pierre Richtung Aosta und biegen vor Sarre nach rechts in das Vallon di Cogne ab. In **Aymavilles** dräut am Hang ein imposantes Bauwerk, welches unsere Neugierde auf sich zieht. Das eingerüstete Schloss verbirgt seinen Namen sorgfältig, denn es befindet sich in Privatbesitz, wird aber trotzdem mit Mitteln der EU saniert. Schade, dass die Mittel nicht ausreichen, um dem reisenden Europäer auch eine kleine Besichtigung zu ermöglichen. Die Bauarbeiter können sich unseren Beschwätzungs-Argumenten nicht anschließen.

Also geht's weiter zur vielgerühmten **römischen Brücke** über den Toce Grand Eyvia bei **Pont d'Ael**. Die Abzweigung zwischen Kilometer 5 und 6 nach rechts kann leicht übersehen werden. Ein kleiner Parkplatz am Ortseingang steht zur Verfügung, von dem aus man innerhalb weniger Minuten das Bauwerk erreicht, welches zunächst als Aquädukt mit obenliegendem Fußweg konstruiert wurde, um dann durch den Umbau der Brückenköpfe karrengängig ausgestattet zu werden. Die Brücke ist immer noch auf zwei übereinanderliegenden Ebenen begehbar; Tafeln mit anschaulichen Graphiken machen auch dem Laien klar, welche Meisterleistung die Ingenieure und Handwerker hier vollbracht haben. Am jenseitigen Ufer lohnt es sich, ein wenig in den angrenzenden Wäldchen und Fluren herumzustöbern: Rudimente der ehemaligen Wasserleitung tauchen im Dickicht auf, Überbleibsel der alten Römerstraße entbergen sich bei genauem Hinsehen. Insgesamt ein technisches und gestalterischen Prachtstück des Wegebaus, mit einer Haltbarkeit, die nie wieder erreicht werden kann!

Drei Kilometer weiter nach Süden stoßen wir auf ein weiteres Zeugnis des Wegebaus: Direkt nebeneinander liegen drei Brücken bzw. Brückenreste und erzählen die Geschichte von Verfall und Ersatz. Man hält am besten linker Hand an, **bevor** man den Fluss überquert. Vom römischen Bauwerk sind nur noch die Widerlager der Bruchstein-Brückenköpfe zu erkennen. Ihr Gewölbebogen ist Mitte des 19. Jahrhunderts aus Überbelastung oder Ermüdung eingestürzt – im Flussbett sieht man noch die Relikte. Hastig hat man eine Holzbrücke ins Werk gesetzt und diese immerhin ausgesprochen fachmännisch ausgeführt, jedoch sich nicht dem Korrosionsschutz der stählernen Aussteifungsverbände gewidmet. Die Halbwertszeit dieser eigentlich sehr schönen Konstruktion lag bei einem Zehntel ihrer Vorgängerin: Ungefähr 1950 war sie nicht mehr sicher zu befahren und wurde durch die unvermeidliche Stahlbetonkonstruktion ersetzt, die wir heute benutzen, nachdem wir auch dieses Kapitel des Wegebaus in dichten Gebüschen erörtert haben. Irgendwann wird auch die Holzbrücke gänzlich ermüdet sein und in die Fluten hinabstürzen, die Stahlbetonbrücke wird ihr folgen – und so weiter. Das Murmeln, Rauschen und Tosen des Flusses dagegen wird Bestand haben.

Wir müssen *auffi* und durchfahren das Tal, ohne Ihnen darüber Nennenswertes berichten zu können. Ein Eintrag in einer Wanderkarte lässt uns den Vorsatz fassen, auf dem Rückweg eine Sehenswürdigkeit aufzusuchen: das Château de Tarambel, nach Angabe der einschlägigen Reiseführer Schauplatz erstaunlicher Episoden aus der Zeit der Sarazenen. Zunächst wollen wir aber überprüfen, was **Cogne** dem Reisenden zu bieten hat. Dabei denken wir nicht an den Abfahrer, den Liftdrängler oder den Einkehr-Spezialisten, sondern an den WOMO-Fahrer. Und siehe da: Wir erreichen den größten Stellplatz aller Zeiten! Nicht gerade romantisch, obwohl direkt am Fluss gelegen, aber immerhin mit demütigem Aus- oder besser Aufblick auf die Kirche und umsonst:

WOMO-Stellplatz: Cogne

Position: N 45°36.569' E 07°21.408'; **WOMO-Zahl**: 40.000
Ausstattung: Entsorgungsstation, Wasser, Mülleimer;
Zufahrt: am Ortseingang ausgeschildert.

Wir sind nicht eben begeistert von Cogne: Zweitklassige Andenkenläden wechseln sich mit drittklassigen Restaurants ab, einige immerjunge Sommerskifahrer verständigen sich mit ihresgleichen per SMS und reißen mit ihrem Krakeel die vor sich hindösenden Rentenwanderer aus flüchtigen Tagträumen. Immerhin gibt es eine gigantische Wiese zum Frisbeespielen, Drachensteigenlassen und Riesenschäferhundgassiführen. Uns kommt sofort die Idee von einem kleinen Picknick mit anschließendem Federballturnier. „Keine Sorge! Der will nur

spielen!" wird einem mit niederrheinischem Frohsinn zugerufen, als die Bestie gerade zum Sprung an die Kehle ansetzt. „Der tut nix." Wir fliehen nach **Valnontey** und dürfen bei dieser Gelegenheit den verehrten Wilhelm Busch zitieren: „Knopp begab sich fort, von hier an einen andern Ort."

Am Ortseingang sticht uns sofort der nächste Stellplatz ins Auge, obwohl man sich hier auch nicht über einen Mangel an Campingplätzen beschweren kann.

WOMO-Stellplatz: Valnontey

Position: N 45°35.333' E 07°20.575'; **WOMO-Zahl**: 20; **Ausstattung**: Restaurants, Souvenirläden in der Nähe, viel Verkehr tagsüber; **Zufahrt**: vor dem Ortseingangsschild rechts.

Von hier kann der Wandersmann zahlreiche und wunderschöne Tagestouren in die Bergwelt des **Gran Paradiso** unternehmen. Wir hoffen, bei Gelegenheit und besserer Witterung genauer berichten zu können. Bei Schnürlregen bleibt ein Besuch im **Giardino Alpino Paradisia** *(geöffnet Juni-September)* übrig. Hier ist eine Miniaturwelt des Gran Paradiso und seiner Fauna und Flora hergerichtet worden, die offenkundig

gerade Kinder begeistert. Immer noch haben wir das klare Gefühl, dass der beste Stellplatz woanders auf uns wartet. Wir versuchen unser Glück in Lillaz und haben Erfolg:

WOMO-Stellplatz: Lillaz

Position: N 45°35.787' E 07°23.347'; **WOMO-Zahl**: 25; **Ausstattung**: Licht, Wasser, Entsorgungsstation, Mülleimer, Restaurants, Läden; **Zufahrt**: von Cogne kommend am Ortseingang von Lillaz rechts, ausgeschildert.

Auch von hier aus könnte man schöne Tagestouren in die Bergwelt starten. Wir müssen uns – denn wir sind ja mit unserem Motorrad unterwegs und nicht entsprechend ausgerüstet – mit einem Spaziergang begnügen, der vom Zentrum zu den Wasserfällen führt. Der Weg ist vom großen Parkplatz mit *‚Cascate'* gut ausgeschildert und führt am Flussufer entlang. Nach 15 Minuten erreicht man übereinander gestaffelte Wasserfälle, in deren Ausfallbecken ausgiebig geplanscht werden kann. Mit einiger Bemühung kann man zum oberen Abrisspunkt der Wasserfälle aufsteigen und das muntere Treiben von dort droben betrachten.

Wir fahren zurück in das Haupttal, wollen aber auf dem Rückweg noch das Geheimnis des **Château de Tarambel** lüften. Dazu lassen wir unser Gefährt in **Epinel** stehen und begeben uns zu Fuß wieder zurück nach Südosten auf einen oberhalb der Talstraße gelegenen Wirtschaftsweg. Nach etwa 1.500 m kommt endlich ein eindeutig überhüttengroßes Bauwerk in Sicht. Ist es eine Scheune? Ist es vielleicht das Rudiment eines Gehöftes? Nein, es ist das sarazenische Schloss. Von einer Scheune hebt es sich nur durch seine zinnenbekrönten Scheingiebel ab. Weit und breit fehlt jede sarazenische Anmutung. Wieder einmal sind wir den Erfindungen und Abschreibungen der Stubenberichterstatter aufgesessen.

Wenn man weiter oberhalb nach Epinel zurückwandert, sieht man überrascht umfangreiche Tiefbauarbeiten und entdeckt ein riesenhaftes Baufeld. Hier wird eine Eisenbahntrasse nach Cogne gebaut, um neuen Skitourismus anzusiedeln. Solche riesenhaften Baumaßnahmen findet man neuerdings öfter in den Seitentälern. Sie sind das Resultat der absurden Flurbereinigungspolitik der EU, die den Dörflern Wohlstand bringen soll. Der Fortschritt ist eben nicht aufzuhalten.

Wir auch nicht. Als nächstes Seitental haben wir uns das **Val Grisenche** vorgenommen. Wir verlassen die SS 26 am Ortsausgang von Arvier, kurbeln in steilen Serpentinen hinauf nach Rochefort und erblicken nach wenigen Kilometern an linken Gegenhang oben auf einem Sattel einen imposanten Bergfried: das **Château de Montmayeur**. Erst nach einigen halbalpinen Anstiegsversuchen begreifen wir, dass die Burgruine von hier nicht erreicht werden kann, weil eine Überquerung des Flusses unmöglich ist. Aufgeben oder nachsetzen? Das Bauwerk steht einfach zu verlockend da und soll sich unserer

Erforschung nicht verwehren. Also gewendet und zurück nach Arvier gebrettert. Hier folgen wir der Ausschilderung nach Grand Haury.

Am Ortseingang muss das Gefährt stehen bleiben. Ein schöner Brunnentrog bietet dem erhitzten Forscher Erfrischung an. Die Wanderung zur Burg ist ausgeschildert mit 15 Minuten Gehzeit und beginnt eigentümlicherweise mit der Unterquerung eines Bauernhauses. Der Weg ist wirklich märchenhaft und über einige Abschnitte identisch mit der historischen Erschließung der Burg. Diese besteht nur noch aus den Grundmauern der Dienstgebäude und dem mächtigen Bergfried – eigentlich nicht viel Betrachtungsmaterial. Die Einpassung in die Landschaft aber und die Einsamkeit der Szene ist außerordentlich. Wir haben einen ganz besonderen Platz in der schönen Welt gefunden.

Nach einem Picknick und etwas Herumgestöber in den stillen Mauerwerken kehren wir zufrieden nach Arvier zurück und nehmen die Auffahrt in das Val Grisenche auf's Neue in Angriff. Sie werden das hoffentlich in der richtigen Reihenfolge erledigen: erst die Burg, dann das Tal.

Die Talstraße führt an einigen Wasserfällen und an einem kleinen und feinen Technikdenkmal vorbei: Links der Straße kann man ein aufgelassenes Wasserkraftwerk betrachten, dessen Zuläufe noch intakt sind. Es hat vor ungefähr 20 Jahren seinen Betrieb eingestellt, als die Staumauer des **Lago di Beauregard** gebaut worden ist und hieraus eine übermächtige Konkurrenz entstand. Wir erreichen den Ort Val Grisenche. Hier gibt es einen Stellplatz in erstaunlicher Lage direkt am Fuß der gigantischen Staumauer:

WOMO-Stellplatz: Val Grisenche

Position: N 45°37.220' E 07°03.601'; **WOMO-Zahl**: 30;
Ausstattung: Wasser, Entsorgungsstation, Mülleimer, Grillplatz, Licht, Picknickplatz, Kinderspielplatz, Klettergarten; **Zufahrt**: ausgeschildert.

Der See kann entlang seiner Ostseite, beginnend direkt an der Staumauer, befahren werden, allerdings wirklich nicht mit dem WOMO. Wer Fahrräder oder ein Motorrad mit sich führt oder gut zu Fuß ist, sollte diese schmale und gewundene Straße oberhalb des langgestreckten Sees und streckenweise durch kleine Tunnels unbedingt abfahren oder -gehen. Am südlichen Ende wird er den Weiler **Uselêres** erreichen. Von hier aus führen ausgedehnte Wanderungen in die Bergwelt. Ein kleines Restaurant lädt zum Verweilen ein. Einen anständigen Steinwurf weiter nach Westen liegt **Surier**. Hier kann man ganz in Ufernähe eine geruuuuhsame Nacht verbringen, wie der gelehrte Herr Wickert sagen würde:

WOMO-Stellplatz: Uselêres/Surier

Position: N 45°35.165' E 07°01.769'; **WOMO-Zahl**: 5;
Ausstattung: Wasser, Wandergasthof;
Zufahrt: über die Westseite des Sees.

Der Weg zurück nach Grisenche - bzw. der Hinweg von Grisenche für den fahrrad- oder motorradlosen Urlauber - führt an der Westseite des Sees etwa 50 m oberhalb des Ufers entlang und bietet eine wunderbare Sicht auf den Hinweg. An einigen Stellen kann man anhalten und auf kleinen Pfaden an das Ufer hinabsteigen und dort unter Missachtung gewisser Schilder in gesicherter Einsamkeit ein Bad nehmen.

Wir begeben uns nach einer ausgiebigen Wanderung und gut erholt zurück Richtung Haupttal. In **Rochefort** gibt es noch ein Kleinod für den Liebhaber der frommen Kunst: das **Santuario di Rochefort**, nicht gerade von epochaler historischer Bedeutung, aber mit einem schönen visuellen Effekt ausgestattet. Wo geparkt werden muss, braucht angesichts der Kleinheit des Dorfes nicht erklärt zu werden. Der Fußweg hinauf zur Kirche ist gut ausgeschildert und nimmt nur 10 schöne Minuten in Anspruch. Er führt über einen serpentierten Kreuzweg an kleinen Bildstöcken und einer etwas kitschigen Grotte vorbei aufwärts und bietet oben – das ist die erfreuliche Überraschung – einen traumhaften Blick auf den **Monte Bianco**.

Wir machen uns auf den Weg zu genau diesem, indem wir das Haupttal nach Westen hinauffahren. In **Avise**, am nördlichen Ufer der Dora Baltea gelegen, sollen je zwei erstaunliche Bauernhäuser und aparte Burgen zu besichtigen sein, sagt uns ein Ortskundiger. Es stellt sich heraus, das beides richtig ist, die Burgen aber nicht der Öffentlichkeit zugänglich sind. Interessant ist aber die Entdeckung des *percorso storico*, der von der stillen Ortsmitte an den Burgen vorbei hinab über die ursprüngliche Erschließung zur romanischen Brücke über die Dora Baltea führt. Sie kennen inzwischen vielleicht unsere Brückenleidenschaft? Dieses Exemplar hier zeichnet sich aus durch die handwerkliche Meisterleistung der Pflasterarbeit, die noch fast unbeschädigt erhalten geblieben ist, weil man die Brücke rechtzeitig für den Fahrverkehr gesperrt hat. Zivilisatorischer Fortschritt kann eben auch rettende Wirkung haben.

Avise bietet außerdem einen kleinen und sehr familiären **Campingplatz**, der am Ortseingang auf einer Wiese rechts und links der Straße liegt.

Weiter auf dem Weg nach Westen sieht man am nördlichen Hang in **La Salle** einen weiteren mächtigen *Campanile* oben am Hang stehen. Er gehört zu den vielen Signaltürmen, die im

Kampf gegen die Savoyer zur schnellen Nachrichtenübermittlung mittels Flaggen- oder Feuerzeichen eine wichtige Rolle gespielt haben. Leider lohnt sich die umständliche Auffahrt nicht wirklich. Der Rest dieses von den verärgerten Savoyern schließlich gesprengten Bauwerks ist aus der Nähe nicht zu besichtigen, aus irgendeinem Grund aber der Treffpunkt schmachtender lokaler Liebschaften geworden, deren zartes Genestel wir ungern stören.

Also rücken wir unter gemurmelten Entschuldigungen ab und erreichen alsbald **Courmayeur**, vom Skiterrorismus zerstört und verwüstet. Wir raten von einer näheren Befassung ab und empfehlen den Weg in das **Val Veny**. Vor uns liegt – leider in stürmischem Regen – das mächtige Quermassiv des **Monte Bianco**. Die Straße wird dann immer schmaler und passiert den Gletscher Brenva. Die Luft wird dünner, der Baumbesatz nimmt ab. Dann weitet sich unerwartet die Landschaft und bietet Raum für den

WOMO-Campingplatz: Aiguille Noire
Position: N 45°47.472' E 06°54.551' **Ausstattung**: Supermarkt, Restaurant, Mülleimer, Entsorgung; **Zufahrt**: links der Straße; **Gebühr**: ca.15,00 €/Nacht.

Am Ende des Tals tauchen noch einige schöne Picknickplätze unter Lärchen und der famose

WOMO-Stellplatz: Val Veny
Position: N 45°47.472' E 06°54.551'; **WOMO-Zahl**: 30; **Ausstattung**: Mülleimer, Grillplatz, Bar; **Zufahrt**: wie beschrieben.

auf. Weiter hinauf zu fahren ist verlockend, aber verboten wie so viele verlockende Dinge. Wir bleiben hier für einen Wandertag mit grandiosem Ausblick auf den Gletscher Miage und den Lago di Combal und verlassen am nächsten Morgen das Tal des Augustus, der hier auf mindestens genauso viele Feinde gestoßen ist wie wir auf schöne Stellplätze, erstaunliche Artefakte und friedliebende Menschen.

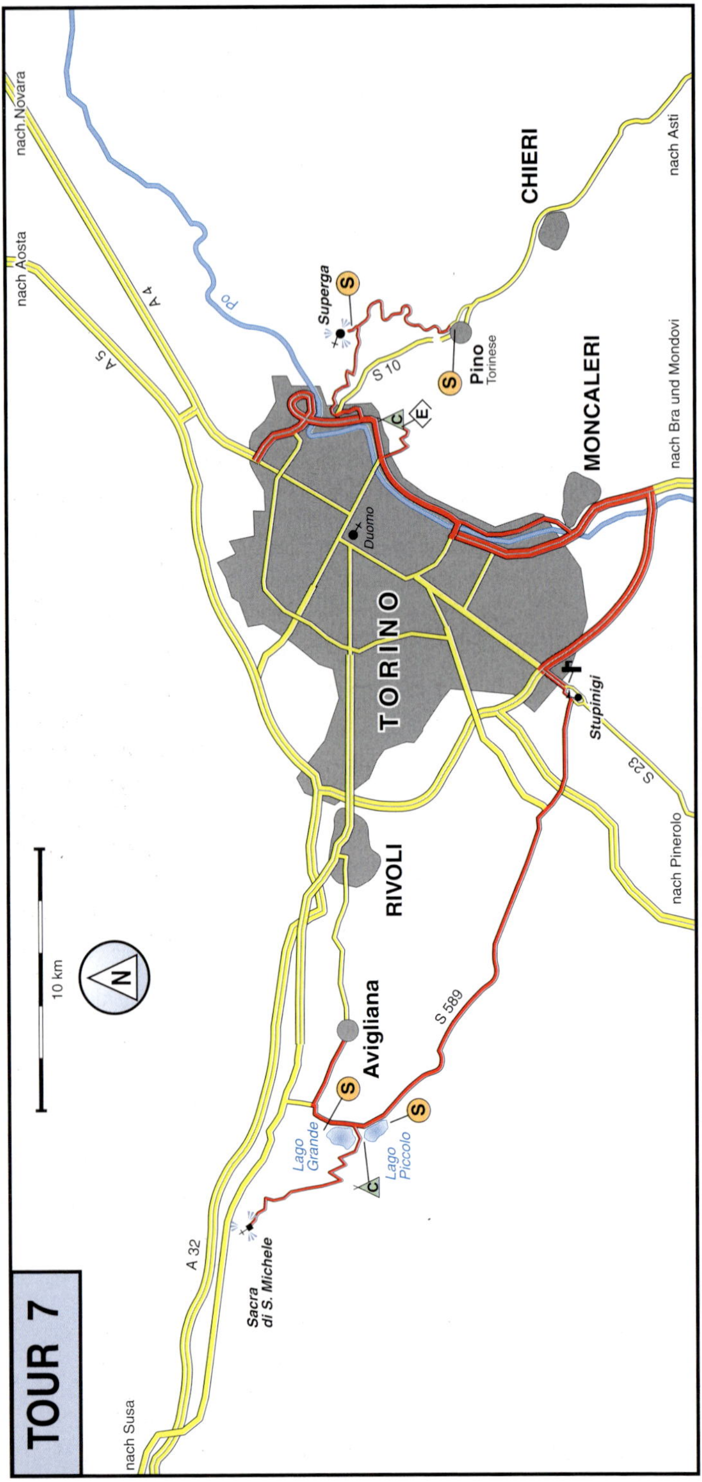
TOUR 7
nach Novara
nach Aosta
A 4
A 5
Po
CHIERI
nach Asti
Superga
S
S 10
S
Pino
Torinese
C
E
MONCALERI
nach Bra und Mondovi
Duomo
TORINO
Stupinigi
S 23
nach Pinerolo
RIVOLI
10 km
N
Avigliana
S 589
S
S
Lago Grande
Lago Piccolo
C
A 32
Sacra di S. Michele
nach Susa

Tour 7: Hauptstadt mit Umland

Torino - Stupinigi - Avigliana - Sacra di San Michele

Stellplätze:	an der Basilica di Superga bei Torino, am Lago Piccolo, in Avigliana
Campingplätze:	in Torino, in der Nähe des Lago Grande
Besichtigen:	Basilica di Superga, das barocke Turin, das Jagdschloss Stupinigi, Avigliana, Sacra di San Michele
Essen:	Pizzeria *Fila* in Torino

Zum Besuch von Millionenstädten wurde das Wohnmobil fraglos nicht erfunden, und Industriestädte liegen auch nur selten an seinem Weg. Wenn **Turin** (Torino) in diesem Buch dennoch fast eine ganze Tour füllt, hat das weniger damit zu tun, dass mit 900.000 Einwohnern die Million knapp verfehlt wird. Und auch nicht damit, dass die Zahl der Beschäftigten bei Fiat nur noch weniger als die Hälfte des Höchststandes aus dem Jahre 1979 beträgt, als hier 248.000 Arbeiter auf der Lohnliste von Herrn Agnelli standen (die **F**abbrica **I**taliana **A**utomobili **T**orino produziert heute zu rund 60% im Ausland).

Der wahre Grund ist, von der Notwendigkeit abgesehen, in einem Reiseführer über das Piemont, auch dessen Hauptstadt zu erwähnen, die Besonderheit, dass man den Moloch fast nur von oben sieht, ihn zumindest nicht durchfahren muss, weil man viel schneller als befürchtet am Fuß der Hügel angekommen ist, wo der schon erstaunlich breite Po fließt. Diese grünen Berge begrenzen die Stadt im Osten, dort befinden sich nicht nur die Villen der Reichen, sondern auch der Campingplatz und unser WOMO-Stellplatz. Unmittelbar jenseits des Po beginnt die barocke Innenstadt, so dass Sie die Vorstädte und alles was eine solche Stadt hässlich macht, nur ein wenig streifen.

Wichtig ist allerdings, dass Sie die entweder von Norden oder von Süden in die Stadt führenden Autobahnen bis zu deren Ende nehmen. Am besten zielen Sie dann als erstes auf den höchsten Hügel, auf dessen Spitze Sie schon von weitem die Silhouette einer gewaltigen Kuppelkirche mit zwei Türmen erkennen, die **Basilica di Superga**. Dieses Ziel ist jedenfalls angesagt, wenn die Sicht so klar ist, dass Sie bei der Anfahrt nach Turin die Zacken des Alpenbogens erkennen können. Denn die schmalen Kurven zur Superga nehmen Sie hauptsächlich wegen der Fernsicht, die Sie oftmals über Tage schmerzlich vermissen. Bei einigen unserer Besuche sahen wir im Sommer überhaupt keine Alpen, so dass man die Gunst des sich verziehenden Dunstes sofort ausnutzen sollte. Insbesondere, wenn die Sicht am Anfang Ihres Turin-Besuches klar ist, weil Sie dann hier oben ein Gefühl für die sich unter Ihnen nach Westen ausbreitende Stadt entwickeln. Und weil Sie von nun an wissen, wie unser Stellplatztipp von Turin aussieht. Denn der Parkplatz der Basilica di Superga ist der Stellplatz. Genießen Sie von den Bänken seines Randes den Blick über die Stadt bis zu den Schneeresten der Westalpen.

Basilica di Superga

Am 4. Mai 1949 herrschten solche Sichtverhältnisse nicht. Wolken, aus denen Schneeregen fiel, hatten den Berg eingehüllt, als ein aus Lissabon kommendes Flugzeug im Landeanflug war. In ihm saßen die ruhmreichen Fußballer von *Juve*, darunter 10 aktuelle Nationalspieler. Vermutlich gab es gar keine Sicht, sonst wäre die linke Tragfläche des Fliegers nicht an das Kirchengebäude gestoßen. Alle Passagiere fanden den Tod. Sie wurden aber nicht hier oben bestattet, denn die **Gruft** (Tombe dei re e dei principi) wurde nur für die Königsfamilie gebaut, als Vittorio Amedeo II. die Kirche im Jahre 1706 als Dank dafür in Auftrag gab, dass er den Belagerungsring französischer Truppen um seine Residenzstadt Turin sprengen konnte. Er selbst ist hier bestattet und neben ihm alle in Turin regierenden Könige des Hauses Savoyen. Das Innere der großen Kuppelkirche ist eher schmucklos, von außen macht vor allem die monumentale Fassade Eindruck, an der man die Handschrift des **Architekten Juvarra** erkennt, von dem es in Turin einiges zu sehen gibt *(Kirche im Sommer von 9-12 und 15-18 Uhr, Gräber von 9,30-13,30 und 14,30-17,30 Uhr, Samstag und Sonntag keine Mittagspause; 3,20 €).*

Am Parkplatz sind hinter diversen Nippesbuden Wanderwege markiert und auf einer Tafel anschaulich dargestellt, begangen haben wir sie noch nicht. Wir haben hier auch noch nicht selbst übernachtet und hoffen, dass sich der Stellplatz von Superga im praktischen Urlaubsleben als die Superlative erweist, die er zu sein scheint. In der Nacht von Samstag auf Sonntag würden wir hier allerdings lieber nicht stehen, möglicherweise wäre unser WOMO dann dort das einzige parkende Auto, an dem nicht die Federn quietschen. Aber das ist nur so eine Ahnung. Gewiss ist hingegen, dass am Sonntagnachmittag der Verkehr von der Polizei geregelt wird, wenn ab etwa 15 Uhr die Ausflügler anbranden:

WOMO-Stellplatz: Torino

Position: N 45°04.764 E 07°46.036; **WOMO-Zahl**: >5;
Ausstattung: Mülleimer, Wanderwege.
Zufahrt: Wenn Sie von Norden kommen, wählen Sie am Autobahnende den Wegweiser *,Asti'* bis Sie den Po überquert und danach an der Ampel einer breiten vierspurigen Straße links abgebogen sind. Sie dürfen nun nicht auf der Hauptstraße Richtung Asti bergauf fahren (falls doch, sollten Sie umdrehen), sondern Sie müssen noch unten, sofort nach der Überquerung der vierspurigen Straße, etwa 50 m nach links fahren, um dann erst bei der nach Superga führenden Bergbahn, das schmale Sträßchen bergauf zu nehmen. Sie finden schon ein Stück vorher Wegweiser zur *,Basilica di Superga'*, und die schmale Straße ist auf ihrer Autokarte auch deutlich sichtbar eingezeichnet.
Wenn Sie von Süden kommen nehmen Sie die Straße entlang des Po, möglichst bald auf dessen Ostufer, bis Sie an oben bezeichneter Kreuzung wieder den Wegweiser zur Basilica sehen und der Versuchung erliegen, auf der ersten, breiten Straße bergauf zu fahren, anstatt auf der ein Stück dahinter, bei der Bergbahn einmündenden schmalen Straße.
Auf der Berghöhe müssen Sie noch einmal scharf nach links abbiegen, das ist aber unmissverständlich beschildert.
Falls sich in der Nacht dort oben Störungen einstellen, können Sie nach **Pino Torinese** weiter fahren. Wenn Sie von oben, aus Richtung der Basilica, in den Ort einfahren, sehen Sie schon nach den ersten Häusern rechts unterhalb der Straße einen Parkplatz, den man durchaus als vollwertigen Stellplatz bezeichnen darf (N 45°02.690' E 07°46.120').

Wenn Sie sich auskennen würden, könnten Sie vom Parkplatz der Basilica di Superga mit bloßem Auge zwei Hügel weiter die ***Villa Rey*** ausmachen, ein fast schlossähnliches Herrenhaus in einem ehemaligen Park, bei dem noch eine schöne Balustrade erhalten ist. Die Restaurierungsarbeiten an der Villa selbst wurden schon vor längerer Zeit wieder aufgegeben, Reste von Baumaterial verrotten allmählich und bei Wind klappert auch mal ein Fensterladen. Der frühere Park ist der einzige **Campingplatz** Turins, immerhin einer Fastmillionenstadt, einer Kulturmetropole und einer Olympiastadt. Nun hat das Olympische Komitee hierher nur die Winterspiele vergeben, für die anreisende Jugend der Welt wäre der Campingplatz auch nicht ganz das Richtige. Er ist eine Mischung aus ein wenig Scheußlichkeit mit vielen Dauercampern und trotzdem sehr viel Flair, unter dem Strich ein echter Tipp, den Sie nicht versäumen dürfen. Sie müssen hier auch einkaufen in einem Etablissement, das eine Mischung ist aus Gasthaus und Laden, und Sie müssen auf der lauschigen, rechts gelegenen Wiese campieren, vor jener Balustrade und der verwunschenen Fastruine:

Campingplatz-Tipp: Torino *(Villa Rey)*

Ortszentrum: 1,8 km; **Zeiten**: 1.3.-30.10. **Ausstattung**: Laden, Restaurant; **Zufahrt**: vom östlichen Ufer des Po schlecht sichtbar beschildert. Sie müssen gegenüber der ersten Brücke bergauf in die Hügel fahren (und werden dann auf jeden Fall den Wegweiser finden), die nördlich der Brücke mit dem Tempel folgt (biegen Sie bei N 45°04.035' E 07°42.523' von der Uferstraße ab). Sie können von hier aus **in die Stadt laufen** (ins Zentrum 40 Minuten); den angeblich vor der Tür haltenden Bus haben wir nicht gesehen. Aber nach 8 Minuten - bergab Richtung Zentrum - kommt man zur Endhaltestelle der Straßenbahnlinie Nr. 3, die am Dom vorbeifährt (nach der Flussüberquerung die 5. oder 6. Haltestelle, Sie sehen kurz zuvor links den Turm des Domes). Tickets gibt's an der Campingplatz-Rezeption für 0,90 € pro Fahrt. An zwei Abenden ließen wir uns mit dem Taxi heimwärts chauffieren, der eine Fahrer war ein Schlitzohr, er fuhr Umwege und kassierte 11 €. Am nächsten Tag fuhren wir haargenau an derselben Stelle los und wurden für weniger als 7 € ans Ziel gebracht. Wenn Sie zu Fuß gehen, empfehlen wir, nach der Überquerung des Flusses links, entlang des Po, zu gehen und bei der nächsten Brücke, das ist die mit dem klassizistischen Tempel auf der anderen Seite, auf der Piazza Vittorio Veneto stadteinwärts. Sie schlendern dann auf der Via Po, einer der Hauptgeschäftsstraßen Turins, die am zentralen Platz der Stadt endet.

Bevor man sich die wesentlichen Sehenswürdigkeiten der Stadt vornimmt, muss man sich ein wenig mit deren **Geschichte** vertraut machen. Wir haben uns aber erlaubt, den historischen Exkurs zu vereinfachen und zu straffen:

In der französischen Alpenregion Savoyen lebte im Mittelalter eine gräfliche Familie, die ziemlich unbedeutend gewesen sein dürfte. Um Einfluss zu gewinnen, zogen einzelne Mitglieder auf die andere, die östliche Alpenseite in das Gebiet des heutigen Turin, wo lange Zeit instabile Machtverhältnisse herrschten und demnach ein gewisses Vakuum bestand, das die zugezogenen Savoyer ausfüllen konnten. Sie wurden aber nach einiger Zeit wieder vertrieben. Im Jahre 1563, Frankreich hatte im Krieg gegen Habsburg um das Herzogtum Mailand eine Niederlage erlitten und musste das Piemont räumen, erhielt der savoyische Herzog (den Herzogstitel haben die Savoyer Anfang des 15. Jahrhunderts vom Deutschen Kaiser gekauft) Emanuele Filiberto I. sein Herrschaftsgebiet zurück,

Torino - Palazzo Reale

und er verlegt die Residenz des Hauses Savoyen aus dem französischen Chambéry nach Turin. Das war bis dahin eine unbedeutende Kleinstadt, lediglich aufgewertet durch den Sitz eines Bischofs. In dessen Palast, er lag hinter dem Dom, zog der Herzog ein.

In den folgenden 70 Jahren wurde Turin stark ausgebaut und befestigt, das Herzogtum der Savoyer gewann an Macht, es wurde aber auch immer wieder zum Objekt französischer Begehrlichkeit und im Jahre 1630 von den Franzosen fast vollständig besetzt. Der damalige Herzog war allerdings mit der Schwester des französischen Königs verheiratet, mit Christina di Francia, die einige Jahre die Macht übernahm, gefolgt von ihrer Schwiegertochter, Giovanna Battista, ebenfalls einer Französin, so dass das Piemont damals als „das Vorzimmer des französischen Königs" belächelt worden ist. Erst 1684, als Vittorio Amedeo II. die Macht von seiner Mutter, jener Giovanna Battista, übernahm, wurde die Politik gegen Frankreich wieder eigenständiger, was nichts daran änderte, dass Turin im sogenannten spanischen Erbfolgekrieg, als Österreich und Frankreich um die Macht in Spanien kämpften, erneut buchstäblich zwischen die Fronten geriet und im Jahre 1706 monatelang von den Franzosen belagert wurde. Nachdem Vittorio Amedeo II. diese Herausforderung mit Hilfe des berühmten Feldherrn Prinz Eugen und österreichischer Hilfe gemeistert hatte, baute er, wir haben es oben schon erwähnt, die Kirche von Superga. Gleichzeitig konnte er seinen Herrschaftsbereich ausdehnen, und er bekam den Königstitel zuerkannt, indem ihm die Großmächte das vormals spanische Königreiche Sizilien zusprachen und danach noch die Insel Sardinien. Die Savoyer waren nun die Könige von Sizilien-Sardinien, bzw., nachdem sie Sizilien wieder verloren hatten, von Sardinien-Piemont.

Nach der französischen Revolution wurde der savoyische König von Revolutionstruppen vertrieben, und im Jahre 1800, nach der berühmten Schlacht von Marengo, als Napoleon die Habsburger vernichtend besiegte und das Piemont besetzt hielt, brach eine relativ liberale Zeit an, bis im Jahre 1814 Napoleon gestürzt und auf dem Wiener Kongress mit österreichischer Unterstützung der savoyische Feudalstaat wieder reaktiviert worden ist. Österreich war nun die Schutzmacht, jedoch entwickelte sich mit Hilfe der ebenfalls von den Österreichern geknechteten Mailänder allmählich eine italienische Einigungsbewegung. Im Jahre 1858 schloss der berühmte Graf di Cavour, Minister im piemontesischen Kabinett, mit Frankreich ein Angriffsbündnis gegen Österreich, das mit der erfolgreichen Doppelschlacht bei Solferino und S. Martino (am Gardasee) im Jahre 1859 mit einer österreichischen Niederlage Erfolg hatte. Der savoyische König, Vittorio Emanuele II. wurde danach im Jahre 1861 als König des neu geschaffenen Königreiches Italien ausgerufen, Turin war dessen Hauptstadt. Das Haus Savoyen stellte weiterhin die italienischen Könige bis zum Beginn der Republik im Jahre 1946.

Die Herrlichkeit in Turin dauerte aber nur 4 Jahre, weil der Regierungssitz im Jahre 1865 zunächst nach Florenz und im Jahre 1871 nach Rom verlagert worden ist. Turin hatte fast über Nacht den gesamten Staatsapparat verloren, den König, sein Gefolge, die Beamten, die ausländischen Gesandtschaften und alles, was die Größe der Stadt ausmachte. Ein brutaler Niedergang wäre die vermutliche Folge gewesen, hätte nicht Giovanni Agnelli im Jahr 1899 am Stadtrand von Turin die Autofabrikation begonnen und der Stadt eine neue, industrielle Bedeutung und damit wirtschaftliche Verhältnisse verschafft, die das barocke, im Auftrage der Savoyer am Reißbrett entworfene Stadtbild bis heute fast unbeschädigt bewahrt haben.

Turin - Brücke über den Po

Ein Rundgang durch Turin ist somit erst einmal ein Flanieren in einer ehemaligen Barockstadt, in der im Gegensatz zu allen anderen piemontesischen Städten auf das mittelalterliche Stadtbild nicht ein barockes aufgesetzt wurde, sondern das, weil es vorher die Stadt so gut wie gar nicht gab, von vornherein nach dem Vorbild von Paris und anderer absolutistischer Residenzen als städtebauliches Gesamtkunstwerk entworfen worden ist.

Fast alle Straßen münden rechtwinklig ineinander, bzw. auf eine Hauptachse, an deren Ende in Nachbarschaft des Domes der Palazzo Reale steht, der Königspalast. Hier befand sich einst der oben erwähnte Bischofspalast, unmittelbarer daneben steht demnach weiterhin der **Dom**. Zwischen diesen und den Palast ließen die Savoyer im 17. Jahrhundert, vornehmlich durch den Architekten Guarini, einen Kuppelbau setzen, die heutige **Cappella della Santa Sindone** (Kapelle des heiligen Tuchs). Schon in ihrer alten Heimat, in Chambéry, hatten sie ein Tuch in Besitz, das sie im Jahre 1578 auch nach Turin brachten, das **Grabtuch** Jesu, eine der berühmtesten christlichen Reliquien. Um ihrem absolutistischen Anspruch zu genügen (ein absolutistischer Herrscher glaubte sich nur von der Gnade Gottes, am allerwenigsten von seinem Volke abhängig) wurde diese Kapelle so konstruiert, dass man sie wie eine Privatkapelle vom Herzogspalast aus betreten konnte. Auch zum Dom, nun eher eine Vorhalle dieser Kapelle, gab es zwei Treppen. Und in die Mitte des neuen Bauwerkes ließen sie in einem dunklen Marmorbehältnis jenes Grabtuch aufbewahren, wo es fortan (in unsicheren Zeiten kam es vorübergehend auch einmal nach Cherasco) blieb bis zu jener unheilvollen Nacht des 11. April 1997, als die Kapelle infolge von Handwerksarbeiten nahezu ausbrannte und man die große Urne mit dem Stofftuch in einer dramatischen Aktion gerade noch retten konnte. Was von der berühmten Kuppel Guarinis, einem hochberühmten architektonischen Meisterwerk, noch übrig ist, können wir nicht beurteilen, die Kapelle ist seit dem Feuer geschlossen. Man restauriert, und bei unserem letzten Besuch schien es so, als würden die Gerüste von außen bald abgenommen. Ob der Innenraum nach dem historischen Vorbild wieder hergestellt wird, wissen wir ebenfalls nicht. Zumindest wird das noch längere Zeit dauern.

Das **Grabtuch**, mit dem Christus nach der Kreuzabnahme bedeckt worden sein soll, wurde am 18. April 1997 dem Publikum zuletzt gezeigt (nach 1931, 1933 und 1978). Dem staunenden und sich heftig bekreuzenden Touristen bleibt heute der Anblick der marmornen Kiste (im Dom hinten links, darauf ein Foto eines Teils des Tuches; eine vollständige Reproduktion der Stoffbahn wird im Dom vorne links gezeigt). Herkunft und Alter des Lakens sind äußerst umstritten. Die Wissenschaftler, denen allerdings Untersuchungen am Objekt selbst zumeist verwehrt werden, halten ein Alter von 2.000 Jahren für ausgeschlossen. Wenn Sie uns fragen, kann die Echtheit des Linnens nicht bezweifelt werden. Schauen Sie doch selbst in den blutig-schweißigen Abdruck des Antlitzes! Sieht der Gekreuzigte dort nicht genauso aus, wie wir ihn tausendfach von Bildern und Fresken kennen?

Das anrührende Stück Stoff, bzw. das Bild desselben, und die ergriffenen Gläubigen sind das einzig wirklich Lohnende am Dom, so lange die Kapelle nicht restauriert ist *(kostenlos; 7-12,30 und 15-19 Uhr).*

In der Nähe des Domes erkennt man noch die **Reste der römischen Stadt** Augusta Taurinorium, ein Theater und das gewaltige Stadttor, die **Porta Palatina**. Nicht alles, was man dort sieht, stammt jedoch von den Römern.

Auf der anderen Seite des Doms steht man nach wenigen Schritten vor dem **Palazzo Reale** (Foto siehe oben), der um 1720 vor allem von dem Architekten Juvarra geplant worden ist, von jenem, dem wir auch die Basilica di Superga verdanken. Man kann das Innere besichtigen, und man schreitet dabei durch prunkvolle Repräsentationsräume eines absolutistischen Herrschers, die wir im Rahmen dieses Buches nicht im Einzelnen darstellen wollen *(9-19 Uhr, montags geschlossen; 5,50 €).* Wenn man Spaß an antiken Waffen hat, kann man sich im Palast noch die namhafte **Waffensammlung** in der königlichen Rüstkammer zu Gemüte führen, bevor man wieder auf der **Piazza Castello** steht, dem Hauptplatz Turins, in dessen Zentrum noch ein mittelalterliches Castel steht, an

Torino - Palazzo Madama

dem übrigens Teile eines römischen Stadttores verbaut wurden. Vor diese Burg hat Juvarra eine prächtige Barockfassade gesetzt und dahinter eines der bedeutendsten Treppenhäuser der Barockarchitektur. Ein von Kunstkennern hoch geschätztes Zeugnis absolutistischer Monumentalarchitektur, dessen Auftraggeberin die erwähnte Französin Madama Christina war, bzw. deren Schwiegertochter Giovanna Battista, die Mutter von Vittorio Amedeo II., die von ihrem Sohn entmachtet und in eben diese Palast verbannt worden ist. Seit dem heißt dieser **Palazzo Madama**, und besonders sehenswert ist auch der Freskenzyklus eines Österreichers namens Seyter, der dort um 1690 Giovanna Battista dargestellt hat *(10-20 Uhr, montags geschlossen; der Palast ist frisch renoviert, das Treppenhaus kann man kostenlos besichtigen, die Wohnräume kosten 5 €).*

Eine Sehenswürdigkeit an der Piazza Castello übersieht man leicht, dabei sollten Sie der **Kirche San Lorenzo** *(werktags 7,30-12 und 16-19,30 Uhr, sonn- und feiertags 9-13 und 16-19,30 und 20,30-22 Uhr))* besondere Aufmerksamkeit schenken. Die Kuppel stammt nämlich ebenfalls von Guarini, angeblich nur ein Abklatsch des verbrannten Hauptwerkes der Grabtuch-Kapelle, gleichwohl ein überwältigendes architektonisches Verwirrspiel, das man unbedingt sehen muss, weshalb Sie die lange mittägliche Schließung in Ihre Planungen einbeziehen müssen.

Gehen Sie, das Königsschloss im Rücken, durch die breite Straße geradeaus, sie wird später unterbrochen von der halbrunden Jugendstil-Fassade des Bahnhofs und endet viele Kilometer weiter beim Jagdschloss Stupinigi (siehe unten), gelangen Sie auf der Hälfte des Weges zum Bahnhof auf die **Piazza San Carlo**, dem harmonischsten Platz Turins, mit einladenden Cafés hinter hohen Arkaden (darunter die Cafés *San Carlo* und *Torino*, in denen angeblich schon die Könige, Brigitte Bardot und andere Berühmtheiten dieser Welt gastierten).

Turin ist, wie Sie schon bemerkt haben, durchaus für einen Regentag geeignet, es regnet dort auch häufiger als Ihnen möglicherweise lieb ist (für die Recherchen dieses Buches mussten wir eine zusätzliche Reise nach Turin abzwacken, weil es einmal, an Ostern, derart langanhaltend regnete, dass die damals auggenommen Fotos zur Veröffentlichung nicht geeignet waren). Das wird Sie wahrscheinlich gar nicht mal so sehr stören, weil Sie in der Innenstadt unter einem fast geschlossenen System von **Arkaden** wandeln, dem Sie die umfassende barocke Stadtplanung vortrefflich ansehen. Einzelne Straßenzüge tragen allenfalls die Handschriften einzel-

ner Architekten, und wenn es so weiter geht, ist auch, was in den Schaufenstern hinter den Säulengängen feilgeboten wird, ähnlich uniform. Allerdings in unschöner Weise, weil *MacDonald*, *Benetton*, *Max Mara* oder wie die Filial-Betriebe alle

heißen, sich in Turin genauso präsentieren wie in anderen europäischen Großstädten. Daran gemessen ist in Turin bislang noch relativ viel von dem faszinierenden Flair einer Stadt verblieben, wegen der allein sich eine Reise in das Piemont lohnt.

Es gibt Leute, die fahren nur wegen der **Mole Antonelliana**, dem 167 m hohen Wahrzeichen, nach Turin. Das ist das spitze Gebäude, das Ihnen vielleicht schon auf der Rückseite der italienischen 2-Centmünze aufgefallen ist. Eigentlich wollte die jüdische Gemeinde den Architekten Antonelli nur mit dem Bau eines neuen Gebets- und Seminarhauses beauftragen, das wegen der geringen Grundstücksgröße schon ein wenig höher als gewöhnlich ausfallen sollte. Antonelli war bei Auftragsvergabe im Jahre 1860 als Spezialist für klassizistische Hoch- und Kuppelbauten ausgewiesen, deren Statik auf steinernen Pfeilergalerien beruhte. Der Meister begann im Jahre 1863, er war damals immerhin schon 65 Jahre alt, wohl auch auftragsgemäß. Irgendwann muss er aber die Interessen seiner Bauherrschaft hinter den eigenen Ambitionen vergessen haben, was nach etwa 4 Jahren Bauzeit auffiel, als man bemerkte, dass die Höhe des Gebäudes bei weitem nicht den Plänen entsprach, und dass die Größe der Kuppel alle Vorstellungen übertraf.

Inzwischen konnte die israelitische Gemeinde den Bau nicht mehr bezahlen, und vermutlich befürchtete sie auch dessen Einsturz. Sie verschenkte den unfertigen Rohbau an die Stadt und die ließ Antonelli nach einigen Jahren, um 1878, weiterbauen. Der war nun endgültig nicht mehr zu bremsen und erhöhte noch mehrfach, ehe er 1888 als 90-Jähriger starb, nachdem er gerade noch die Fertigstellung der Kuppel erleben durfte. Mit dem Aufzug können Sie heute durch den ungeheuren Hohlraum der Kuppelschale bis in ein zweigeschossiges Tempelchen darüber fahren, wo Sie einen umfassenden Blick über die Stadt genießen. Im Inneren des Gebäudes befindet sich heute das Film-Museum *(9-20 Uhr, samstags bis 23 Uhr, montags geschlossen, 7 €, der Aufzug alleine 5,50 €).*

Torino - Mole Antonelliana

Der Vollständigkeit halber weisen wir noch auf folgende Sehenswürdigkeiten hin: Die **Piazza Vittorio Veneto**, über die Sie ohnehin gehen werden und von welcher der Blick auf die gegenüberliegenden Hügel besonders schön ist; darunter den **Monte dei Cappuccini**, die kleine Erhöhung mit Kirche, von der man ihrerseits schön auf die Stadt herabblicken kann, vornehmlich auf den **Parco del Valentino**, wo sich das **Castello di Valentino** befindet. Madama Christina (siehe oben) hat sich hier ein Lustschloss gegönnt. Und im Jahre 1884, hat man daneben anlässlich einer Nationalausstellung ein mittelalterliches Dorf (Borgo Medioevale) nachgebaut, ein Freiluftmuseum des späten 19. Jahrhunderts, wo schon verwirklicht wurde, was erst unlängst anderswo üblich wurde: Man ließ schon damals in rekonstruierten Werkstätten real arbeiten *(9-19 Uhr, montags geschlossen, kostenlos).*

Und wo isst man nach dem Stadtbummel, bevor man sich auf den Stell- oder Campingplatz begibt? Nicht im häufig beschriebenen *Porto di Savona* an der Piazza Vittorio Veneto, wo man im Sommer abends zwar ausgesprochen stimmungsvoll vor den Arkaden eines schönen Platzes sitzt, wo uns aber die Qualität der Küche ziemlich enttäuscht hat. An historisch renommierterer Stätte tafeln Sie auf der Rückseite des **Palazzo Carignano**. Dessen Fassade stammt von Guarini, und das Gebäude wurde später als Parlamentsgebäude erweitert. Es kam aber nie zum Einsatz, weil noch während der Umbauarbeiten der Regierungssitz nach Florenz verlegt wurde.

Heute ist dort das **Museo del Risorgimento** untergebracht, quasi das historische Museum für die Zeit vom 18. Jahrhundert bis zum Zweiten Weltkrieg, in dem die Ereignisse der Geburt des Königreiches Italien um 1860 im Vordergrund stehen *(9-19 Uhr, montags geschlossen, 5 €)*. Im Nachbargebäude befindet sich übrigens das berühmte **Ägyptische Museum** *(Museo Egizio, 8,30-19,30 Uhr, montags geschlossen, 7 €)*, eines der umfangreichsten ägyptischen Museen der Welt, im grünen Michelin-Führer mit 3 Sternen dekoriert, deren Berechtigung wir aber selbst noch nicht überprüft haben.

Wir waren dabei, Ihnen ein Restaurant zu empfehlen, die ***Pizzeria Fila***, deren Tische gegenüber der Rückseite des Palazzo Carignano stehen. Ihnen werden in einem schönem Außenhof zwischen den Backsteinfassaden der historischen Gebäude zu akzeptablen Preisen herkömmliche Gerichte, aber auch ein reiches Angebot an Pizza aufgetischt wird *(montags geschlossen, Reservierung nicht erforderlich)*. Das eindrucksvollste **Café** Turins ist das **Baratti & Milano**, gegründet 1875, wo wir ein Heißgetränk zu uns nehmen, eine Mischung aus Kaffee, Kakao, Sahne und Zucker, kalorisch wie eine vollwertige Mahlzeit - und preislich beinahe ebenso.

Nach zwei, drei Tagen verlässt man Turin mit dem unumstößlichen Vorsatz, alsbald hierher zurückzukehren. Dabei verlässt man die Stadt in südwestlicher Richtung, weil man

Jagdschloss Stupinigi

Stupinigi, das sogenannte Jagdschloss der Savoyer, zur Abrundung der feudalen Architektur nicht auslässt. Vittorio Amedeo II. benötigte, nachdem er König geworden war, wie seine Berufskollegen in anderen Ländern, ein monumentales Lustschloss, das ihm Juvarra ab 1729 darbrachte (die Vokabel ‚bauen' ist für diese Architektur einfach zu platt). Es war durch eine kerzengerade, 10 km langen Allee mit dem südlichen Stadttor Turins und der auf das Königsschloss im Stadtinneren zuführenden Achse verbunden und sollte von außen imposanter aussehen als es innen tatsächlich war. Die Umsetzung dieses Auftrages ist Juvarra vortrefflich gelungen. Man steht vor einem Monumentalbau und ist beim Rundgang durch die mit Barock- und Rokoko-Möbeln ausgestatteten Räume erstaunt, wie klein diese im Verhältnis zum zentralen Festsaal scheinen. Schautafeln erklären die Ausstattung recht gut, weshalb wir uns hier kurz fassen können, nicht ohne darauf hinzuweisen, dass das Schloss nur ein oder zweimal im Jahr für adelige Landjagdpartien benutzt wurde, ansonsten aber leer stand. Allerdings hat Napoleon hier gewohnt, bevor er sich im Jahre 1805 in Mailand zum König von Italien krönen ließ *(10-18 Uhr, montags geschlossen, 6,20 €, Familienermäßigung).*

Wer hofft, in der Nähe eines Jagdschlosses finde man einen verschwiegenen Stellplatz, wird bitter enttäuscht. Vor dem Schloss gibt es zwar bei den sehenswerten Gebäuden ehemaliger landwirtschaftlicher Betriebe viel Parkraum (und Wasser), aber der tosende Verkehr wird kreisförmig um das Schloss geleitet.

Für die Fahrt zum Jagdschloss empfehlen wir Ihnen den südlichen Autobahnring (zuerst Richtung *‚Aosta'*, dann Abfahrt *,Stupinigi'*). Von dort fahren Sie querbeet nach Westen, sonst müssen Sie doch noch die Fußballstadt zwischen plattenbauartigen Schlafstädten kennen lernen.

Südwestlich von **Avigliana** stoßen Sie auf die **Laghi di Avigliana**, einen idyllisch gelegen kleinen und wegen seiner Nähe zur Großstadt an Wochenenden von erholungssuchenden Werktätigen gut frequentierten Naturpark, mit zwei Seen. Diese sind das Resultat der Muränenbildung eines Alpengletschers, der sintemal bis hierhin seine Ausläufer vorgetrieben hatte. Beide Seen haben einen Durchmesser von etwa 800 m, wobei der *Lago Grande* naturgemäß etwas größer ist als der *Lago Piccolo*. Die Ufer sind gut zugänglich, allerdings über einige Strecken verschilft. Empfehlenswert ist am *Großen See* ein kleiner familiär geführter Campingplatz. Es gibt morgens frische Brötchen und abends für den Notfall eine anständige Pizza.

Campingplatz-Tipp: Avigliana *(Avigliana Lacs)*

Ortszentrum: 1,5 km;

Zeiten: ganzjährig;

Ausstattung: kleiner Laden, Restaurant;

Zufahrt: von Avigliana kommend den *Corso Laghi* entlang fahren, am Ende des *Lago Grande* nach rechts abbiegen.

Die Verfechter der WOMO-Unabhängigkeit finden auch einen netten Stellplatz:

WOMO-Stellplatz: *Lago Piccolo*

Position: N 45°03.086' E 07°23.812'; **WOMO-Zahl**: < 5;
Ausstattung: Liegewiese, Strand, Mülleimer;
Zufahrt: von Avigliana Richtung Pinerolo fahren, am Südende des kleines Sees rechts der Strasse.

Wer es lieber offiziell mag, entscheidet sich für den riesenhaften, aber eher unschönen Stellplatz in Avigliana:

WOMO-Stellplatz: *Avigliana*

Position: N 45°04.388' E 07°23.420'; **WOMO-Zahl**: > 25;
Ausstattung: Wasser, Entsorgungsstation, Mülleimer, Beleuchtung, einige Bäume;
Zufahrt: von Avigliana Richtung *,Laghi'* fahren, am Santuario rechts Richtung *,Campo Sportivo'* abbiegen, den Ausschilderungen folgen.

Avigliana (10.000 Einwohner) wurde von den römischen Militärs gegründet und war später die letzte Bastion der Savoyer, bevor diese sich in der Ebene breit machten und das Bergstädtchen vergaßen, das fortan nahezu bedeutungslos wurde und deshalb eine relativ gut erhaltene mittelalterliche und gotische Altstadt bewahren konnte.

Sacra di San Michele

Das eigentliche Interesse aber gilt einem der berühmtesten Bauwerke des Piemont, der **Sacra di San Michele**, historisches und architektonisches Gegenstück zum Mont St. Michel an der Küste der Normandie. Kurz vor der ersten Jahrtausendwende wurde - wie wir es 1000 Jahre später selbst wiedererlebt haben - allenthalben der Weltuntergang vorausgesagt. So begab sich der Bischof von Ravenna in's Gebirge, um der Rettung vor dem Drohenden räumlich näher zu kommen. Nachdem die Schicksalsnacht friedlich vorbeigegangen war, zog sich der Bischof zurück in seine vertraute Umgebung an der Adria, stiftete aber aus tiefer Dankbarkeit eine Kapelle auf einer Felskuppe, die exponiert über dem Tal der Susa liegt. Er hat sie übrigens nur gestiftet, nie gesehen. Diese Kapelle wurde vom Orden der Benediktiner bewirtschaftet und erweitert. Später kamen die Staufer und bauten das Kloster zu einer kleinen Gipfelstadt aus, dann kamen im 14. Jahrhundert die Savoyer und schröpften den Besitz, dann kamen andere und wieder andere, bauten und befestigten, und schließlich wurde anfangs des 19. Jahrhunderts aus der Festung wieder ein Kloster des Rosminianerordens *(werktags 9.30-12.30 und 15-18 Uhr, sonn- und feiertags 9.30-12 und 14.40-18 Uhr; 4 €).*

Der schönste Weg hinauf beginnt zwischen den beiden Seen und führt nach Nordwesten über die *Via Sacra di S. Michele*. In schattigen Serpentinen windet man sich dem Bauwerk entgegen und erreicht einen Parkplatz, dessen Kleinheit überhaupt nichts über die historische Bedeutsamkeit des Ortes aussagt, sondern nur seine erfreuliche Unentdecktheit beschreibt. Von hier aus muss der Freizeit-Pilger noch 1.300 m steil bergauf und zu Fuß zurücklegen. Als erstes tauchen dabei die Relikte der ehemaligen Friedhofskapelle auf. Deren untergegangener Grundriss ist markiert, einige Mauern sind unbeugsam übrig geblieben.

Weiter oben steht in unglaublichem Stolz die Abtei. Für ihre Gründung hat man zunächst eine mächtige Subkonstruktion über 40 m Höhe errichten müssen, die man innerlich nach dem Durchschreiten des Eingangstores, der Porta Ferrata, erklimmen muss. Eine gewaltige Stiegenrampe, zum Teil aus dem massiven Gestein herausgearbeitet, führt uns unter vier aufsteigenden Bögen hinauf an's Licht. Vor dem Eintreten in die riesige dreischiffige Kirchenhalle wird ein Portal mit kunstvollsten Steinmetzarbeiten durchquert. Dann herrscht erst einmal - und zwar auch unter italienischen Touristen - ungläubiges Schweigen angesichts des beeindruckenden Raumes, der romanische Strenge mit einer Ahnung von gotischer Schwerelosigkeit verbindet.

Vor einigen Jahren hat man anlässlich eines Pabst-Besuchs mit gewaltigem technischen Aufwand und wenig Sinn für das Nebeneinander von historischer Substanz und moderner Technik einen Aufzug in das Bauwerk hineingebastelt, dessen perfekte Ausgewogenheit dadurch etwas gestört worden ist.

Seitwärts führt durch das unscheinbare Mönchsportal ein Ausgang auf eine Terrasse, von der aus der Blick in weitem Bogen schweifen kann.

Jetzt wird sonnenklar, dass der Bischof von Ravenna eine gute Wahl getroffen hatte: Wenn denn die Sintflut kommt, dann möchte man **hier** sein.

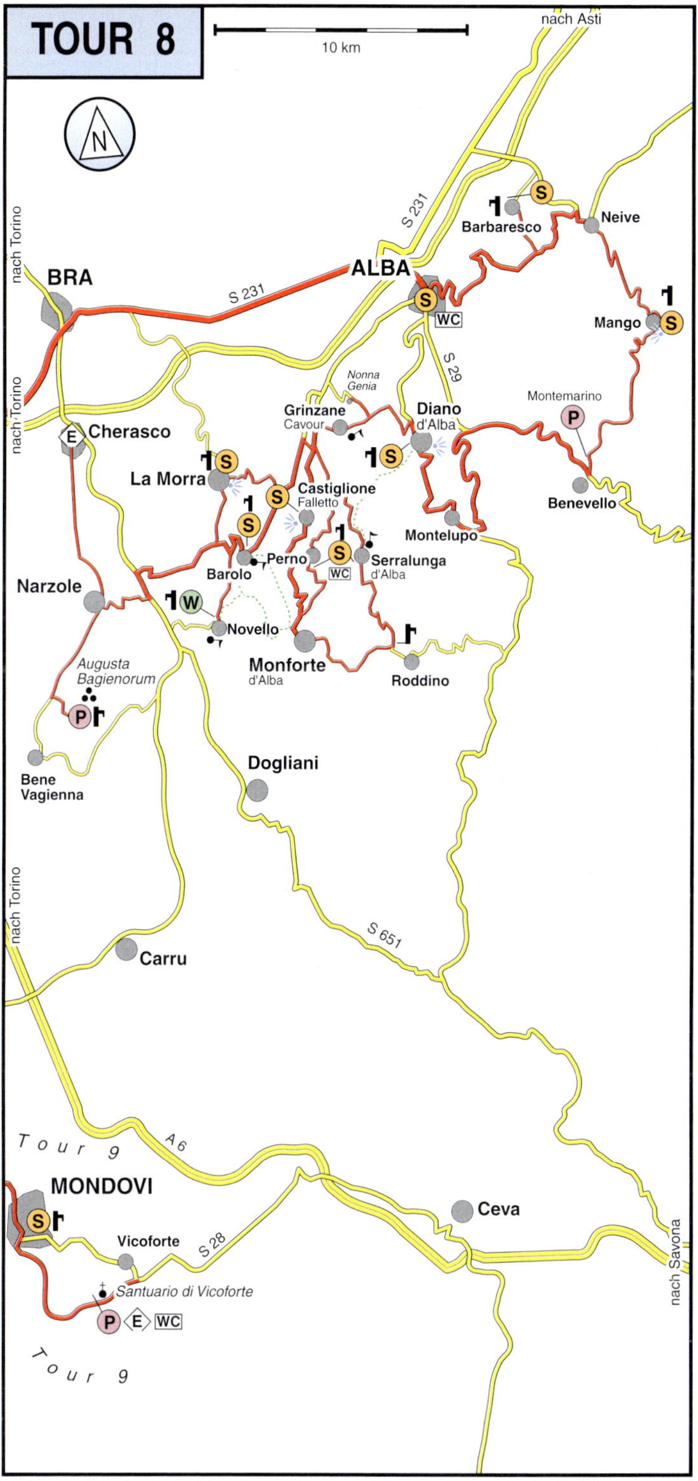

TOUR 8
10 km
nach Asti
nach Torino
BRA
S 231
ALBA
S 231
Barbaresco
Neive
WC
Mango
S 29
Nonna Genia
Grinzane Cavour
Diano d'Alba
Montemarino
Cherasco
La Morra
Castiglione Falletto
Benevello
Montelupo
Perno
Serralunga d'Alba
Barolo
Narzole
Novello
Monforte d'Alba
Roddino
Augusta Bagienorum
Bene Vagienna
Dogliani
S 651
Carru
Tour 9
A6
MONDOVI
Ceva
Vicoforte
S 28
Santuario di Vicoforte
nach Savona

Tour 8: Die Langhe mit Führung

Alba - Barbaresco - Mango - Diano d'Alba
Serralunga d'Alba - Barolo - La Morra

Stellplätze:	in Alba, in Barbaresco, in Mango, in Diano d'Alba, in Serralunga d'Alba, in Perno, in Casigliane Falletto, in Barolo, in Novello, in La Morra, beim Ausgrabungsgelände Augusta Bagienorum
Besichtigen:	Altstadt von Alba, Barbaresco, Neive, Schloss von Grinzane Cavour, Serralunga d'Alba, Barolo, Novello, La Morra
Wandern:	von Novello über Barolo nach Monforte
Essen:	Trattoria *Nonna Genia* bei Crinzane Cavour, im Ristorante *La Cantina* in Barolo, im *Belvedere* in La Morra
Karte:	Seite 109

Der gewöhnliche Piemont-Besucher fühlt sich bei seiner ersten Reise nur dann am Ziel, wenn er in **Alba** (30.000 Einwohner) eingeparkt hat. Vermutlich ist es dann auf dem riesigen Platz vor der Stadt gar nicht so einfach, eine Lücke zu finden, und ebenso wahrscheinlich weht ihm in den Altstadtgassen der unverwechselbare, mitunter sogar penetrante Duft frischer Trüffeln um die Nase. Deshalb ist der Reisende hier, im Oktober, wie alle anderen, die nur im Oktober nach Alba reisen, allenfalls noch Anfang November, und deren Piemont kurz hinter Barolo schon wieder endet.

Die Landschaft um Alba, es ist die **Langhe**, ist für die meisten der Inbegriff des Piemont, zumindest wenn es sich um Feinschmecker und Weinliebhaber handelt, um Verschwender also, die unter den Reisenden mit Aldi-Dosen eine Minderheit bilden, die schon lange ohne WOMO-Führer zurecht kommen und unseren Ehrgeiz, das Piemont einer etwas breiteren Masse fahrender Individualisten nahe zu bringen, als einen Übergriff, viel schlimmer noch, als ein Sakrileg, betrachten. Je nach dem, ob Sie zu den Insidern oder zu den Eindringlingen gehören und noch mehr abhängig vom Zeitpunkt Ihrer Visite, werden Sie Alba und die Langhe erleben. Verschlafen oder touristisch, wie unbeleckt oder im Strom zwischen Önotheken und Trattorien.

Man würde dem „Piemont", also der Langhe, wirklich unrecht tun, sähe man ihre Attraktivität auf Weine und essbare Köstlichkeiten begrenzt. Es ist vor allem die Landschaft, die uns immer wieder hierher zieht, um Ostern und im Frühsommer fast noch lieber als im Herbst, die ins Unendliche reichende Hügellandschaft mit ihren kleinen Dörfern und Burgen. Das Landschaftserlebnis ist der wahre Grund für die Reise ins „Piemont“, und wir kennen kein vergleichbares Ziel im nördlichen Südeuropa, wo es eine ähnliche Anhäufung freier Stellplätze mit solch schönen Weitblicken gibt.

Der Stadtplatz von Alba zählt noch nicht zu dieser Elite. Wir mussten ihn wegen der nahe liegenden besseren Alternativen auch noch nie selbst ausprobieren. Aber vielleicht haben Sie sich so sehr in die historischen Sehenswürdigkeiten der Stadt vertieft, dass Sie dort zwei Tage am Stück zu Gange sind. Die WOMO-Reihe empfiehlt Ihnen wahrlich schlechtere Plätze:

WOMO-Stellplatz: Alba

Position: N 44°42.118' E 8°01.867; **WOMO-Zahl**: >5;
Ausstattung: Mülleimer, Gaststätten, Geschäfte;
Zufahrt: bei der Touristeninformation an der Piazza Medford, am nordwestlichen Rand der Altstadt, seitlich der Zufahrt zur (4-spurigen) Umgehungsstraße, der Straße nach Asti, kommen Sie an einem riesengroßen Freigelände vorbei, wo sich auch das Kongress-Zentrum befindet. Wenn Sie von der genannten Schnellstraße und von Norden kommen, finden Sie rechts der letzten Kreuzung vor dem Beginn der Altstadt unter Bäumen einige schöne Parkbuchten. Ruhiger aber weniger lauschig stehen Sie auf dem Großparkplatz in der Nähe.
Weitere Stellplätze finden Sie ebenfalls nordwestlich der Altstadt beim Großmarkt, wenn Sie dem Wegweiser *‚Mercato Ortofrutticolo'* hinterher fahren. Es gibt außerdem noch einen indiskutablen offiziellen Stellplatz nördlich des Flusses Tanaro.

In der Nähe unseres Stellplatzes werden Sie auch parken, wenn Sie **Alba** nur am Tage erleben möchten. Sie tauchen dann schnell in die ruhige, nur wenig geschäftige Atmosphäre der historischen Straßenzüge, Sie schlendern unweigerlich zum zentralen Domplatz, vorbei an den Stadtpalästen mit sehenswerten alten Fenstergalerien und Terrakotta-Friesen, aber auch vorbei an ehemaligen Lagerhäusern vornehmer Kaufleute. Der **Dom** steht dort, wo in römischer Zeit das Forum war, er geht auf

in Alba

das 12. Jahrhundert zurück, die neuesten Teile sind allerdings fast 700 Jahre jünger. Und wenigstens drei der 800 Jahre alten **Geschlechtertürme** haben die bewegte Geschichte Albas überdauert, das einst eine selbständige Stadtrepublik war, bis es im Jahre 1259 der Republik Asti unterlag. Wirklich große Sehenswürdigkeiten werden Sie vermissen, Alba lebt vielmehr von seinem Stadtbild als Ganzem und den Fassaden einzelner Häuser.

Die Schaufenster der Feinkostgeschäfte und die der Enotecen bremsen dann doch sehr bald Ihren Besichtigungsdrang, Sie werden aber wohlwollend zur Kenntnis nehmen, dass Alba keineswegs, zumindest nicht während 11 Monaten im Jahr, touristisch geprägt ist.

Samstags ist Markt, und viele Reiseführer empfehlen Ihnen gerade dann den Besuch der Stadt. Wir finden allerdings Alba an den marktfreien Tagen sehenswerter, wenn nur ein kleiner Tick von Geschäftigkeit in den Gassen zu spüren ist. Der berühmte **Trüffelmarkt** übrigens, der im Oktober in einer Passage der Via Vitt. Emanuele II (die zweigt vom Domplatz ab) abgehalten wird, gilt als nicht so sehenswert, weil die Trüffeln nicht ausgestellt sind, sondern, um nicht auszutrocknen und damit an Gewicht und Wert zu verlieren, unter feuchten Tüchern aufbewahrt werden. Außerdem sind Trüffelgeschäfte überwiegend Schwarzgeschäfte. Selbst mit weißen Trüffeln, die äußerlich eher hellbraun scheinen. Zu den Trüffeln (die *Trüffel* ist weiblich, ihre Mehrzahl sind *Trüffeln* und man dekliniert sie wie *Tafel*) äußern wir uns in diesem Buch hinten bei den *Tipps* näher, obgleich wir meinen, dass es genügt hätte, wenn sich ein Buch der WOMO-Reihe *(Toskana/ Umbrien, der Osten)* mit der immer teurer werdenden Kultknolle beschäftigt. Nach unseren insoweit allerdings nicht in Alba gewonnenen Erfahrungen leidet der Trüffelgenuss von Jahr zu Jahr mehr darunter, dass die Pilze von einem künstlichen, mitunter penetranten Beigeschmack beeinträchtigt werden, vermutlich einem Antischimmel-Mittel, das man beigibt, um sie länger feucht und damit schwer zu halten.

Die Trüffeln begegnen Ihnen nur ein paar Wochen im Jahr, im Gegensatz zu zwei anderen Naturprodukten der Gegend, dem Wein (dazu gleich mehr) und den Haselnüssen. Man hat fast den Eindruck, dass die Hügel der Langhe mehr mit Haselnussplantagen als mit Weinkulturen bepflanzt sind (weil in früheren Zeiten viele Winzer den mühevollen Weinbau zugunsten der bequemen Nusszucht aufgegeben haben). In Alba ist die Firma *Ferrero* zu Hause und produziert dort ihre berühmten Haselnusspralinen. Und beim Stadtrundgang werden Sie kaum den Verlockungen des süßen *Torrone* widerstehen, einer Masse aus Honig, Zucker, Eiweiß und erlesenen Haselnüssen. Es gibt weichen und harten *Torrone*, der, wenn gut gemacht, weniger an den Zähnen klebt als befürchtet.

Der Verlauf der nun folgenden **Rundreise** ergab sich nicht aus natürlichen Gegebenheiten, er wurde uns auch nicht von anderen Literaten aufgedrängt, sondern von Freunden, wir nennen sie hier Dagmar und Walter, mit denen wir uns ein Jahr zuvor in der Provence getroffen hatten und die sich nun mit Tipps über eine Gegend, der sie weit mehr verfallen sind als wir der Provence, revanchieren wollten.

in Barbaresco

In **Barbaresco**, am Ende einer aussichtsreichen Straße, erwarten wir eine dem berühmten Namen ebenbürtige touristische Infrastruktur, wir treffen aber auf ein wunderschön gelegenes, kleines und bis auf zwei Restaurants vom Fremdenverkehr fast unberührtes Dorf. Dabei kommt von hier der berühmte Rotwein, dessen Spitzenpreise noch über denen des *Barolo* liegen. Vor allem das Weingut *Gaja* hat den Ort und das ihn umgebende gleichnamige Weinanbaugebiet berühmt gemacht. Falls Sie auf eine Besichtigung von *Gajas* Keller spekulieren, müssen wir Sie enttäuschen. Nur professionelle Käufer und Autoren werden nach Voranmeldung eingelassen Obwohl wir zu den Ausgesuchten gehören, genügt es uns, das berühmte Weingut von außen zu betrachten. Man darf dort auch nicht kaufen. Ein paar Meter weiter, in der Nähe des Sarazenenturms, an dessen Fuß man eine phantastische Aussicht nach Alba hat, gibt sich das Weingut der *Fratelli (Gebrüder) Minuto* mit einem Parkplatzschild kundenfreundlicher und macht beinahe seinen Namen zum Programm (siehe nebenstehendes Foto). Wer aber zum richtigen Zeitpunkt mit dem falschen Fahrzeug - oder umgekehrt - anreist, wird durs-

tig umkehren müssen.

Einfacher sind die Regeln des schönen Stellplatzes, dem lediglich die Fernsicht fehlt:

WOMO-Stellplatz: Barbaresco

Position: N 44°43.710' E 08°04.953';
WOMO-Zahl: >5;
Ausstattung: Wasser (an der Parkplatzzufahrt seitlich einer zur Enoteca umfunktionierten Kirche), Gaststätten, Geschäft;
Zufahrt: am Ortseingang von Barbaresco Richtung *'Cimitero'* bergab bis auf eine große asphaltierte Fläche; seitlich kann man sich auch auf grasigen Naturboden hinter Büsche stellen.

Von Barbaresco ist es nur ein Katzensprung nach **Neive**, dessen alter Ortsteil hoch auf einem Hügel - völlig zurecht - als eines der schönsten Dörfer der Langhe gilt (berühmtes Restaurant *La Contea*, wenige Parkplätze). Dagmar und Walter haben keinen Blick mehr für die bestens restaurierten alten Häuser. Magisch zieht es sie hinunter in den eine Etage tiefer angesiedelten neueren Ortsteil. Sie haben uns eine der größten Attraktionen des „Piemont" versprochen. Und die Umsetzung dieser Ankündigung nimmt ihren Lauf, als sie seitlich der Straße vor einem ordinären Hoftor anhalten. Vergeblich suche ich ein Namensschild, während Walter läutet und bedeutungsvoll erklärt, er werde uns nun **Romano Levi** vorstellen. Nett von ihm, aber wer ist Romano Levi? Und weshalb trägt Walter eine ausgebeulte Plastiktüte unterm Arm?

„Das wisst Ihr nicht?" Dagmar kann es kaum glauben.

Ins „Piemont" fahren und Romano Levi nicht kennen ist, so wird uns nun bedeutet, wie nach Rom zu reisen und zu fragen, wer Johannes Paul sei. Die Parabel sei zudem besonders passend, weil es sich bei Romano Levi um den Papst handele, den Papst der Grappa-Brenner. Genau genommen um Gottvater der Grappisten! Welcher Kleingeist sucht schon an der Himmelspforte nach dem Namensschild?

Dort öffnet nun ein junger Herr, und Walter bittet um eine Audienz (ein paar Brocken italienisch genügen), einen Probeschluck und die Gnade einer Flasche. Zwei würde er auch nehmen. Er würde sich glücklich schätzen, sülzt Walter, wenn er kaufen dürfe, und beflissen führt uns der Adlatus zu einem großen Fass, aus dem er mit einem speziellen Schöpfgerät Probiergläschen füllt, die er uns gönnerhaft reicht. In jubilierenden Tönen loben wir den Herrn, um dann in ein Kabuff geleitet zu werden, wo wir jenen bei der Arbeit antreffen. Er malt gerade seine berühmten Flaschen-Etiketten und scheint wenig geneigt, unsere Anwesenheit überhaupt zur Kenntnis zu nehmen.

Das ändert sich, als Walter den Inhalt seines Plastikbeutels auf den Tisch stellt: 3 Flaschen Rothaus-Bier aus dem Schwarzwald. Das Gastgeschenk verfehlt seine Wirkung nicht, womöglich hätten wir sogar das große Fass leer trinken dürfen. Wir kaufen eine Flasche, Dagmar und Werner deren zwei, und wir werden verabschiedet wie Freunde.

In Deutschland können Sie die Grappe von Romano Levi mit ca. 100 Euro pro Flasche erstehen, vor Ort zu einem Viertel davon. Ein schönes Etiketten-Unikat wurde dem Autor dieser Zeilen anlässlich eines runden Geburtstages, selbstverständlich auf einer gefüllten Flasche, überreicht (es war eine echte Überraschung, denn dem Beschenkten war an Ort und Stelle der konspirative Handel nicht aufgefallen; aber wenn der Autor dieser Zeilen ehrlich ist, räumt er ein, dass ihm der Grappa von Romano Levi zu hart ist, und dass er in ihm stets einen Beigeschmack erkostet, von dem bis heute nicht zu erschmecken war, ob er in die Richtung von Benzin, Azeton oder doch eher Terpentin tendiert).

Lassen sich die Urlaubserlebnisse überhaupt noch steigern? Stellplatzmäßig durchaus, und das schon im 6 km entfernten **Mango**, einem Dorf in sehr schöner Lage mit einer Burg im Zentrum und einem Stellplatz für die Balkonfreunde unter uns, mit perfekter Fernsicht vom Wohnmobil, hinter niedriger Balustrade und ohne Geranien:

WOMO-Stellplatz: Mango

Position: N 44°41.128' E 08°09.235'; **WOMO-Zahl**: höchstens 5;
Ausstattung: Wasser, Mülleimer, Gaststätten, Geschäfte;
Zufahrt: der Stellplatz liegt gegenüber dem Friedhof; in Mango Wegweiser *‚Cimitero'* oder *‚Impianti Sportivi'*.
In Frage kommt **auch** die Fläche vor dem Sportplatz, eine Etage tiefer.

Unsere Übernachtungsstunde hat noch lange nicht geschlagen, Dagmar und Walter treiben uns weiter. Nach dem berühmtesten Weingut und dem berühmtesten Grappa-

am Stellplatz von Mango

Erzeuger sei nun die Landschaft an der Reihe. Bei den gegebenen Lichtverhältnissen und der Tageszeit käme man nicht umhin, über die Hügel zu fahren. Recht haben sie, denn besonders schön ist das Spiel der Sonne mit mehr oder weniger Dunst, wenn die Kuppen im Gegenlicht liegen und die Sonne noch nicht allzu lange aufgegangen ist oder in wenigen Stunden untergeht. Ständig halten wir zum Fotografieren an, fast genauso häufig kommen wir an Stellplätzen vorbei, und es scheint uns, als würde unser Reiseführer nur einen Bruchteil aller möglichen erwähnen. Ein schönes Exemplar an einem der reizvollsten Streckenabschnitte ist der

WOMO-Picknickplatz: Montemarino

Position: N 44°38.362' E 08°06.742'; **WOMO-Zahl**: >5; **Ausstattung**: Bänke und Tische Mülleimer, Spielplatz, leicht einsam, schöne Sicht; **Zufahrt**: am schmalen Sträßchen zwischen Mango und Benevello, kurz vor Erreichen der SS 29 seitlich der Straße nicht zu übersehen.

D. und W., unsere Fremdenführer, kennen auch die passenden Orte für den Ausklang des Tages. Einen der schönsten Aussichtspunkte der Langhe (nebst Stellplatz) und eines der urigsten Restaurants. In **Diano d'Alba** zirkeln Sie Ihren VW-Bus an den Fuß des Kirchturms und gestatten uns etwas Ruhe, die wir dringend brauchen, allein schon um uns auf der Aussichtsplattform dieses wunderbar gelegenen Dorfes umzusehen. Dort liegen uns nicht nur die Wein- und Haselnussfelder zu Füßen, sondern auch ein Übernachtungsplatz, als hätten wir ihn uns gemalt. Obwohl wir uns bemüht haben, ein ganz schlechtes Foto aufzunehmen, wird es auch einem unerfahrenen Leser nicht entgehen, dass hier von einem Stellplatz der reizvolleren Sorte die Rede ist. Der Leser wird demnach sein Wohnmobil dort parken, wo schon mehrere andere stehen. Den Einwohnern wird es, wenn sie mal wieder über den Vorplatz der Kirche zum Aussichtspunkt lustwandeln, nicht gefallen, sich durch Wagenburgen zu schlängeln. Sie werden mit dem Bürgermeister sprechen und der mit dem Schilderaufsteller oder dem Tor-Schmied - oder mit beiden. Wir verhängen daher ein striktes WOMO-Verbot nach dem 3. Fahrzeug! Jeder von uns ertappte Übeltäter wird mit zweijährigem Bezugsverbot der WOMO-Führer bestraft. Vielleicht schreckt es Sie mehr ab, wenn wir vor der Kirchenuhr warnen. Sie schlägt die ganze Nacht, unerbittlich und laut:

WOMO-Picknickplatz: Diano d'Alba

Position: N 44°39.057' E 08°01.683'; **WOMO-Zahl**: 3;
Ausstattung: Bänke und Tische, Toilette (am Fußweg ins Dorf), Wasser (an der Rampe), Mülleimer, Gaststätten, Wanderwege, nachts hell erleuchtet, lauter Glockenschlag (das Verschließen der Dachöffnungen wirkt Wunder), Superaussicht;
Zufahrt: zum Parkplatz an der neben dem höchsten Punkt des Ortes gebauten **Kirche** gelangen Sie, wenn Sie von der Ortsdurchgangsstraße in der Nähe einer hohen Mauer (die stützt nämlich teilweise unseren Stellplatz) beim Wegweiser *,Municipio'* abbiegen und diesem folgen; nach etwa 120 m nehmen Sie die nach halbrechts steil zur Kirche hochführende Rampe, um danach am Ziel zu sein; am besten stehen Sie seitlich hinter der Kirche. **Alternativ** können Sie auch unten an der Durchgangsstraße vor der hohen Mauer stehen oder, wenn Sie nicht die Rampe hochfahren, seitlich der Kirche.

Diano d'Alba hat außer dieser wirklich schönen Aussicht nichts zu bieten, aber man kann gut **wandern**, zum Beispiel nach Serralunga (runter ins Tal bei Marengo, jenseits wieder hoch bis in die Nähe von Baudana und entlang der Straße nach Serralunga).

Zum Abendessen müssen wir ein kleines Stück fahren, Dagmar und Walter haben uns bei ***Nonna Genia*** angemeldet, einer **Trattoria**, im Weiler Borzone, der zum Dorf Grinzane Cavour gehört, aber näher bei Diano d'Alba liegt *(wenn Sie von Grinzane Cavour nach Diano d'Alba fahren, müssen Sie beim Wegweiser ‚Borzone' nach Norden – links – abbiegen und dann noch etwa 1 bis 2 km weiterfahren, bis Sie an dem unscheinbaren Restaurant, das man leicht übersieht, vorbeikommen; Parkplätze, die sich für Wohnmobile eignen, gibt es nicht, Sie müssen das WOMO an die Straße quetschen, was wegen des geringen Verkehrs kein Problem ist; Tel. 0173 262410; mittwochs geschlossen, während der Woche nur abends geöffnet).* Das rustikale Gasthaus mit schöner Sicht auf das Schloss von Grinzane zählt zu den besten Restaurants dieses Buchs, auf jeden Fall ist es eines der schönsten in der Langa. Es gefällt uns dort vor allem deshalb so gut, weil uns nicht der geringste Hauch von Steifheit einschränkt, wenn wir uns an fünf Antipasti mit sieben verschiedenen Speisen und jeweils einem von zwei zur Auswahl stehenden Primi und Secondi, selbstverständlich auch an einem Dolce laben, den erschwinglichen Barolo nicht zu vergessen. Das Menü kostet 25,— €, und die Portionen sind so riesig, dass Sie sich schon bei den ersten Tellern unbedingt mäßigen müssen (auf Nachfrage gibt es auch Alternativen zum Menü).

Bei *Nonna Genia* (*Oma Genia* – der Name soll auf die Hausmacher-Küche hinweisen) haben Sie den viereckigen Klotz des **Schlosses** von **Grinzane Cavour** im Blick *(täglich*

Blick von Nonna Genia zum Schloss von Crinzane Cavour

außer Dienstag 9-12 und 14,30-18,30 Uhr, nur geführte Besichtigungen; 3,50 €); ein durchaus sehenswertes Kastell aus dem 12. Jahrhundert, das aber in späterer Zeit erweitert worden ist. So stammen beispielsweise die Türmchen erst aus dem 16. Jahrhundert. Bekannt ist der sogenannte Maskensaal im ersten Stock dank seiner Kassettendecke, die so heißt

wegen der dort dargestellten weiblichen Portraits, was wir hier nicht kommentieren. Noch berühmter ist die umfassende **Enoteca** im Gewölbe des Erdgeschosses. Weitaus am prominentesten aber ist der Name ***Cavour***, der Ihnen bei jeder Italien-Reise zigfach begegnet. So heißt nämlich in jeder größeren Stadt eine der Hauptstraßen, und auch Grinzane nennt sich *Cavour*, weil im Schloss der berühmteste *Cavour* (mit Vornamen *Camillo Benso*) wohnte, der von 1832 bis 1849 Bürgermeister des kleinen Ortes war. Danach stieg er allerdings in Turin zum Ministerpräsidenten des Königreiches Piemont auf und hat in dieser Funktion maßgeblich an der Einigung Italiens und der Gründung des neuen Staates mitgewirkt.

Wenn Sie zu Fuß zum Schloss emporsteigen, sehen Sie rechts, mit dem Auto noch erreichbar, zwei kleinere Parkplätze, von denen aus man eine wunderbare Sicht haben könnte, wenn sie weiterhin zugänglich und unbeparkt sind.

Während die Burg von Grinzane Cavour eine Doppelfunktion hatte, sie diente nämlich eigentlich dem Schutz von Alba, aber ihre Herren konnten darin auch wohnen, wurde das **Castello** von **Serralunga d'Alba** ausschließlich mit militärischer Zweckrichtung erbaut. Der Herr aus Barolo, dessen Schloss schlecht geschützt im Tal lag, ließ im 14. Jahrhundert auf den umliegenden Hügeln Burgen errichten, mit hohen Türmen, die weite Fernblicke und untereinander Sichtkontakt erlaubten. Historiker erkennen heute in der Burg wie auch in der um sie gruppierten Dorfanlage ausschließlich militärische Motive, von der Lage des Brunnens bis hin zu den vorspringenden Türmen. Es gibt in der ganzen Langhe keine besser erhaltene Burg. Ob Sie allerdings den schönen Blick aus einem Ihrer Fenster genießen werden, muss bezweifelt werden, da Sie auch hier nur im Rahmen einer lästigen geführten Besichtigung in das Gebäude eintreten dürfen *(tägl. außer Montag 9-12 und 14-18 Uhr; kostenlos)*.

Serralunga d'Alba

Schön gelegen, wenngleich nicht mit ganz so prächtiger Aussicht, ist auch der Stellplatz:

WOMO-Stellplatz: Serralunga d'Alba

Position: N 44°36.565 E 08°00.003'; **WOMO-Zahl**: 2-3;
Ausstattung: Toilette, Wasser, Mülleimer, Gaststätte, Geschäft, Wanderwege;
Zufahrt: an der Durchfahrtsstraße gegenüber dem Ristorante *Italia*.

Sollten Sie sich dort zu sehr auf dem Präsentierteller fühlen oder sollten schon andere Wohnmobile die wenigen Plätze unter den Bäumen einnehmen, ist das kein Beinbruch. Sie fahren nämlich weiter nach **Perno**, einem kleinen Dorf mit (privatem) Schloss und einem ebenfalls nicht sehr großen, aber wunderbar gelegenem Stellplatz, wo an einem kristallklaren Ostersonntagmorgen der Westalpenbogen und die aus ihm herausstehende Spitze des Monviso fast vor unserer Wohnmobiltür aufragten. Die atemberaubende Sicht auf die Alpen bleibt Ihnen aber im Sommer wegen des Dunstes zumeist versagt. Im Frühjahr, besonders im Winter (in dieser Zeit waren wir allerdings noch nicht dort), sind die Berge gerade nach Regentagen manchmal zum Greifen nahe. Und dafür wie geschaffen ist der

Perno - Stellplatz

WOMO-Stellplatz: Perno

Position: N 44°36.348' E 07°58.493'; **WOMO-Zahl**: 4;
Ausstattung: Mülleimer, Wasser und Toilette (im Friedhof gleich rechts), leicht einsam, geringfügig schräg, Wanderwege;
Zufahrt: es ist der Parkplatz vor dem Friedhof südlich des Dorfes, das Sie nur mit Mühe auf Ihrer Karte westlich von Serralunga finden; Sie fahren von Serralunga ein Stück nach Norden Richtung Alba und hinter Sorrano links und folgen dann dem Wegweiser nach Perno; der Stellplatz liegt etwa 500 m südlich des Dorfes in einer scharfen Kurve unmittelbar vor dem Friedhof; Sie können sich ihm genauso auch von Süden nähern; (Achtung: Am nördlichen Ortsrand von Perno beträgt die Durchfahrtsbreite zwischen zwei Häusern 2,50 m, wir kamen mit unseren Alkoven-Wohnmobilen problemlos durch).
Sollte es Ihnen vor dem Friedhof zu einsam werden, können Sie auf den **Platz des kleinen Dorfes**, seitlich der Durchgangsstraße und in der Nähe der genannten Engstelle, umziehen.

Auch **Castiglione Falletto** war ursprünglich nichts anderes als ein **Kastell** zur Sicherung der Residenz in Barolo, die den *Falletti* gehörte, womit dann auch der heutige Name des Dorfes erklärt wäre. Auch hier ragt der Turm so hoch in die Luft,

Castiglione Falletto - Blick vom Stellplatz nach La Morra

dass man sich zu Zeiten der Benutzung mit den Soldaten in Serralunga durch Zeichen verständigen konnte. Heute ist die Bastion teilweise Ruine und allenfalls sonntags zu besichtigen. An der schönen Sicht können Sie sich hingegen an sieben Tagen in der Woche erfreuen, und es scheint uns nicht sehr wahrscheinlich, dass dieser Stellplatz zu stark belegt sein könnte:

WOMO-Stellplatz: Castiglione Falletto

Position: N 44°38.287' E 07°55,888'; **WOMO-Zahl**: >5;
Ausstattung: Mülleimer, Gaststätte, Wanderwege, schöne Sicht (siehe vorherige Seite);
Zufahrt: seitlich der am Ort vorbeiführenden Straße, eine Etage tiefer, unterhalb eines Geländers nicht zu verfehlen.

Den Weg hierher haben Sie wahrscheinlich über **Monforte d'Alba** gewählt, ein für die Gegend ungewöhnlich großes Dorf (1.900 Einwohner), das ausnahmsweise mal nicht mit einem Stellplatz brillieren kann. Dafür rangiert Monforte auf der Liste der Orte mit Hügelplateau und Fernsicht ganz weit vorne, und vermutlich haben wir nur deshalb noch keinen Stellplatz entdeckt, weil wir angesichts des Überangebots der Nachbarn nachlässig waren und jenseits der Altstadtgassen nicht genau genug nachgesehen haben. Auch das nahe (2 km nach Osten, Richtung Roddino) Ristorante *Posta* wollen wir nicht erwähnen, womit wir, so weit wir das überblicken, in der Piemontesischen Reiseliteratur ganz alleine dastehen. Aber die Leser schreiben uns fortwährend, sie würden lieber am eigenen Resopaltisch picknicken. So haben wir, als uns Dagmar und Walter das *Posta* zeigten, schnell Gas gegeben und in Monforte beim *Felicin*, das einen Tick gediegener ist, die Straßenseite gewechselt und in die andere Richtung geschaut. Da Sie, liebe Leser, nicht wegen der kulinarischen Reize und schon gar nicht wegen des Weins das „Piemont" bereist haben, werden Sie, wenn Sie die Brotkrumen vom Resopal gewischt haben, in Ihrem DUMOMT nachlesen, dass Monforte im 11. Jahrhundert von Katharern besiedelt war, jenen glaubensstrengen Menschen, die der katholischen Kirche den Rücken gekehrt hatten, bis sie als Ketzer auf Geheiß des Mailänder Bischofs auf dem Scheiterhaufen verbrannt wurden.

Solchermaßen gestimmt und nach einem Tässchen Pfefferminztee als Absacker werden Sie vielleicht dann doch noch einmal etwas Erbauliches lesen wollen. Zum Beispiel wo Sie in **Barolo** gut essen – und was man dort bevorzugt trinkt. Sowie über einen schönen Stellplatz, von dem wir allerdings befürchten, dass er gesperrt wird, wenn das Piemont erst einmal richtig mobil erschlossen ist:

WOMO-Stellplatz: Barolo

Position: N 44°36.680 E 07°56.520; **WOMO-Zahl**: >5;
Ausstattung: Toilette (beim Schloss), Wasser, Mülleimer, Gaststätten, Geschäfte, Wanderwege;
Zufahrt: Es ist die große als Busparkplatz beschilderte Fläche unmittelbar vor dem Ort.
Wenn Sie von Norden anreisen, gabelt sich ein paar Kilometer nördlich von Barolo die Straße, nehmen Sie dort den linken Weg, Sie kommen dann an dem Parkplatz vorbei. Wählen Sie stattdessen den rechten Weg oder kommen Sie von Süden oder Westen, treffen Sie also etwas oberhalb des Ortes auf Barolo, müssen Sie erst noch ein Stück in den Ort hineinfahren und dann links bergab.

Die Geschichte des Weins, namentlich des Barolo, bringen wir Ihnen weiter unten ein wenig nahe, und im hinteren Teil des Buches informieren wir Sie darüber, bei welchen Winzern wir eingekauft haben. In Barolo können wir die Gastronomie dann doch nicht ganz übergehen (erst kaufen Sie sich einen Reiseführer über das Piemont und dann beschweren Sie sich, wenn

Barolo - Schloss und Stellplatz

Ihnen dort Restaurants empfohlen werden). Wir erzählen Ihnen aber nicht, dass wir in der *Locanda nel Borgo Antico*, dem von Michelin besternten Edelschuppen, wo sie wie bei Fremden läuten müssen, gespeist haben, sondern dass wir - und das mehrfach mit nicht nachlassender Freude – im **Ristorante *La Cantinetta*** saßen, an dem Sie vorbeikommen, wenn Sie von unserem Stellplatz zunächst bergauf in den Ort laufen, um sich dort nach rechts zu wenden. Das Lokal liegt dann auf der rechten Seite. Ein Muss sind auch hier die Vorspeisen, auch der Nudelgang war jedes Mal vortrefflich. Der (relativ teuerste) Fleischgang fällt etwas ab, aber niemand nimmt Ihnen übel, wenn Sie nach dem Primo sogleich zum Nachtisch oder gar zum Kaffee übergehen. Die Weinauswahl ist riesig, möglicherweise haben Sie das Etablissement beim ersten Blick sogar für eine reine Enoteca gehalten. Wir wetten, Sie werden den Abend so erleben, wie Sie ihn sich vorgestellt haben, als Sie daran dachten, in Barolo gemütlich zu speisen *(Tel. 0173 56198; donnerstags geschl.; die Preisgestaltung ist ein wenig unübersichtlich, weil es keine Karte gibt.).* Nicht schlecht und an heißen Sommertagen, wenn man draußen sitzen kann, ist das Ristorante am Stellplatz. Hier pulsiert das Leben - wenn es in Barolo Derartiges überhaupt je gibt. Die Rede ist von dem Gasthaus an der Schmalseite des Parkplatzes, am Durchgang zum Schloss mit nettem Freisitz und solidem, jedoch keineswegs sensationellem Essen.

Barolo (680 Einwohner) ist alles andere als ein herausgeputzter Touristenort, wenngleich eines der wenigen Dörfer, in dem wenigstens ein Anflug von touristischer Infrastruktur auffällt: Sie finden einige Weinläden, im Tabakladen Andenken und beim Bäcker teures Olivenöl. Der Lebensmittelladen überlebt mit einem ansehnlichen Sortiment verschiedener Barolos (fast möchte man sagen *Baroli*), die Sie nur bei einem angeregten Plausch mit der alten Dame hinter der Theke erstehen werden - auch ohne jegliche Kenntnisse der italienischen Sprache. Allein die italienischen Worte für die Zahlen sollten Sie beherrschen, denn die Sehkraft der Verkäuferin reicht nicht mehr für das Preisschild, Sie müssen es vorlesen. Sie erkennen daran, dass der Tourismus in Barolo noch nicht die Oberhand gewonnen hat, ein paar Tage im Oktober vielleicht ausgenommen.

Dann steht vielleicht auch mal jemand vor Ihnen an der Kasse des **Schlosses**, der sich den namhaften Weinkeller nicht entgehen lassen möchte, oder die Wohnräume der Gräfin *Falletti* im ersten Stock. Das Schloss war ursprünglich Bestandteil einer Verteidigungsanlage, die hier, wie in vielen Orten der Umgebung, im 10. Jahrhundert gegen die Sarazenen errichtet worden war. Wer die *Sarazenen* waren, von deren Untaten schon mehrere unserer Reiseführer künden, wollen wir hier nicht schon wieder vertiefen; fragen wir lieber nach den *Falletti*, bei denen auch ein einzelner männlicher Spross nicht etwa *Falletto* hieß: Es waren Kaufleute, die sich um 1250 hier einkauften und sich sodann, wie Sie bereits wissen, mittels auf die umliegenden Hügel gebauter Kastelle absicherten. Irgendwann wurden sie auch geadelt und lebten in ihrem Schloss bis zum Jahre 1864. Die Gemahlin des letzten *Falletti*, Giulia Colbert *Falletti*, eine gebürtige Französin, war, wenn man so will, die Erfinderin des Barolo. Sie ließ nämlich um 1830 die örtlichen Nebbiolo-Trauben im Keller des Schlosses von Winzern aus der französischen Heimat keltern. Wor-

aus bekanntlich ein berühmter Wein wurde, weil sich die Traubensorte für einen guten Rotwein eignete (und immer noch eignet) und die Franzosen ihr Handwerk verstanden. In der Enoteca des Schlosses dürfen Sie den Wein ohne Fremdenführer verkosten und kaufen, die Gemächer der letzten *Falletti* werden Ihnen nur anlässlich einer italienisch sprachigen Führung präsentiert *(donnerstags und im Januar geschlossen; 10-12,30 und 15-18,30 Uhr; 3,50 €).*

Sollte es uns gelingen, Sie zu einer der klassischen Piemont-Wanderungen zu animieren, die wir Dagmar und Walter verdanken, wird das Schloss an Ihrem Weg liegen, der in **Novello** (900 Einwohner) beginnt, jenem Dorf, das die drei Attribute der meisten Langhe-Dörfer vereint. Sie ahnen es: kein Tourismus, wunderbare Lage und Stellplatz mit schöner Fernsicht. Außerdem wird Sie die hohe Kuppel der örtlichen **Kirche** beeindrucken und das im Jahre 1880 wieder aufgebaute **Schloss**, dem auch der kunstgeschichtlich Unbeleckte ansieht, dass der gewählte Baustil, von nachempfundener Gotik abgesehen, nichts anderes ist als wilder Kitsch des späten 19. Jahrhunderts - vielleicht ist es gerade deswegen sehenswert. Lohnend ist der Gang an die Balustrade, von der Sie weit hinab ins Tal des Tanaro blicken.

in Novello

Nicht ganz so atemberaubend ist die Sicht vom Stellplatz, einem Plätzchen, von dem Sie in anderen Bereichen Europas nur träumen samt seinem schönen Rundblick:

WOMO-Wanderparkplatz: Novello

Position: N 44°37.003' E 07°56.520'; **WOMO-Zahl**: >5; **Ausstattung**: Wasser (im vorderen Teil des Parkplatzes), Toiletten (beim Sportplatz) Geschäft, wahrscheinlich Gaststätte, öffentliche Waage, Mülleimer; Wanderwege; der große Platz dient gelegentlich auch mal einem Lkw zur Rast, den jungen Leuten des Ortes als Zuflucht für einen Joint oder ein Quickie, trotzdem ein sehr schöner Stellplatz; **Zufahrt**: von Barolo hoch nach Novello fahren und auf den großen Parkplatz rechts der Straße am Ortseingang, oberhalb des Sportplatzes.

Hier beginnt auch die klassische Wanderung nach Monforte:

Sie laufen vom vorgenannten Stellplatz ein paar Meter zurück nach Norden, und sehen dann sehr bald an einem schräg nach rechts unten führenden Weg die rot-weiße Markierung (die merkwürdigerweise auf der Wanderkarte nicht eingezeichnet ist). Ich bin auch nicht mehr ganz sicher, ob die Wegzeichen bis Barolo beibehalten werden. Falls nicht, wird Sie das nicht irritieren, da Sie Barolo bald vor sich sehen und einfach drauf zuwandern können. Wege gibt es genug. Im Gegensatz zu Schatten, denn wo Sie auf Sicht marschieren, fehlen die Bäume, weshalb diese Wanderung nichts für heiße Sommertage ist.

Barolo im März - Rückseite

Nach deutlich weniger als einer Stunde laufen Sie in Barolo ein, um dort auf der Rückseite des Schlosses ins Tal zu wandern. Am Ende der Teerstraße überqueren Sie den Bach und folgen nun dem Schild *‚Sentiero di Barolo'*. Der Weg müsste jetzt bestens markiert sein, zumal er auf der Karte als Wanderweg eingezeichnet ist. An einem Weinberg erreichen Sie einen Fahrweg, wo Sie sich rechts halten, in Richtung zum Weingut Cascina Boschetti. Der weitere Streckenverlauf bis Monforte ist markiert, er führt am Weiler S. Giovanni vorbei, danach auf einer Teerstraße, die man schon nach ca. 150 m nach links in einen Waldweg wieder verlässt, durch einen Hohlweg und am Ende wieder auf Asphalt.

Für den Rückweg nehmen Sie zunächst für etwa einen Kilometer ab dem Ortsmittelpunkt von Monforte den Hinweg, den Sie kurz vor der Cascina Bettola verlassen, was etwas missverständlich klingt, denn Sie bleiben auf der Teerstraße und wandern bergab. Bald gehen Sie ein Stück auf der Autostraße, danach links, und wenn Barolo schon wieder sehr nahe gekommen ist, stoßen Sie, etwa auf halber Strecke zwischen Novello und Barolo, auf den Hinweg.

Die ganze Wanderung ist etwa 15 km lang, sie dauert 4 Stunden, und die Karte des Instituto Geografico Centrale Nr. 18, *‚Langhe Meridionali'* ist nützlicher als man ihr zutraut. Schief gehen kann ohnehin nichts, denn von kleineren Teilstücken abgesehen, wandern Sie auf Sicht.

Unter den Dörfern südlich von Alba haben wir nun die berühmtesten erwähnt, aber eines fehlt noch: **La Morra** (2.500 Einwohner). Wenn Sie von Novello dorthin fahren, kommen Sie, etwa auf der Höhe von Barolo, am **Castello della Volta** vorbei, über das seit Jahren Pläne existieren, es zu einem Luxushotel umzubauen. Lage und Legende würden einen wertvollen geschäftlichen Grundstock bilden. Die Geschichte des Schlosses ist nämlich mehrfach verfilmt und endet damit, dass während eines ‚lustvollen Festes' die Decke über den Gästen einstürzt. Wobei Sie bezüglich der Lustbarkeiten an das Falsche gedacht haben. Denn im Piemont dreht sich alles um die Trüffeln, und das Unglück, das nur vom Personal überlebt wurde, geschah anlässlich einer Völlerei.

La Morra trägt den Beinamen **„Balkon der Langhe“** und warum das so ist, wissen Sie spätestens, wenn Sie durch die pittoresken, touristisch angenehm leicht angehauchten Gassen an den obersten Punkt des Ortes klettern. Um am Balkongeländer vor Ergriffenheit die Luft anzuhalten, weil Sie die Hügel der Langhe in den letzten Tagen schon vielfach schön, aber noch selten so schön unter sich sahen. Vielleicht erliegen Sie dann der Versuchung, der auch wir nicht wiederstehen konnten, Sie reservieren im **Ristorante *Belvedere***, um sich Stunden später, wenn Sie in Richtung eines der Fenstertische

La Morra

streben, von der Chefin an einen Tisch in des Saales Mitte abdrängen zu lassen . Man kann natürlich bei der Reservierung nach einem Fensterplatz fragen und sich beim Essen fühlen wie im Ausguck der Festung, die hier im Mittelalter stand (bis 1526). Aber auch an den Tischen weiter drin bleibt noch ein deutlicher Rest von Weitsicht, und der Blick auf den Teller ist auch nicht zu verachten *(preislich und kulinarisch obere Mittelklasse, hervorragender Hauswein, bei Italienern ist das Lokal sehr beliebt, Tel. 0173 50190; sonntagabends und montags geschlossen; im Sommer wird auch draußen gedeckt, dann bietet die vorderste Tischreihe ein Panorama, nach dem Sie ein zweites Mal lange suchen müssen).* Ihr Nachtlager werden Sie anschließend zu Fuß erreichen, weil Ihr Wohnmobil etwa 300 m entfernt auf dem großen Parkplatz nördlich der Altstadt, einem angenehmen Stellplatz, zur Nacht fertig steht:

WOMO-Stellplatz: La Morra

Position: N 44°38.303' E 07°55.904'; **WOMO-Zahl**: >5;
Ausstattung: Mülleimer, Wasser (in der Nordwestecke), Geschäfte, Gaststätten, Spielplatz, Wanderwege, nicht in der Nacht auf Montag;
Zufahrt: von allen Seiten Wegweiser bis La Morra und dann auf den großen Parkplatz bei der Markt- und Mehrzweckhalle an der man unweigerlich vorbei kommt; wir hatten den Eindruck, dass der Platz durch eine tieferliegende zweite Etage vergrößert wird.

Sie werden sich nicht nur an der **Balustrade** umsehen, die zweifellos die Hauptsehenswürdigkeit des Dorfes bildet, sondern auch seitlich der Gassen und dann bald feststellen, dass der Barolo hier noch größere Bedeutung hat als im gleichnamigen Ort. Etwa 35 % seiner Gesamtmenge werden im Gemeindegebiet von La Morra angebaut und nicht nur in der Cantina Comunale können Sie Barolo-mäßig fast alles kaufen, was Rang und Namen hat. La Morra liegt von fast jedem Ort der Langhe in Ihrem Blick, und neben Alba und Barolo ist es einer der Orte, in dem Sie in Ihrem weiteren Leben immer mal wieder vorbei schauen werden, wenn es sich einrichten lässt, sei es auch auf einer Fahrt an die Côte d'Azur.

Aussicht von La Morra

Sie sind im Sommer unterwegs, und gerne würden Sie ein wenig ausspannen, sich auf eine Wiese in den Halbschatten setzen, vielleicht sogar ein wenig sonnen und den Tag vertrödeln. Dafür bestens geeignet ist nahe der Ortschaft Bene Vagienna der Parkplatz des **Ausgrabungsgeländes Augusta Bagienorum**. Er wurde mit erheblichem Aufwand angelegt, aber die Natur beginnt schon, sich das Gelände zurückzuholen. Wer fährt schon zu römischen Ausgrabungen, bei denen man nur Mauerhaufen sieht und dazu noch kleine Fußmärsche unternehmen muss? Für echte Fans sind die Rest der antiken Stadt, in der bis zu 17.000 Menschen gelebt haben könnten, nicht uninteressant. Es gibt alles zu sehen, was zu einer römischen Stadt gehört: Stadtmauer, Tore, Forum, ein Theater und ein Amphitheater; aber man braucht angesichts der Reste schon ein wenig Phantasie. Ob Sie auf dem Parkplatz auch übernachten, muss bezweifelt werden, für den Tag jedoch ist er bestens geeignet:

WOMO-Picknickplatz: Augusta Bagienorum

Position: N 44°33.418' E 07°50.632'; **WOMO-Zahl**: >5;
Ausstattung: Mülleimer, Bänke und Tische, Wasser, einsam;
Zufahrt: an der Straße von Narzole nach Bene Vagienna beschildert, dann noch etwa 300 m gut befestigter Feldweg.

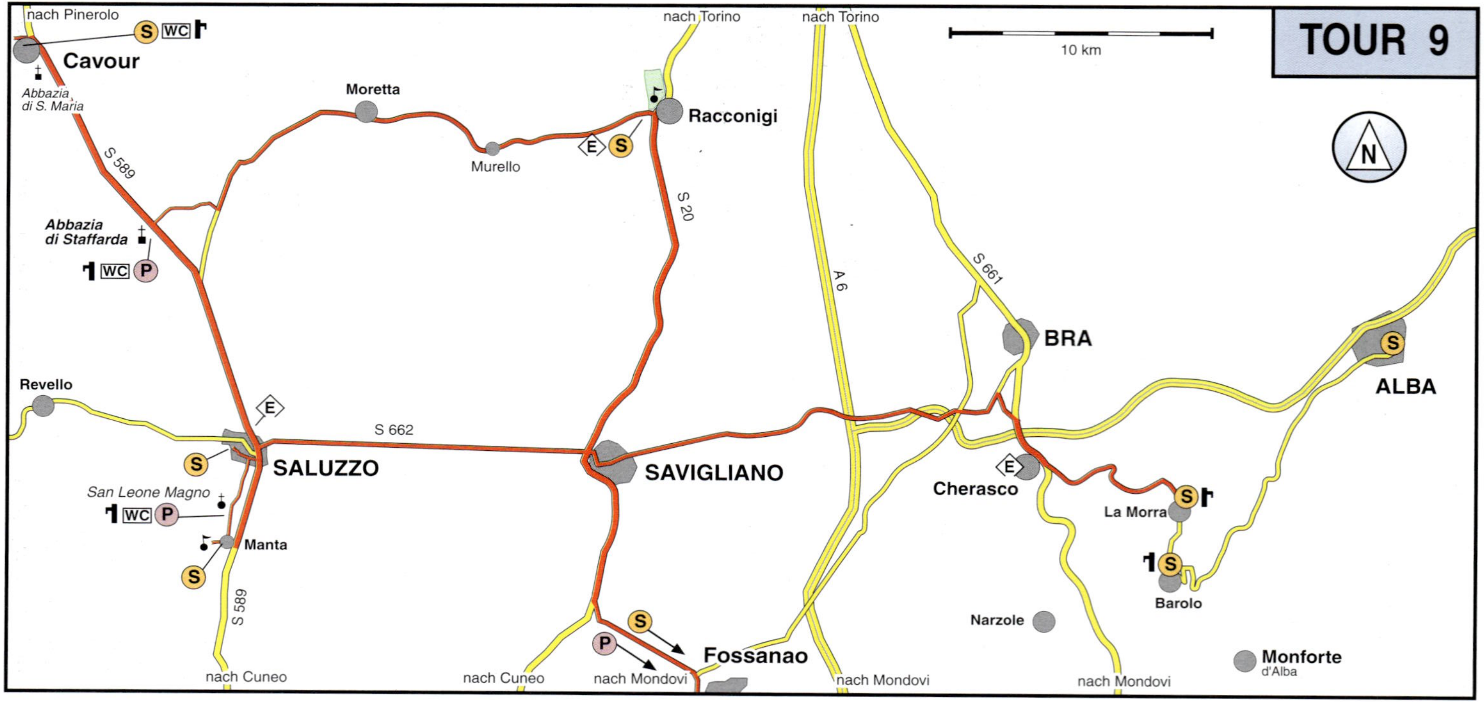
TOUR 9
10 km
N
nach Pinerolo
Cavour
Abbazia di S. Maria
S 589
Abbazia di Staffarda
Moretta
Murello
Racconigi
nach Torino
nach Torino
S 20
A 6
S 661
BRA
ALBA
Revello
SALUZZO
S 662
SAVIGLIANO
San Leone Magno
Manta
S 589
Cherasco
La Morra
Barolo
Narzole
Monforte d'Alba
Fossanao
nach Cuneo
nach Cuneo
nach Mondovi
nach Mondovi
nach Mondovi

Tour 9: Durch die Westkurve in die Südkurve

Cherasco - Savigliano - Racconigi - Cavour - Saluzzo
Mondovi - Vicoforte

Stellplätze:	in Racconigi, bei der Abtei von Staffarda, in Cavour, in Saluzzo, bei der Kappelle San Leone Magno, in Mondovi, bei der Wallfahrtskirche von Vicoforte
Besichtigen:	Cherasco, Schloss und Vogelpark von Racconigi, Abtei von Staffarda, Saluzzo, Fresken im Schloss von Manta, Mondovi, Wallfahrtskirche von Vicoforte
Essen:	in der Klosterschenke der Abtei von Staffarda, Ristorante *Posta dei Grassoni* in Cavour

Die Wege werden nun wieder länger, wenn Sie auf der West- und Südseite des Gebiets unserer vorherigen Tour allmählich Ligurien erreichen.

Sollten Sie in La Morra starten, kommen Sie allerdings nicht weit, weil **Cherasco** (6.500 Einwohner) zu berühmt ist, um einfach daran vorbeizufahren. Das hat weniger etwas mit dem Kongress der Schneckenzüchter zu tun, der hier alljährlich im September zusammentritt, oder weil Cherasco sich Hauptstadt der Schnecken nennt und Sitz des Internationalen Instituts für Schneckenzucht ist (keine Angst, wir beschäftigen uns jetzt nicht mit den passenden Lokalitäten und der Kräuterbutter). Cherasco beherbergt vielmehr einige respektable **Kunstschätze**. Immerhin wurde hier im Jahre 1706 während der Belagerung Turins durch die Franzosen das berühmte Grabtuch Christi (*Santa Sindone*) verwahrt, im **Palazzo Salmatoris**, wo zuvor schon ein Friedenskongress stattgefunden und danach, 1796, Napoleon Quartier bezogen hatte. Der Aufbewahrungsort des Lakens ist reich freskiert. Das aber weiß ich nur vom Hörensagen, denn bei unserer Visite, an einem Donnerstagnachmittag, keinem Feiertag und außerhalb der Ferien, waren alle Sehenswürdigkeiten der Stadt verschlossen und es schien

in Cherasco

uns, als würden doch ziemlich viele Urlauber an der quadratisch angelegten, aber äußerst provinziell wirkenden Kleinstadt vorbeifahren. Eine große Sehenswürdigkeit ist von außen zu bewundern, der **Arco del Belvedere**, einer von zwei Triumphbögen, angebaut an die Kirche S. Agostino und wie diese gestiftet, weil die Stadt und der in seine Zweitresidenz aus Turin geflohene Savoyer Hof von der Pest verschont blieben. Am besten gefällt mir, kein Wunder bei flächendeckend verschlossenen Türen, die Fassade der **Kirche S. Pietro** im romanisch-frühgotischen Stil, weil dort eine niedliche Blendbogengalerie verbaut und römische Reste, sogenannte Spolien, recycelt wurden. Spolien sind antike Bauteile, hier vorwiegend Marmorköpfe, die spätere Generationen wiederverwertet haben.

Cherasco - Spolien an der Kirche S. Pietro

Wenn Sie mit Kindern unterwegs sind, können Sie denen bei einer Stadtbesichtigung auch mal was bieten, Sie müssen dazu allerdings südlich des Zentrums die Jahrhunderte alte **Platanenallee** finden, in deren hohlen Stämmen Platz ist für ganze Sippen von Zwergen, Wurzelkindern und sogar für Ihren Nachwuchs.

In der Nähe davon, bei einem Sportplatz, gibt es auch einen beschilderten offiziellen Stellplatz (mit Entsorgung), der uns nicht gefallen hat; alle anderen Empfehlungen der vorangegangenen Touren, fast in Sichtweite, sind besser.

So richtig kommen Sie nicht in Fahrt, falls Sie sich entschlossen haben, wenigstens die schönsten und in diesem Buch erwähnten Orte nicht auszulassen. **Savigliano** (19.000 Einwohner) gehört dazu, und ohne Hetze, allerdings auch ohne Cappuccino, brauchen Sie nicht wesentlich länger als eine Stunde, da Sie in der Innenstadt parken können und somit schon nach wenigen Schritten am Ziel angekommen sind: Auf der langgezogenen, autofreien **Piazza Santarosa**, die von Arkaden im Erdgeschoss hoher, malerischer Häuser gesäumt ist, die das barocke Aussehen, das ihnen zu Zeiten der Savoyer Herrschaft aufgepfropft wurde, im Gegensatz zum sie überragenden Turm allmählich wieder verloren haben. Die schönste Straße der Stadt beginnt hinter dem Triumphbogen am Südende der Piazza. Sie sollten dort den **Palazzo Taffini** (schräg gegenüber der Kirche und Sitz der Sparkasse) ansehen, vor allem den Innenhof und die Fresken im sogenannten ‚Königlichen Saal'. Überaus sehenswert ist auch der **Palazzo Cravetta**, Sie werden hier einer der schönsten Innenhoffassaden des gesamten Piemont ansichtig (in der Via Jerusalem, die nahe dem Palazzo Taffini abzweigt).

Savigliano - Piazza Santarosa

Wahrscheinlich rühren Sie dann auf der Piazza doch noch im Kaffee, vermutlich sind Sie die einzigen Touristen, die das heute auf dieser Piazza tun und danach noch etwa 15 km in das nördlich gelegene **Racconigi** (10.000 Einwohner) fahren, obwohl das 1404 erbaute und Mitte des 19. Jahrhunderts klassizistisch aufgerüstete **Königsschloss** *(täglich außer Montag 8,30-18,30 Uhr, nur geführte Besichtigungen, 5 €; Schlosspark 10 Uhr bis eine Stunde vor Sonnenuntergang, 2 €)* in der Reiseliteratur hoch gehandelt wird. Hier erblickte Prinz Umberto II. das Licht der Welt, und hier schaute

Racconigi

im Oktober 1909 Zar Nikolaus II. tief in sein Barolo-Glas. Uns gefallen besonders der Vorplatz des Schlosses, zugleich zentraler Platz des Städtchens, und die auf dem Dach des Schlosses landenden Störche, die seit einigen Jahren zumindest vorrübergehend im Jahr im nahen **Naturschutzgebiet** Lebensraum gefunden haben. Der Stellplatz wird keinen Schönheitspreis gewinnen, aber er liegt ortsnah und ruhig:

WOMO-Stellplatz: Racconigi

Position: N 44°46.016, E 07°40.099'; **WOMO-Zahl**: >5; **Ausstattung**: Wasser, Entsorgungsstation, Mülleimer, Gaststätten und Geschäfte im Ort; **Zufahrt**: fahren Sie auf das Schloss zu, um direkt davor nach links in Richtung Murello abzubiegen; danach fahren Sie geradeaus bis zum Stellplatz, der am Ende der Häuser beschildert seitlich der Straße und nahe des Flüsschens Maira liegt.

Von Racconigi fahren Sie am besten quer durch die Lande, zur **Abbazia di Staffarda**, einer der bekanntesten Sehenswürdigkeiten im südlichen Piemont. In der Zisterzienserabtei (1135 gegründet, um 1300 vollendet, später vor allem von den Truppen Ludwigs XIV. und Napoleons geplündert und teilweise zerstört) bekommen Sie, in Italien eine Rarität, einen authentischen und vollständigen Einblick in ein mittelalterliches Kloster. Fast alles ist noch zu sehen und wird mit Hilfe eines tragbaren Bandgerä-

Abbazia di Staffarda

tes in bestem Deutsch wunderbar erklärt *(weshalb wir hier auf Einzelheiten verzichten können - April bis Oktober 9-12 und 14,30-18 Uhr, die restliche Jahreszeit bis 17 Uhr; montags geschlossen; 5 €).* Nur das Speiseangebot auf der Tafel der angrenzenden, urigen **Klosterschenke** müssen Sie selbst übersetzen. Bei unserem Besuch, einem Montag, hatte das für seine Maisplätzchen (*Meliocotti* auch *Melica* genannt) gelobte Gasthaus leider Ruhetag. Wenn wir uns nicht sehr täuschen, war das ausgesprochen schade (wie uns später auch bestätigt worden ist). Dazu passt der Stellplatz, den verweichlichte Stadtmenschen möglicherweise wieder fluchtartig verlassen, wenn sie am Nachmittag eintreffen. Dann nämlich brüllen auf dem nahen Bauernhof, einem riesengroßen Landgut, das uns an den Film *‚1900'* erinnert hat, die Kühe, weil sie auf die Melkmaschine warten, vielleicht auch weil sie hungrig sind. Dieser Geräuschpegel legt sich, aber auch während der Nacht hört man noch das eine oder andere tierische Gebrumm und Geraschel, wo hingegen unangenehme Gerüche nicht aufdringlich scheinen:

WOMO-Picknickplatz: Abbazia di Staffarda

Position: N 44°43.255' E 07°26.170'; **WOMO-Zahl**: >5;
Ausstattung: Bänke und Tische (seitlich des Klosters), Toilette, Wasser, Mülleimer, Gaststätte;
Zufahrt: an der Straße von Saluzzo nach Cavour kommt man an der Abbazia di Staffarda vorbei, parken Sie im großen Innenhof oder längs des nördlichen Zufahrtsweges bei der Picknick-Wiese.

Sollten Ihnen beim Kloster, seitlich der alten kleinen Markthalle (11. Jahrhundert), Geräusche und Gerüche zu penetrant erscheinen, fahren Sie einfach 9 km weiter nach **Cavour** (5.200 Einwohner), wo Sie einen optimalen, mit Platanen und Linden bepflanzten innerstädtischen Übernachtungsplatz antreffen werden:

WOMO-Stellplatz: Cavour

Position: N 44°47.021' E 07°26.170';
WOMO-Zahl: >5;
Ausstattung: Mülleimer, Toilette, Wasser (seitlich der Markthalle) Spielplatz, Geschäfte, Gaststätten, am Dienstagmorgen findet in der Nähe ein großer Wochenmarkt statt, Sie können dann trotzdem übernachten, Sie sollten aber beim Frühstück darauf achten, nicht eingeparkt zu werden.
Zufahrt: Der Stellplatz liegt am Nordwestrand des Ortes. Fahren Sie auf der für Lastwagen empfohlenen Umgehungsstraße Richtung Barge.

Die Stadt trägt ihren Namen nach *Graf di Cavour* (siehe vorherige Tour) und war bis Ende der 50er Jahre des letzten Jahrhunderts Austragungsort des jährlichen *Concorso dei Grassoni* (Wettkampf der Dicken). Sportstätte war die *Posta*, in der heute noch Fotos an die Schwergewichtskämpfe erinnern. Der damalige Wirt, ein Hänfling unter den Athleten, brachte 130 kg auf die Waage, nichts gegen den Champion aller Zeiten, eine Dame mit satten 227 Kilo. Die idealen Wettkampfbedingungen haben, so behaupten jedenfalls Kenner, unter einem Generationenwechsel bei der Wirtsfamilie nicht gelitten, so erfreut sich die ***Posta dei Grassoni***, wie sich das **Wirtshaus** heute noch nennt, stets guten Zuspruchs *(Ende Juli bis Mitte August und freitags geschlossen; Tel. 0121 69989).*

Südlich des Ortes, seitlich der Straße nach Saluzzo, kommen Sie an der **Abbazia di S. Maria** vorbei, den Resten eines im Jahre 1073 gegründeten Klosters, von dem noch die romanische Krypta erhalten ist nebst Spolien (siehe oben bei Cherasco) aus römischer Zeit.

Wer nicht in Cavour schläft, wird schon beim Kloster Staffarda abbiegen, um sich in **Saluzzo** (16.000 Einwohner) eine piemontesische Stadt anzusehen, die ihr mittelalterliches Stadtbild ganz besonders gut, wenn auch anders als erwartet, bewahrt hat. Das liegt daran, dass die Savoyer, als sie Ende des 16. Jahrhunderts Saluzzo erobern konnten, die vorhandene Bausubstanz nicht mit barocken Elementen aufgemotzt haben. Saluzzo lag, strategisch unbedeutsam, einfach schon zu dicht an den Alpen. An deren Rand wächst die Stadt den Berg hinauf, und im unteren Bereich breitet sich heute die neuere, lebhafte

Unterstadt aus, wo sich die Geschäfte befinden und auch ein stattlicher spätgotischer **Dom** (sehenswert sind in der Kapelle an der linken Seite des Chorumgangs die bemalten Tafeln von Hans Clemer aus dem Jahr 1495).

Gegenüber dem Dom, jenseits eines alten Stadttores, wird es ausgesprochen malerisch, und wenn Sie nach ein paar Treppen die **Salita al Castello** erreicht haben, die zum Schloss hochführende und im 15. Jahrhundert angelegte Prunkstraße, werden Sie sich wundern, weshalb außer Ihnen kaum andere Touristen vor den Renaissance-Palazzi stehen bleiben und beim Palazzo del Comune zur **Kirche San Giovanni** abbiegen. Selten werden Sie beim Betreten eines Kirchenraums in gleicher Weise beeindruckt: Das Ende des 15. Jahrhunderts mit gewaltigen Stützmauern über den Hang hinausgebaute Kirchenschiff erreichen Sie nämlich in halber Höhe, um vom Eingang hinab (!) in den Kirchenraum zu schauen. Hauptattraktion ist der spätgotische Chor mit Grabstätten der Saluzzer Markgrafen. Vergessen Sie nicht den Kreuzgang, den Sie vom linken Seitenschiff aus erreichen.

Saluzzo - an der Salita al Castello

Nachdem Sie die Kirche verlassen haben, sollten Sie sich nach rechts wenden und die Via Giovanni noch ein Stück weitergehen, zur **Casa Cavassa**, einem reinen Renaissance-Palast, wie er in Piemont höchst selten anzutreffen ist. Er diente den Markgrafen als Stadthaus und beherbergt heute ein berühmtes **Museum** *(Juni-Dezember 10-18 Uhr, im Winter kürzer, montags geschlossen; 4 €).*

Am Ende der Salita al Castello, Sie ahnen es nicht, finden Sie einen Stellplatz am im Jahre 1992 aufgegebenen Gefängnis. Das war in der ehemaligen markgräflichen Burg untergebracht, die einst prunkvoll ausgebaut war, wovon aber nichts mehr zu sehen ist. Zu erkennen sind vielmehr noch die Vorrichtungen zur Überwachung neuzeitlicher Gefangenen - und dass man ersichtlich kein Geld hat, um die Burg wieder in einen besichtigungsfähigen, historischen Zustand zurückzuversetzen.

Wir haben auf dem kleinen Platz davor bislang nur verschnauft, auf Saluzzo hinuntergeblickt und uns vorgestellt, dass hier ein Urlaubsabend durchaus stimmungsvoll sein könnte, zumal wir mehrfach gelesen haben, gerade der Abend sei die schönste Tageszeit in Saluzzo. Im Sommer übrigens auch der Morgen, wenn noch kein Dunst über der Stadt liegt und man den dahinter aufragenden Monviso sieht (wir haben bei allen unseren Besuchen während des Sommers bei schönem Wetter von diesem berühmten Berg absolut nichts gesehen):

WOMO-Stellplatz: Saluzzo

Position: N 44°38.623' E 07°29.233'; **WOMO-Zahl**: höchstens 5;
Ausstattung: Gaststätten, direkt bei den Sehenswürdigkeiten der historischen Oberstadt, möglicherweise kann es zu Geräuschbelästigungen führen, sofern nachts noch Autos vorbeifahren, eine beschilderte Entsorgungsstation finden Sie seitlich der SS 589 Richtung Cavour, Pinerolo;
Zufahrt: fahren Sie in Saluzzo auf der SS 589 Richtung Cuneo und am Südrand der Stadt bei einer Ampel nach rechts, also in Richtung auf die Berge und zunächst dem Wegweiser *'Strada panoramica'* und dann dem *'Centro storico'* hinterher, bis Sie am Fuß der gewaltigen Burg angekommen sind.

Unerschrockene Wohnmobilisten übernachten romantischer, wo die Verzagten nach der Besichtigung der Fresken in der Burg von Manta allenfalls ein Mittagsschläfchen halten; auf dem sehr schönen aber einsamen

WOMO-Picknickplatz: San Leone Magno

Position: N 44°37.138' E 07°28.650'; **WOMO-Zahl**: 3-4;
Ausstattung: Bänke und Tische, Toilette (tagsüber beim *Santuario*), Wasser, Mülleimer, Wanderweg, einsam, bei der nahen Kapelle gibt es aber ein Wohnhaus, der Platz eignet sich besonders gut, um tagsüber in schöner Landschaft im Liegestuhl zu sitzen.

Zufahrt: Im Ortszentrum von Manta, an der Straße zum Schloss von Manta, sehen Sie einen nach Norden weisenden Wegweiser *'Santuario San Leone Magno'*. Sie fahren nun etwa 2 km auf schmalem Sträßchen westlich der SS 589 nach Norden, zunächst durch ein Wohngebiet, danach zwischen Wiesen und durch ein Wäldchen; Sie kommen am Picknick-Platz vorbei und parken entweder direkt dort seitlich der Straße (Auffahrkeile erforderlich) oder 50 m weiter in einer großen Ausbuchtung unter Bäumen.
Jeweils zwei bis drei Wohnmobile können auch, leicht schräg, auf der **Parkmöglichkeit des Schlosses von Manta** stehen oder im Ortszentrum von Manta, wo die Straße zum Schloss abzweigt.

Manta (3.200 Einwohner) dürfen Sie auf Ihrer Piemont-Reise auf keinen Fall auslassen, denn die **Fresken im Schloss** sind eine absolute Top-Sehenswürdigkeit, eine Schöpfung der Gotik, wie man sie angeblich weltweit kein zweites Mal findet. Auf der einen Seite des Festsaals sind 18 Figuren dargestellt, 9 Heldinnen und 9 Helden, gleichzeitig Bildnisse der Markgrafen von Saluzzo und ihrer Frauen. Am Anfang der Galerie, als Hector, steht der Schlossherr, der um 1420 die Galerie in Auftrag gegeben hat: Valerano, unehelicher Sohn von Tommaso III., einem Saluzzer Markgrafen, der seinem Abkömmling die Burg übertragen hatte. Der begegnete dem Makel, ein Bastard zu sein, indem er sich an die Seite seiner Vorfahren stellen ließ – und seine Gemahlin (über dem Rundbogen einer Tür) an die Seite deren Frauen. Gegenüber, etwas weniger kunstvoll, weshalb man annimmt, dass es die Helfer des Meisters der Heldengalerie gemalt haben, das vergnüglichere und ironische Fresko des Jungbrunnens: Greisinnen und Greise, des Gehens nicht mehr mächtig, werden zu einem Brunnen geschleppt, den sie auf der andern Seite in jugendlicher Frische verlassen. Die Männer, kurz zuvor noch scheintote Gruftis, hofieren schon wieder den Damen, noch ehe sie dem Wasser entstiegen sind. Besonders nett ist der alte Herr, nicht ganz so gebrechlich wie die anderen, der sich die Strümpfe auszieht, bevor er ins Wasser steigt. Gäbe es nicht diesen Fresken-Saal, die Burg von Manta würde in der Reiseliteratur nicht erwähnt werden, trotz ihres schönen kleinen Parkes *(täglich außer montags 10-13 und 14-18, im Winter bis 17 Uhr; 5 €, Kinder bis 12 Jahre umsonst).*

Nach diesem Kunstgenuss müssen Sie die Entscheidung treffen, wie die Reise nun weitergehen soll. Vielleicht in die sogenannten Westtäler, die fast vor Ihrer Tür beginnen und wohin Sie Annette und Wolfgang auf der nächsten Tour mitnehmen. Oder Sie wählen die Südkurve über **Fossano** (einer lebhaften Stadt mit 23.000 Einwohnern und einem mittelalterlichen Castello) als kurze Variante. Infrage kommt auch die Strecke über Cuneo (das wir bei den Reisebeschreibungen vorläufig auslassen müssen), die sich unter anderem dann anbietet, wenn Sie zur Côte d'Azur reisen (Band 38 der WOMO-Reihe, wo Ihnen der Autor dieser Zeilen unter der Überschrift *Anreise* auch einen **Stellplatz** an der SS 20 in Vernante empfiehlt) oder an den Beginn der ersten Ligurien-Tour. Am besten wählen Sie die große Runde über Mondovi, möglicherweise sogar über die **Tropfsteinhöhle Grotta di Bossea** bei Frabosa *(nur Führungen 9-12 und 14-18 Uhr; 4 €)* zu den am Meer liegenden Zielen dieses Buches.

Im nur 26 km entfernten **Mondovi** (22.000 Einwohner) hätte beinahe Napoleon seinen Alterssitz genommen, bevor ihn die Realität der Verbannung eingeholt hat. Er hätte die Wahl gehabt zwischen zwei gänzlich unterschiedlichen Stadtteilen, der im 16. Jahrhundert entstandenen und demgemäß barocken **Unterstadt** namens Breo und der alten **Oberstadt**, die auf ein Felsplateau gebaut ist und von innen fast so schön aussieht wie von weitem, was jeder Italien-Kenner zu schätzen weiß, der bei unzähligen von außen malerischen Felsplateau-Käffern beinahe in Tränen ausbrach, wenn er in langweiligen Gassen zwischen Alu-Türen zu finden hoffte, was er von Ferne vermutete. Wir fahren jedenfalls sofort hoch und könnten dazu die Seilbahn nehmen. Genauso gut aber auch unser WOMO und oben parken, wo die pittoresken, leider aber auch ziemlich angestaubten und ebenso menschenarmen alten Gassen beginnen; wo leider auch die Nahverkehrsbusse über Nacht abgestellt werden. Es gibt kaum größere Übernachtungsplätze, zugegebenermaßen schönere, aber noch mehr schlechtere:

WOMO-Stellplatz: Mondovi

Position: N 44°23.115' E 07°49.943'; **WOMO-Zahl**: >5;

Ausstattung:
Wasser (an der Parkplatzzufahrt), Mülleimer, Gaststätten, Geschäfte.

Zufahrt:
Fahren Sie hoch zur Oberstadt, als *'Centro storico'* ausgeschildert und nicht zu verfehlen, am Ende auf den großen Busparkplatz bei der Schule, auf den man mehr oder weniger automatisch geleitet wird.

Sehenswert sind der langgezogene Marktplatz, die **Piazza Maggiore**, mit traditionellen Läden hinter historischen Werbetafeln und an der Südseite die **Kirche San Francesco Saverio**, auch Chiesa della Missione genannt, derentwegen alleine die Reise nach Mondovi ins Programm gehört. Der Maler Andrea Pozzo hat die Kuppel freskiert und damit ein illusionistisches Kunstwerk höchster Perfektion geschaffen, das auf den ersten Blick beim besten Willen nicht erkennen lässt, welches Architekturteil real existiert und welches als Scheinarchitektur lediglich gemalt wurde. Diese Kuppel, wie auch die im nahen Vicoforte, setzte beim Autor dieser Zeilen, der bis dahin der Barockmalerei so gut wie nichts abgewinnen konnte, einen Umdenkungsprozess in Gang.

In Mondovi sind überdies noch der Dom, auf der anderen Seite des Platzes, und der kleine Park mit einer Aussicht über weite Teile des Piemonts interessant.

Illusionistische Deckenmalerei von Andrea Pozzo

Als Pozzo, ein damals anerkannter Meister seines Fachs, später damit beauftragt wurde, die gewaltige Kuppel der **Wallfahrtskirche von Vicoforte**, einen der größten Kuppelbauten Europas, auszumalen, scheiterte er allerdings. Denn das Wesen der Illusionsmalerei besteht gerade darin, Bauteile, Fläche und Raum vorzugaukeln, die es in Wirklichkeit nicht gibt. Bei einer derart großen Kuppel hingegen, die schon ungeschminkt genauso groß wirken sollte, wie sie war - deshalb war sie ja von den Savoyern zum Zeichen deren Macht gebaut worden - war es logischerweise nicht angezeigt, einer kleineren Wölbung die Illusion einer großen zu vermitteln. Pozzos Technik musste beinahe zwangsläufig versagen. Erst 15 Jahre nach Fertigstellung der Kuppel, im Jahre 1748, gelang es einem gewissen Bortoloni, die Illusion zu vermitteln, als schwebten Maria und die Engel aus den Lichtöffnungen gen Himmel. Bortoloni verstarb allerdings vor der Fertigstellung. So dauerte es noch bis zum Jahre 1906, um alle Arbeiten zu Ende zu bringen. Mit anderen Worten: Stünde die Wallfahrtskirche von Vicoforte in deutschen Landen, eine bestimmte Region würde mir da durchaus einfallen, deren Leser allerdings eine besondere Affinität zu Italien besitzen und damit zu unseren liebsten Kunden gehören und nicht verprellt werden dürfen,

Santuario di Vicoforte

würden wir wohl nachhaltig die Nase rümpfen. In Italien jedoch, wenn man unter südlicher Sonne vor dem gewaltigen Kirchenbau steht, behauptet man leichthin, er sei eine der großen Sehenswürdigkeiten im Piemont. Die Nachbarn jener Nichtgenannten, auch gute Kunden von uns, werden von heftigen Heimatgefühlen befallen, wenn sie genau gegenüber dem Kircheneingang unter schattigen Arkaden Kaffee und Kuchen verzehren. Fast wie in Wien.

Aber auch Italiener, in Wahrheit fast nur Italiener, wissen die Vorzüge einer Wallfahrtskirche zu schätzen: riesige, überwiegend schattige Parkplätze, Picknickbänke auf grünen Wiesen und eine Toilettenanlage, geräumig und proper, wie man sie in Wien lange suchen müsste, aber in Italien bei Wallfahrten benötigt. Auch wenn es sich nicht so anhört, einer der schöneren Stellplätze dieses Buches:

WOMO-Picknickplatz: Santuario di Vicoforte

Position: N 44°21.793' E 07°51.708'; **WOMO-Zahl**: >5;
Ausstattung: Mülleimer, Wasser, Toiletten, Entsorgungsstation, Geschäfte, Gaststätten, Picknickbänke und Tische, Frömmelei.
Zufahrt: Seitlich und hinter der Wallfahrtskirche, die zu verfehlen Ihnen nicht gelingen wird, finden Sie ausgedehnte Parkplätze, auf denen zum Teil nur Pkw zugelassen sind; woran sich bei unseren Besuchen niemand gehalten, aber auch niemand gestört hat. Jedoch waren zu dieser Zeit keine Wallfahrer unterwegs; Sie werden auf jeden Fall eine schöne Stelle finden.

So holen wir nun ausgeruht, körperlich und spirituell gestärkt Anlauf nach Ligurien, wo uns, besonders an der Küste, ganz andere Urlaubsstrukturen erwarten. Wir werden uns öfter und wehmütiger, als wir das in Vicoforte erwartet haben, an das Piemont, seine Gastfreundschaft und seine Großzügigkeit gegenüber Wohnmobilen erinnern.

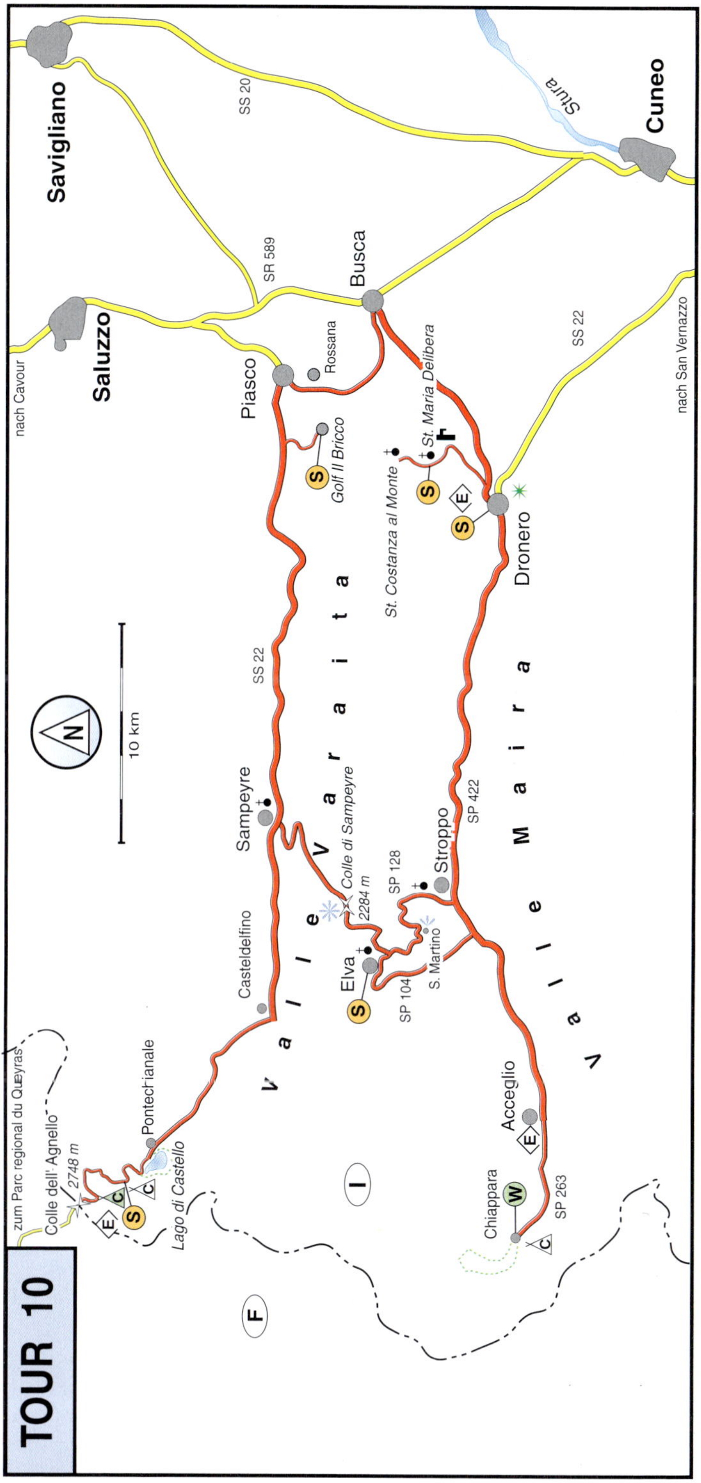
TOUR 10
Savigliano
Cuneo
Stura
SS 20
Saluzzo
nach Cavour
SR 589
Busca
Rossana
Piasco
Golf Il Bricco
St. Maria Delibera
St. Costanza al Monte
Dronero
SS 22
nach San Vernazzo
10 km
N
Valle Varaita
Valle Maira
Sampeyre
Colle di Sampeyre
2284 m
SP 128
Stroppo
SP 422
Casteldelfino
Elva
SP 104
S. Martino
Pontechianale
Lago di Castello
Colle dell' Agnello
2748 m
zum Parc regional du Queyras
Acceglio
Chiappara
SP 263
I
F

Tour 10: Arme Reiche

Busca - Chiappara - Dronero - Sampeyre - Casteldelfino

Stellplätze:	in Chiappara, in Elva, bei S. Maria Delibera, in Pontechianale, in Il Bricco
Besichtigen:	Ponte Vecchia in Dronero, Elva, S. Maria Delibera bei Dronero, S. Costanzo al Monte bei Dronero
Wandern:	um den Lago di Castello
Karte:	siehe Seite 143

Diese Tour führt uns in eine ganz und gar unentdeckte Gegend des Piemont – in die Westtäler **Valle Varaita** und **Valle Maira**. Im Mittelalter hatten diese ihre Bedeutung als fußläufiger Übergang von Frankreich, und im 16. Jahrhundert dienten sie den dort angefeindeten Hugenotten als Rückzugsweg. Heute gibt es aus dem Valle Varaita heraus immer noch einen Pass nach Westen, nämlich den Colle dell' Agnello, der einige wenige Reisende über den Pic de Caramantran in den Parc Naturel Regional du Queyras führt.

Im Allgemeinen haben die Westtäler, es sind jeweils in Ost-West-Richtung verlaufende Einschnitte in den Westalpenbogen, den Anschluss an die wirtschaftliche und touristische Entwicklung etwas verschlafen. Glücklicherweise, sagt der naturverbundene WOMO-Schreiber, denn diese Verschlafenheit hat ihre Vorzüge: wunderbare Gebirgslandschaften, sprudelnde Wasser und ganz und gar unverärgerte Menschen.

Wir möchten Ihnen eine Rundfahrt anbieten, die Sie mit größter Gelassenheit in zwei Tagen abtuckern können. Sie werden es genießen!

Wir starten in **Busca**, im noch von Kuhfladen und Rübenmieten geprägten **Saluzzese**. Schon bald kündet sich die Kraft der Berge durch muntere Bewässerungskanäle und entsprechenden Obstanbau an. In **Dronero** führt ein braunes Hinweisschild *,Ponte Vecchia'* zu einer mittelalterlichen Brücke, die zinnenbekrönt und geraniengeschmückt die Maira überspannt. Streng genommen heißt sie *Ponte del*

Diabolo, also *Teufelsbrücke*. Die Legende sagt, dass man den schwierigen Bau der Brücke nicht ohne die wohlwollende Billigung des Teufels riskieren wollte. Dieser forderte als Gegenleistung die Seele des ersten Benutzers. Listig schickten die Erbauer als Erstes einen Hund hinüber ans andere Ufer. Den hat sich, wie man so sagt, sofort der Teufel geholt. Die Brücke darf nicht mehr befahren werden und eignet sich deshalb besonders als Einstieg für einen kleinen Spaziergang durch die liebliche Altstadt Droneros.

Weiter westwärts begegnen wir zum ersten Mal einer Besonderheit des Tals und der Gegend: Immer noch wird hier, zumindest von den Senioren, das altfranzösische *Languedoc* gesprochen. Seit wenigen Jahren genießt die Sprache Okzitaniens neuen Respekt und wird den Kindern wieder ans Herz gelegt. Die Ortsnamen sind zweisprachig ausgeschildert: *San Damiano* heißt z. B. also *San Dümian* – und nur in dieser eigenartigen Gegend müssen sich deshalb die italienischen Computerfreaks Zeichensätze besorgen, die den Buchstaben „U" mit diesem merkwürdigen querliegenden *punto doppio* enthalten, den man ansonsten nur in *Germania* braucht.

Die Straße steigt langsam aus der Ebene hinauf. Immer wieder passieren wir die typisierten und trotzdem wohlgelungenen Technikzentralen der Wasserkraftwerke, die bei aller Funktionalität auf den ersten Blick wie Herrenhäuser anmuten.

Wir verkneifen es uns aus guten Gründen, schon in **Stroppo** dem Wegweiser nach Elva zu folgen, dem ersten Highlight unserer Fahrt. Vielmehr fahren wir weiter nach Westen und werfen in **Chiappara** einen interessierten Blick auf den **Campingplatz *Campo Base***, der eigentlich alles bietet, was das Herz begehrt. Aber: nur 500 m weiter erreichen wir rechts der Piste einen prächtigen Stellplatz in Form einiger kleiner Lichtungen direkt am quirligen Fluss, deren Benutzung nicht nur geduldet ist, sondern sogar vom vollbärtigen Eigentümer des Campingplatzes gefördert wird:

WOMO-Wanderparkplatz: Chiappara
Position: N 44°29.882'; E 06°55.176'; **WOMO-Zahl**: <10;
Ausstattung: Entsorgung, Mülleimer, Gaststätte im benachbarten Campingplatz; **Zufahrt**: wie oben beschrieben.

Wer weitsichtig handelt, kauft in **Ponte Maira** vorher einige frische Forellen und verzehrt diese dann in der Abendsonne. Anschließend sitzt man vollgefressen auf riesigen Kieselsteinen im Flussbett und betrachtet erstaunt die blauwerdenden Knöchel. Wer noch genau hinhören kann, wird nach Einbruch der Dämmerung, wenn die Ruhe der Berge sich verbreitet hat, unseren Eindruck bestätigen können: Der Fluss murmelt zweisprachig. Die Nacht ist geruhsam, der Morgen strahlend. Noch nie ist die Bergluft so klar und deutlich gewesen.

Weiter nach Westen und hinauf in die Berge geht es nur noch *per pedes*. Die Wege sind nicht gut ausgeschildert und trotzdem nicht zu verfehlen, weil die geographische Situation eigentlich kein Verirren ermöglicht. Wir haben einen ausgedehnten **Morgenspaziergang** unternommen, der uns in knapp 2 Stunden am westlichen Ufer des Flusses bis Pte. Belle Combe (auf 1856 m) in gleichmäßiger Steigung hoch- und am östlichen Ufer zurück zum Stellplatz zurückgeführt hat.

Nach dem Frühstück fahren wir, ab und zu im Rückspiegel diesem Paradies einen wehmütigen Abschiedsblick zuwerfend, zurück nach Osten und biegen 4 km vor Stroppo nach links Richtung **Elva** ab. Diese unglaubliche Pass-Straße ist 2003 für den *Giro d' Italia* neu asphaltiert worden, dadurch aber glücklicherweise weder breiter noch unspektakulärer geworden. Wir können mitteilen, dass

ihre Benutzung sowohl in der Höhe als auch in der Breite auf 3,50 m eingeschränkt ist. Viel mehr können wir leider nicht beisteuern, denn es fehlen uns ganz schlicht die angemessenen Worte.

Nach 9 km Strecke und der Überwindung von 700 Höhenmetern erreichen wir atemlos ein Hochplateau, an dessen Kante der (wirklich!) ärmste und gleichzeitig schönste Ort Italiens liegt. **Elva**, das Dorf der tapferen **Haarverkäufer**.

Die Gegend war immer karg, hat ihren Bewohnern viel abverlangt und wenig gegeben – die Straße hinauf aus dem Tal ist tatsächlich erst um 1950 gebaut worden. Bis dahin war Elva mit dem Auto nicht zu erreichen. Aus ungeklärten Gründen haben in dieser Weltabgeschiedenheit am Ende des 15. Jahrhunderts die Gebrüder *Zabreri* aus dem erwähnten San Damiano hier, am Grat oberhalb der Schlucht, die bezaubernde **Pfarrkirche Santa Maria Assunta** gebaut und von dem renommierten flämischen Maler Hans Clemer mit sehenswerten Fresken ausstatten lassen, die in kraftvollen Bildern die biblische Geschichte erzählen. Sie nehmen den gesamten Chor ein und leuchten ihn geradezu aus. Bemerkenswert ist die versammelte Harmonie der großen Baustile:

Die figurierten Säulen und Portale in romanischer Nostalgie vertragen sich mit der gotischen Grundanlage des Bauwerks ebenso gut wie mit den Fresken, in denen sich schon die Weltsicht der Renaissance andeutet.

Den Schlüssel zur Kirche holt man sich einfach an der Bar des einzigen Gasthauses und bringt ihn dorthin wieder zurück.

Unregelmäßig werden in der Kirche noch Messen zelebriert. Fromme alte Landfrauen mit Kopftuch und Bartansatz murmeln beseelt die Liturgie und lassen eine intensive Stimmung entstehen. In einem barocken Erweiterungsbau – nur durch die Kirche zugänglich – kann man eine einfach arrangierte und sehr bewegende Ausstellung alter Fotos besichtigen, die das Leben und die Traditionen der Dorfbewohner dokumentiert. Man lernt mit großem Erstaunen, dass sich noch bis 1914 regelmäßig die Perückenmacher aus Torino hier einfanden, um den Berglern ihre Haare abzumarkten, die dann die Häupter der Reichen in Rom und Paris zierten.

Der Parkplatz am Dorfeingang eignet sich als ruhiger Stellplatz mit wunderbarer Aussicht:

WOMO-Stellplatz: Elva

Position: N 44°32.362' E 07°05.398'; **WOMO-Zahl**: <5;
Ausstattung: Mülleimer, Gaststätte;
Zufahrt: am Ortseingang von Elva rechts der Straße.

Nach einer ruhigen Nacht muss ebenso ruhig geklärt werden, ob es über den Pass nach Norden in das **Valle Varaita** geht oder ob man sich zunächst zurück in die Ebene begibt. Uns nimmt das betagte Fahrzeug die Entscheidung ab: wir müssen den Rückweg antreten, allerdings nicht auf dem direkten Weg der Herfahrt, sondern über S. Martino und S. Peyre hinab ins Tal nach Stroppo. In **S. Martino** muss man unbedingt oberhalb des Ortes anhalten - hier steht allerdings nicht viel Platz zur

Verfügung - zu Fuß in die Krunkelstraßen des Bergdorfs hinabsteigen und die einzigartige Bar *Lou Roure* aufsuchen, die höchst unregelmäßig den Kunden mit kleiner Karte und großer Aussicht bewirtet.

Die Straße schlängelt sich weiter durch vielblumige Bergwiesen nach **Sampeyre**, in dessen Kirche ebenfalls unglaublich lebendige Fresken besichtigt werden können. Der weitere Weg führt uns dann zurück nach **Stroppo** – der Name kommt übrigens aus dem *Languedoc* und bedeutet in erstaunlicher linguistischer Verkürzung *„Herde von Schafen oder Ziegen"* – und von dort nach Dronero.

Zwar haben wir ein altes und etwas kurzatmiges WOMO, aber trotzdem gute Freunde: Margarete und Harry aus Heidelberg sind mit ihren Gurkenzwickern Gianna und Benedikt in einem zeitgenössischen Fahrzeug von **Elva** aus über den Pass in das **Valle Varaita** gefahren und werden deshalb hier kurzerhand zu Co-Autoren befördert. Hier ihr Bericht von der Überfahrt in das Val Varaita:

„Nachdem wir uns gebührend von Annette, Wolfgang und dem Schinken verabschiedet haben, trinken wir einen letzten Café an der Bar des kleinen Gasthauses und wählen dann die zweite Zufahrt von Elva. Die Straße zum Pass schlängelt sich kurvenreich durch den Wald. Bald haben wir die Baumgrenze erreicht und den Abzweig in Richtung Stroppo hinter uns gelassen. Ein Piepston kündigt in der abgeschiedenen, kargen Gegend eine SMS an, eine besorgte Annette erkundigt sich, ob wir bei unserer Abreise aus Elva auch noch alle Haare auf dem Kopf hätten. Was meint sie damit bloß? Plötzlich, hinter einer Kurve, rollt etwas aus der Wiese auf die Straße. Neugierig halten wir an und identifizieren das Knäuel als ein Murmeltier, das bei unserer Annäherung natürlich sofort das Weite in Richtung Wiese auf der anderen Straßenseite sucht. Wir trauen unseren Augen kaum (haben wir doch die 3 einsamen Murmeltiere im Murmeltierpark auf dem Grimselpass bedauert), denn aus der oberen Wiese tauchen noch ca. 20 weitere Murmeltiere auf und überqueren vor unseren Augen die Straße. Ein wunderschönes Naturerlebnis, welches nur noch durch den Ausblick übertroffen wird, der uns auf dem Pass erwartet. Vor uns liegt ein atemberaubender Blick auf die Bergwelt, die das tief unten liegende Val Varaita umgibt. Wir genießen die Aussicht bei einem ausgiebigen Picknick. Frisch gestärkt geht die Fahrt bergab nach Sampeyre."

Soweit Margarete und Harry. Wir jedoch sind mit unserem rauchenden Schinken sozusagen zeitgleich zurück nach **Dronero** gefahren und suchen vor unserem Wiedersehen noch zwei fromme Sehenswürdigkeiten auf. Dieser Abstecher führt uns an einem Stellplatz vorbei, der mitten in Dronero unmittelbar an der

Straße zum Val Varaita liegt und nicht zu übersehen ist, denn direkt nebenan liegt ein sogenannter „Camper-Club“, der reichbevölkert ist – allerdings nur von den Clubmitgliedern. Wir wollen Ihnen diesen Stellplatz nicht empfehlen, denn er hat unserem

Gefühl nach die Anmutung einer Schrebergartenkolonie. Im Übrigen ist uns hier mehrfaches Unheil widerfahren. Wir sind direkt am „Camper-Club“ in eine kleine Straße nach Norden zu den Heiligtümern **S. Maria Delibera** und **S. Costanzo al Monte** eingebogen. Zuerst stoßen wir nach 1,2 km auf die Klosterkirche S. Maria Delibera, die nur in Absprache mit dem *custode* besichtigt werden kann. Das ist nicht einfach, denn seine Frau fällt ihm ständig ins Wort und beschwert sich auch dem Fremden gegenüber wortreich über seine notorische Faulheit und die Ungezogenheit seiner zahlreichen Hunde. Wir belassen es schließlich bei einer Außenbesichtigung und wenden uns – es dämmert schon - dem gegenüber der Kirche liegenden Parkplatz zu: ein ausgezeichneter Stellplatz! Bevor wir aber hier den Abend mit einem grünglasigen Mitbringsel aus Dronero ausklingen lassen, wollen wir pflichtschuldig das zweite *santuario* noch schnell besichtigen. Es kommt Hektik auf, denn es dämmert unaufhaltsam. Wir folgen dem Weg einige hundert Meter weiter in den Wald und erreichen tatsächlich die romanisch-gotische Benediktinerkirche. Allerdings überschätzen wir die Befahrbarkeit des Waldwegs und setzen in einer Senke beim Rückwärtseinparken mit unserer Ladebrücke am Heck geräuschvoll auf. Der kleine Fahrfehler kann eindeutig nur auf die fortgeschrittene Dämmerung zurückgeführt werden.

Es stellt sich obendrein heraus, dass das Bauwerk saniert wird und deshalb eingerüstet ist – und zwar dies schon seit 1992! Sie werden Verständnis dafür haben, dass angesichts dieser Erkenntnis und der einbrechenden Dunkelheit verstärkte Nervosität aufkommt. Während Annette zum Fotografieren tapfer und unerschrocken das Gerüst ersteigt, gräbt Wolfgang mit allen verfügbaren bordeigenen Mitteln den „Schinken“ aus. Beides gelingt nur teilweise: ohne vorzeigbare Fotos kommt Annette zurück und muss mitansehen, wie Wolfgang unchristlich fluchend das Gefährt aus dem Schotter herausquält.

Wir entschließen uns resignierend, Ihnen hier – und nur hier – für nähere Informationen zum Bauwerk die Lektüre des

DuMont-Reiseführers anzuempfehlen, obwohl dieser wie andere Reiseführer halsstarrig behauptet, die Kirche würde sich auf einer Kuppe befinden, was ganz einfach nicht zutreffend ist. Haben deren Autoren hier etwa auch Probleme mit der Anfahrt gehabt und sind womöglich in der gleichen Senke steckengeblieben?

Schnell noch die Koordinaten aufnehmen, bevor es gänzlich dunkel geworden ist! Das GPS ist weg, verlorengegangen, nicht mehr wiederzufinden! Trotzdem, der Stellplatz ist Spitzenklasse:

WOMO-Stell- und Picknickplatz: S. Maria Delibera

Position: N 00°00.000' E 00°00.000' (GPS im Gebüsch?); **WOMO-Zahl**: <5; **Ausstattung**: Brunnen, Holztische und –bänke, Spielplatz, Mülleimer; **Zufahrt**: von Dronero aus 1,5 km nach Norden Richtung Santuari.

Am nächsten Morgen analysieren wir den vergangenen Abend. Wo ist das geliebte gelbe GPS verlorengegangen? Ein ausgedehnter Spaziergang auf den eigenen Pfaden bleibt ohne jeden Erfolg. *Schwamm drüber*, sagt Annette. *Sch... drauf*, sagt Wolfgang. *Andere sind auch ohne GPS groß geworden und haben es trotzdem zu etwas gebracht*, hätte die Mutter Irmgard wohl gesagt.

Wir starten entschlossen durch in Richtung Busca und biegen nach 8 km nach **Rossana** ab. Das Tal beginnt mit weitläufigen Wiesen und Pfirsichplantagen und verengt sich zunehmend. Hier wird eine prächtige Käsespezialität hergestellt und am Straßenrand feilgeboten: der *Toumin da Mel*. In Sampeyre stoßen wir dann auf den von Süden kommenden Übergang vom Val Maira.

Wir fahren weiter nach Westen. Es geht stetig bergan. Die Luft wird gebirgig. Vor **Casteldelfino** schwingt sich die Straße über einige Serpentinen plötzlich hinauf. Das Panorama des Westalpenbogens entfaltet sich. Unser Etappenziel ist der **Stausee Lago di Castello**, der 1930 unter Inkaufnahme des Verlustes eines Teils des Dorfes **Pontechianale** angelegt worden ist. Jährlich am 10. August wird hier das Patronatsfest *„Sta. Maria Maddalena"* gefeiert, dessen Höhepunkt eine Art Seifenkistenrennen ist, welches unter lautstarker Teilnahme großer Zuschauermengen mit Fahrrädern ohne Kette und Pedale ausgetragen wird. Wir fahren am Nordufer des Sees bis Pontechianale und finden dort zunächst einen schönen Campingplatz, den ***Camping Libac***. Direkt vor seinem Eingang befindet sich aber auch ein einfacher Stellplatz; das freie Abstellen des WOMOs ist hier übrigens ansonsten ausdrücklich nicht gestattet:

Bauernhof in Casteldelfino

WOMO-Stellplatz: Pontechianale

Position: N 00°00.000' E 00°00.000' (GPS immer noch im Gebüsch);
WOMO-Zahl: <20; **Ausstattung**: Entsorgung, Mülleimer, Wasser, kein Schatten; **Zufahrt**: in Pontechianale am grossen Parkplatz nach links Richtung Campingplatz abbiegen;
Parkgebühr: 5 € pro Nacht, zu entrichten an der Bar Pineta Nord auf dem benachbarten Campingplatz

Wir nutzen die späte Nachmittagssonne, um uns zu Fuß auf die Umrundung des Stausees zu begeben. Vorbei an diversen Aussichts- und Picknick-Bänken erreichen wir das südwestliche Ufer, wo sich die Staumauer mächtig über dem Auslass des noch kleinen Flüsschen S Varaita erhebt. Angesichts des klaren sprudelnden Wassers kommen uns spontan Gelüste auf frische Forellen, die wir in dem einzigen Lebensmittelladen des kleinen Ortes **Castello** erfüllen wollen. Der stolze Krämer schluckt seine Enttäuschung, dass wir an seinen herrlichen Salamis nicht interessiert sind und gibt uns nach einem kurzen Telefonat den ultimativen Geheimtipp: **Aurelio und sein weißer Mitsubishi** sind die Lösung aller Forellenprobleme.

Wir kehren auf dem schnellsten Weg, nämlich am Nordufer, zurück, auch wenn die Strecke an der Straße entlang nicht besonders angenehm ist. Tatsächlich entdecken wir am kiesigen Strand, wo die Varaita in den Stausee mündet, das versprochene Gefährt und nicht weit davon **Aurelio mit seiner Wunderangel**. Als ob er nur auf uns gewartet hätte, schiebt er seine Kappe in den Nacken, wirft einen prüfenden Blick auf die blitzende Wasseroberfläche und in einem Atemzug die Angelschnur hinterher. Wir verpassen fast den triumphalen Moment des Fangs. Der Köder ist nämlich kaum in den Wellen entschwunden, als bereits die prächtigste Forelle aller Zeiten am Haken zappelt. Während Aurelio uns in demonstrativer Selbstverständlichkeit den Fisch zur Ansicht unter die Nase hält, bricht bei den umstehenden Hobbyanglern hektisches Gewühle in den Köder- und Fliegensortimenten aus. Noch bevor neue, bessere, buntere Köder und Kunstfliegen aufgespießt und die Standplätze im Wasser neu verteilt sind, hat Aurelio schon den nächsten Fang angelandet. Unter den neidischen Blicken der Sportsfreunde unterbreitet er uns ein Angebot, das wir nicht abschlagen können: Nicht als Kaufpreis, sondern eher als Eintritts– und Lehrgeld für die Umstehenden, entrichten wir gerne 3 Euro pro Fisch und bekommen ihn zu unserer Erleichterung auch noch ausgenommen. Aurelio ist übrigens zuständig für die Erteilung von Angelerlaubnissen - falls sich doch noch jemand selbst blamieren möchte.

Aurelio, die Forelle erblickend

Nach einem köstlichen Grillabend und einer angenehmen Nacht in dieser wunderbaren Bergluft und Stille fahren wir am nächsten Morgen noch ein Stück weit nach Westen Richtung **Colle dell´Agnello**. Vorbei an einigen traumhaften Picknick- oder auch halblegalen Stellplätzen, nämlich kleinen Buchten in den Sträuchern rechts und links der Straße, erreichen wir alsbald eine verlassene Mautstation, hinter der sich das Sträßchen weiter in die Westalpen schlängelt und unseren sehnsüchtigen Blicken entwindet, da wir den „Schinken“ nicht wieder auf Grund setzen oder zum Kochen bringen wollen.

Also fahren wir zurück und sind wieder einmal erstaunt darüber, wie nahe im Piemont die Berge und die Ebene

beieinander sind. Aber das sagt ja eigentlich schon der Name: Land am Fuß der Berge.

Unterwegs fällt uns in **Venasca** ein Hinweisschild zum Golfclub *Il Bricco* in's Auge.

Einerseits sind wir im Rahmen unserer Reiseschriftstellerei neugierig, wie ein Golfplatz in dieser Bergwelt wohl aussehen mag, andererseits führen wir wie zufällig einige Eisen im Gepäck. Die Straße kringelt sich durch Wälder und Wiesen ungefähr 4 km steil hinauf. Tatsächlich stoßen wir auf einen Golfplatz, den der uninformierte Wanderer möglicherweise als solchen nicht erkennen würde. Man hat eigentlich nur die Kühe woanders hingetrieben, Fahnen aufgestellt und alsbald den Spielbetrieb aufgenommen. Sofort fällt uns die famose Handlungsanweisung von W. C. Fields ein: *„Für den Fall eines Schlangenbisses sollte man immer eine kleine Flasche Whiskey bei sich führen. Außerdem sollte man immer eine kleine Schlange bei sich führen.“* Hier würde man sagen: *„Für den Fall des überraschenden Auftauchens eines Golfplatzes sollte man immer ein 7er Eisen mit sich führen. Außerdem sollte man einen qualifizierten WOMO-Reiseführer mit sich führen, in dem auch sehr entlegene Golfplätze erwähnt werden.“* Der *segretario* ist begeistert vom Eintreffen der internationalen Golfelite und bietet uns Unterstützung in allen Fragen der Ausrüstung an. Unaufgefordert und ohne jede peinliche Verhandlung reduziert er das *Greenfee* von regulären 17 € auf 12 €. Damen spielen heute übrigens kostenlos.

So spielen, nein: durchklettern wir in brüllender Hitze den merkwürdigsten Golfkurs unserer Karriere, ganz alleine, bewaffnet mit einem gigantischen „Red Bull"-Sonnenschirm des *segretarios* und mit einem unvergleichlichen Blick bis hinunter in das Saluzzese. Den Fachleuten unter Ihnen können wir sagen, dass alles oberhalb von Eisen 7 zu Hause bleiben kann. Dafür sollten Sie sicherheitshalber Seil und Karabiner bereithalten. Der Parkplatz vor dem Clubhaus eignet sich übrigens hervorragend für eine ruhige Übernachtung nach einer schweißtreibenden Runde und entsprechenden Erfrischungen auf der kleinen Terrasse des *segretarios*:

WOMO-Stellplatz: Il Bricco

Position: N 00°00.000' E 00°00.000' (immer noch GPS-los);**WOMO-Zahl**: <5; **Ausstattung**: Mülleimer, Clubhouse; **Zufahrt**: in Vernasca Richtung *‚Il Bricco'* bzw. *‚Campo Golf'* nach Südosten abbiegen, ca. 4 km Auffahrt durch Wälder und Wiesen, den Golfplatz-Schildern folgen

Nach diesen erschöpfenden Auskünften über den Sport der Reichen und Schönen möchten wir Sie der Obhut unseres Kollegen Gréus anvertrauen, dessen Tour 11 Sie nach Süden in das Hinterland Liguriens und an dessen Küste führen wird.

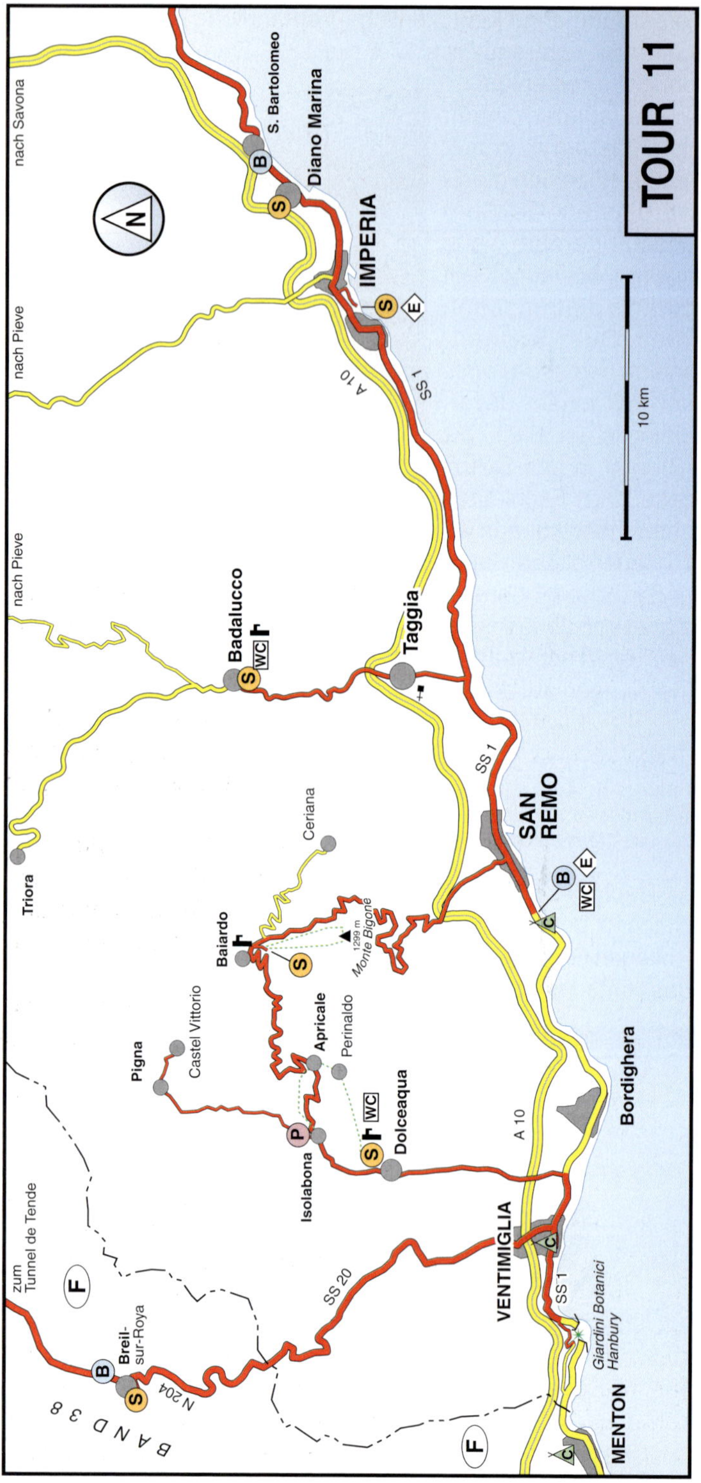
TOUR 11
nach Savona
S. Bartolomeo
Diano Marina
IMPERIA
nach Pieve
A 10
SS 1
10 km
nach Pieve
Badalucco
Taggia
SAN REMO
Triora
Ceriana
Baiardo
1299 m
Monte Bigone
Castel Vittorio
Apricale
Perinaldo
Pigna
Dolceaqua
Isolabona
Bordighera
VENTIMIGLIA
zum Tunnel de Tende
Breil-sur-Roya
SS 20
N 204
BAND 38
Giardini Botanici Hanbury
MENTON
F

Tour 11: Hinterland mit Küste

Ventimiglia - Dolceacqua - Baiardo - San Remo
Taggia - Imperia

Stellplätze:	in Dolceacqua, in Isolabona, in Baiardo, in San Remo, in Badalucco, in Imperia
Campingplätze:	in Ventimiglia, in San Remo
Besichtigen:	Botanische Gärten der Villa Hanbury, Dolceacqua, Pigna, Apricale, Baiardo, San Remo, Badalucco, Taggia
Wandern:	von Isolabona nach Perinaldo, von Baiardo zum Monte Bignone
Essen:	*Trattoria Re* in Dolceacqua, Ristorante *Il Ponte* in Badalucco

Mal ehrlich, kennen Sie Leute, die mit einem Wohnmobil die Ligurische Küste bereist und hinterher davon geschwärmt haben? Wer von Ihnen war schon dort?

Und noch schneller wieder weg?

Aber wurde nicht auch Ihr Interesse an vorliegendem Buch gerade dadurch geweckt, dass Ligurien, jene lange, schmale und überwiegend von der Nähe zur Küste bestimmte Region Italiens darin vorkommt?

Wie schön aber wäre das Leben, hätte die Wirklichkeit Liguriens nur ein wenig mehr vom noch nicht völlig ramponierten Rest ihres Rufes! Ein Überbleibsel von Individualismus und italienischer Lebensfreude an wohlgedeckten Tischen unter zitronenschweren Bäumen!

Den tollen Kerlen vom WOMO-Verlag wird die Quadratur des Kreises wohl gelingen, dachten Sie und kauften dieses Buch.

Wir nehmen es vorweg: Ligurien ist besser als sein Ruf. Viel besser, wenn man die richtigen Aktivitäten zur richtigen Zeit am richtigen Ort durchführt und dabei noch verschmerzt, dass das Wetter in den Übergangszeiten deutlich schlechter ist als in den anderen Regionen des nördlichen Mittelmeers (wir haben das nicht durch wissenschaftliche Studien abgesichert, sondern behaupten es aufgrund eigener Reisen einfach mal so). Unser unter dem Strich positives Urteil bedurfte allerdings mehrerer Anläufe, die wir alle entweder mit dem Piemont oder der Toskana verknüpft hatten. Und bei deren erstem wir anlässlich eines Exkurses entlang der ligurischen Küste den Entschluss für dieses Buch, zumindest für die Einbeziehung

Liguriens, erst einmal aufgaben. Wir waren schlecht vorbereitet, trotz der beiden schönen Reiseführer aus dem Michael-Müller- und dem Oase-Verlag. Wir waren zur falschen Zeit an den falschen Orten und, das war das Schlimmste, wir hatten uns in der falschen Zeit für den falschen Ort auch noch das falsche Programm vorgenommen.

Zugegeben, es ist schwarz-weiße Reiseliteratur nach der Holzhammer-Methode, wenn wir Sie mit solchen Hinweisen einstimmen. Wir wissen nicht alles besser, und wir wollen Ihnen individuelles Reisen auch nicht absprechen, aber wir ahnen, dass auch Sie die Fehler machen, die die meisten Ligurien-Reisenden, zumindest wenn sie mit dem Wohnmobil unterwegs sind, begehen, bevor sie sich abwenden oder gar vorzeitig nach Hause fahren:

Bedenken Sie, dass die Küste westlich von Genua stark zersiedelt ist, dass die Ortschaften ineinander übergehen, dass Gewächshäuser und Straßen dem Auge schmerzen. Es sind nicht Behausungen und Begleiterscheinungen gigantischen Massentourismus (den es hier in der spanisch-türkischen Riminiform nicht gibt), sondern Produktions- und Arbeitsstätten sowie die Infrastruktur ganzjährig Sesshafter. Beachten Sie, dass zwischen Bergen, Häusern und dem Strand nicht nur die Fernstraßen, sondern zumeist auch die Eisenbahnlinie verlaufen.

Bei einem solchen Mangel an Fläche bleibt kein Raum für ausgedehnte Stellplätze, nicht einmal für Campingplätze gewöhnlicher Ausmaße. Es gibt westlich von Moneglia, wenn wir uns nicht täuschen, keinen einzigen am Meer gelegenen Campingplatz, wo man in der Saison nicht nahe einer Durchgangsstraße steht. Die Campingplätze sind klein, großenteils sogar sehr klein, überwiegend liegen sie nicht am Strand, teuer sind sie außerdem und in der Saison auch schnell voll.

Auch die „freien“ Wohnmobilstellplätze nahe des Meeres sind von der letzten Juliwoche bis etwa zum 20. August sowie von Karfreitag bis Ostermontag gnadenlos überfüllt, auf ihnen, wir reden nur von der unmittelbaren Küsten, steht der Nachbar oftmals so nahe, dass man nicht einmal das Fenster vollständig aufklappen kann. Und man findet deutlich weniger Sandstrände als erwartet, noch geringer ist die Anzahl derer, an denen man mit dem Wohnmobil parken oder gar übernachten kann.

Es gibt also ein paar Ziele, die darf man nicht zu bestimmten Zeiten bereisen, nicht als Ligurien-Anfänger oder nicht mit dem WOMO. Wir gehen im Folgenden näher darauf ein.

Bevor Sie an die ligurische Küste fahren, müssen Sie sich darüber im Klaren sein, welche Aktivitäten oder Nicht-Aktivitäten Sie dort erleben wollen. Sind Sie beispielsweise mit kleineren Kindern unterwegs und suchen Sie Anfang August eine Bleibe an einem Sandstrand, sei es auch auf einem Campingplatz, werden Sie vermutlich keinen Erfolg haben. Eine unvorbereitete Urlaubs-Fahrt zu dieser Zeit kann Sie eigentlich nur Frühbucher werden lassen: zwei Wochen Kreta mit Vollpension. Dasselbe Ziel drei Wochen später oder mit einem anderen Anspruch wird Sie stattdessen womöglich bewegen, Ihr Mietmobil kaufen zu wollen.

Ligurien ist ideal für Wanderfreunde und für Reisende, die mobil sind, häufig ihren Standort ändern und ihr Urlaubsglück nicht darin suchen, lange in der Sonne zu bräunen. Wer Spaß am Hinterland hat, das, wie auch an der benachbarten Côte d'Azur, schon wenige Kilometer landeinwärts beginnt, wird garantiert nach Ligurien zurückkehren.

Werden wir systematisch:

Sie starten zu Ihrer Ligurien-Reise im äußersten Westen, und wenn Sie dies im Anschluss an die vorangegangenen Touren tun möchten, nähern Sie sich, weil Sie nicht auf derselben Strecke entlang der Küste einmal hin und danach wieder zurück fahren möchten, durch das Tal des Flusses Roja. Also südlich von Cuneo durch den Tunnel de Tende und ein Stück durch Frankreich. Wenn Sie dabei ein wenig in *Band 38* der *WOMO-Reihe* schmökern, wo sich der Autor dieser Zeilen mit dem schönen Roja-Tal, den Seitentälern samt Stellplätzen und unglaublich sehenswerten Fresken beschäftigt, könnte Ihnen die Zeit am Nachmittag für ihr eigentliches Ziel am westlichsten Küstenzipfel von Italien, die **Botanischen Gärten** der **Villa Hanbury**, nicht mehr reichen. Was nicht schlimm wäre, wenn Sie jenen *Band 38* besäßen, weil

Botanischer Garten der Villa Hanbury

Ihnen dort Stellplätze in Frankreich genannt werden. In Italien hingegen können wir damit zunächst nicht dienen.

Wir sind schon froh, wenn wir auf der abschüssigen Straße unweit des Eingangs für die Zeit der Besichtigung des überaus lohnenden Gartens eine Parklücke finden. Sir Thomas Hanbury war ein englischer Adliger, der, wie es im offiziellen Prospekt so schön heißt, *„als steinreicher Mann aus dem fernen Osten zurückgekehrt war"*. Gerade zu einer Zeit, als andere reiche Engländer die Côte d'Azur und die italienische Riviera zu entdecken begannen. Hanbury, dessen Lebenswerk von Sohn und Schwiegertochter später weitergeführt wurde, erweiterte nicht nur eine prächtige Villa am Abhang über dem Meer, sondern er begann auch mit dem Ausbau eines Parks, der heute zu den berühmtesten botanischen Gärten der Welt zählt. 1883 wurden 600 verschiedene Gewächse erfasst, 1889 waren es schon 3.500 Arten, und der Katalog des Jahres 1912 enthielt 5.800; Zitrusfrüchte, Kakteen, Agaven, Kiefern, Heilpflanzen, allein mehr als 120 verschiedene Salbeiarten usw.

Sogar an einem blassgrauen völlig verregneten Karfreitag haben uns die vielfältigen Pflanzen, genauso wie die zu diesem Zeitpunkt teilweise zugängliche Villa und die wunderbare Lage begeistert. Wobei das Gelände noch den unschätzbaren Vorteil hat, dass es überschaubar ist und man nicht einen halben Urlaubstag alleine für den Rundgang opfern muss. Die ***Giardini Botanici Hanbury*** liegen zwischen Ventimiglia und der französischen Grenze bei der Ortschaft Mortola an einer parallel zur SS 1 verlaufenden Nebenstraße und sind nicht zu verfehlen *(auf die Schilderung weiterer Einzelheiten können wir hier verzichten, da im Eintrittspreis ein hervorragender deutschsprachiger Prospekt enthalten ist, der Ihnen alle Stationen des empfohlenen Rundweges und die dort anzutreffenden Pflanzen genauestens erklärt; 6,50 €, es gibt auch Familienermäßigung; das ganze Jahr über geöffnet, im Winter mittwochs geschlossen, in der Zeit vom 1.3. bis Ende Oktober von 9.30-17 Uhr, von Mitte Juni bis Mitte September auch bis 18 Uhr geöffnet, wobei man sich eine Stunde länger als die offizielle Öffnungszeit im Garten noch aufhalten darf).*

Wer gut plant, verbindet den Besuch der Gärten mit einer Fahrt nach **Ventimiglia** (XXmiglia, weil *venti* = 20 = XX), ein Einfall, den Sie vielleicht auch ohne uns gehabt hätten. Aber dass Sie die Stadt (26.000 Einwohner) und die Gärten an einem Freitag bereisen sollten, muss Ihnen erst mal gesagt werden. Idealerweise ist es der Karfreitag, weil dann der **Markt** von Ventimiglia, ohnehin schon einer des größten Italiens, wegen der bevorstehenden Ostertage besonders gut bestückt ist (Sie werden ihn beim Vorbeifahren nicht übersehen). Das

Verkehrschaos in der lebhaften Grenzstadt ist dann noch größer, und Sie sollten es so einrichten, dass Sie nicht nach 15 Uhr in westlicher Richtung fahren, weil Sie sonst in den Stau der bepackten Franzosen geraten, die sich mit italienischen Lebensmitteln eingedeckt haben. Ob Sie in Ventimiglia noch mehr als den Markt am Ufer der Roja ansehen, ist eher unwahrscheinlich. Ganz nett ist am anderen Roja-Ufer noch ein Bummel durch die auf einem Hügel liegende **Altstadt** zur romanischen **Kathedrale**, während die Altertumsfreaks eher das archäologische **Ausgrabungsgelände** an der Via Aurelia, im östlichen Teil der Neustadt, bevorzugen, an dem Sie unweigerlich vorbeifahren.

Strandmäßig spielt XXmiglia in den unteren Ligen, und falls Sie hier tatsächlich übernachten wollen, beispielsweise in der Nacht auf Freitag, was wir noch nie getan haben, aber für eine durchaus gute Idee halten, würden wir den lauten aber absolut zentralen **Campingplatz** an der Straße zum französischen Menton, nördlich des Altstadthügels, besuchen *(Camping Roma, April - September, beschildert)*, der einem Stellplatz ähnlicher ist als einem herkömmlichen Campinggelände.

in Dolceacqua

Für die Nacht nach dem Markt und dem botanischen Garten empfehlen wir hingegen einen kleinen Abstecher landeinwärts, der auch auf der Strecke unserer Tour liegt. Schon nach wenigen 100 m lassen wir die Hektik der Grenzstadt und der Küste hinter uns. Erst recht in **Dolceacqua** (1.700 Einwohner) einem liebenswerten Nest, dessen malerische Altstadt fotogen hinter einer kühnen **Brücke** an einer Biegung des Flüsschens Nervia den Hang empor wächst, nur noch überragt von der stattlichen Ruine des **Castello Doria**.

Sie werden erstaunt feststellen, dass in schmalen, teilweise überbauten Treppengassen noch richtige Einwohner leben, dass es dort sogar noch einen kleinen Laden für den täglichen Bedarf gibt und dass der Ort, obgleich so dicht an der Küste und derart pittoresk, noch nicht von echten und nicht einmal von vermeintlichen Künstlern vereinnahmt worden ist, die im Hinterland der nahen Côte d'Azur im Verein mit den Zweithausbesitzern vergleichbaren Orten die Urwüchsigkeit gestohlen haben. Sicher werden auch in Dolceacqua und den nacherwähnten Dörfern die Uhren nicht still stehen, umso mehr sollten Sie sich mit einer Reise in diesen wirklich schönen Teil hinter der Küste beeilen und dabei unten am Fluss und an einer gepflasterten Piazza auch einen Blick in die **Pfarrkirche Sant'Antonio Abate** werfen. Hinter der klassizistischen Fassade hätten Sie nicht einen Flügelaltar von Ludovico (Louis) Brea aus dem 15. Jahrhundert erwartet. Der Name kommt Ihnen bekannt vor? Dann waren Sie schon in Genua oder an der Côte d'Azur, der Meister wurde in Nizza geboren und starb dort auch um 1522.

Der Übernachtungsplatz von Dolceacqua liegt wunderschön und hat nur den Nachteil, dass er oft voll ist, weil es sich um einen der beiden Parkplätze des Ortes handelt, den die Einheimischen benötigen:

WOMO-Stellplatz: Dolceacqua

Position: N 43°50.963' E 07°37.497'; **WOMO-Zahl**: <5; **Ausstattung**: Toilette (unter der Zufahrtsbrücke),, Wasser (beim Spielplatz), Mülleimer, Gaststätten, Geschäfte, Wanderwege. **Zufahrt**: Gegenüber dem Kirchturm überqueren Sie auf einer etwas mickrigen Brücke den Fluss, danach fahren Sie rechts auf den Parkplatz oberhalb der Tennisplätze. Die Fluktuation parkender Autos ist hoch. Wenn Sie seitlich der Tennisplätze eine Zeitlang warten, wird bestimmt ein Plätzchen frei. Allerdings ist der Platz für Fahrzeuge mit mehr als 6,50 m Länge nur bedingt geeignet.
Nehmen Sie dann die **Alternative** in der Nähe der Durchgangsstraße; ca. 200 m südlich der Zufahrtsbrücke sehen Sie direkt seitlich der Straße bei einer Art Festhalle ein Parkplatzgelände.

Hätten wir nicht unter dem goldnen Blechrelief eines Königs an der Hausfassade eine kurze Speisekarte entdeckt, hätten wir das Etablissement für einen reinen Weinladen

Dolceacqua

gehalten und angenommen, dass auf den abgestoßenen Pressspantischen im Hinterzimmer die Packarbeiten für den Flaschenversand stattfinden. ***Trattoria Re*** nennt sich der Laden, *Enoteca* wäre passender. Denn die Zubereitung von Speisen scheint eher ein Nebenerwerb zu sein. Umso erstaunlicher ist die überzeugende Qualität ! Selten aßen wir bessere *Agnolotti al Plin* (kleine mit Fleisch gefüllte Teigtäschchen, die eigentlich im Piemont zu Hause sind). Aber es müsste den Wirtsleuten mal jemand sagen, dass auf diese Tische wenigstens eine Decke gehört. Zu den relativ kleinen Portionen können Sie angeblich unter 1.600 Weinsorten wählen, darunter viele offene *(an der Durchgangsstraße, donnerstags geschlossen; Tel. 0184 206137).*

Etwa 3 km weiter nördlich, in **Isolabona**, einem ähnlich malerischen Dorf, treffen Sie auf einen noch schöner gelegeneren Stellplatz:

WOMO-Picknickplatz: Isolabona

Position: N 43°52.312' E 07°38.417'; **WOMO-Zahl**: >5;
Ausstattung: Bänke und Tische, Mülleimer, Gaststätte, Geschäft, Wanderwege, Spielplatz, möglicherweise für WOMOs über 6,50 m Länge ungeeignet (allerdings gibt es unterhalb des am Hang gelegenen Stellplatzes einen weiteren Parkplatz, auf dem größere Fahrzeuge Platz haben; nur befindet sich dort eine bei unseren Recherchen offenstehende WOMO-Barriere);
Zufahrt: am Nordrand von Isolabona nicht zu verfehlen.

Beim Blick auf die Karte muss man sich schon ein wenig überwinden, um einen kleinen Abstecher ins etwa 9 km nördlich gelegene **Pigna** (990 Einwohner) zu wagen. Das Sträßchen ist schmal (aber problemlos zu befahren), und für den Rückweg gibt es keine Alternative. Der mittelalterliche Ortskern ist dennoch überaus lohnend, die Gassen des verschachtelten Altstadtkerns ähneln einem Tunnelsystem. *Pigna* heißt auf Deutsch *Tannenzapfen* oder *Stapel* und widerspiegelt die Bauweise der Altstadthäuser, die wie die Schuppen eines Zapfens übereinander geschichtet scheinen. Eine ähnliche Altstadt, die auch *La Pigna* heißt, finden Sie in San Remo (siehe unten). Im weiteren Altstadtbereich können Sie viele schöne Winkel und Brunnen entdecken. Und Sie können noch ins benachbarte **Castell Vittorio** (300 Einwohner) weiterfahren, das wir selbst noch nicht kennen, obgleich dessen weithin sichtbare Lage durchaus anmacht.

Theoretisch können Sie von hier aus auch nach Baiardo abkürzen, praktisch ist die Straße aber zu schlecht. Zudem würden Sie dabei Apricale auslassen, was unzulässig ist, weil man sich **Apricale** (600 Einwohner), einem der fotogensten Bergdörfer Liguriens, von unten, von Isolabona, nähert - wegen des Sonnenstandes möglichst am Nachmittag. Oder zu Fuß auf einem ab Isolabona markierten Weg (Näheres müssen Sie sich mit Hilfe der Wanderkarte zusammenstellen, bevor wir diesen Weg selbst gegangen sind).

Apricale

Mit der Wanderkarte könnte man einen dort eingezeichneten Weg von Isolabona nach Apricale wählen, danach weiter zur Aussichtsplattform von Perinaldo und dort entweder umkehren oder runter nach Dolceacqua und dann entlang der Straße zurück nach Isolabona *(Kompass-Karte Nr. 640, Nizza - St. Remo)*.

In dem sich über einen steilen Hang erstreckenden bunten Fassaden-Puzzle stören neuerdings wieder Baukräne, seit die Einwohnerzahl von Apricale, das vor nicht allzu langer Zeit beinahe entvölkert war, wieder zunimmt. Zwar nicht überwiegend von Menschen, die dort das ganze Jahr wohnen, aber das Dorf ist keineswegs eine außerhalb der Saison verwaiste Geistersiedlung. Ganz im Gegenteil ! Schade, dass es hier keinen Raum für größere Parkplätze gibt und wir demnach auch keinen geeigneten Stellplatz gefunden haben. Anhalten und Parken ist schon schwer genug, aber möglich und absolut lohnend.

Hinter Apricale schraubt sich die schmale Straße allmählich immer höher, Sie drücken beharrlich vor jeder unübersichtlichen Kurve auf die Hupe und freuen sich, wenn Sie in Baiardo angekommen sind, ohne dass Ihnen ein Bus oder

Baiardo

Laster begegnet ist. Andererseits ist die Strecke nicht so schwierig, dass Sie hier bereuen, das eigentlich zu große Wohnmobil mit der Heckgarage gekauft zu haben, in der die Bierkästen aus dem heimischen Getränkemarkt in jeder Kurve scheppern. **Baiardo** (350 Einwohner) liegt auf 900 m, was Sie im Sommer zu schätzen wissen. Wir haben uns stattdessen einen wettermäßig instabilen Ostersamstag ausgesucht und sind unversehens aus dem Frühsommer in den Vorfrühling geraten, so dass wir unseren Plan aufgeben, hier oben zu übernachten. Das dazu passende Plätzchen hätten wir allerdings gefunden, eines aus der Balkon-Klasse mit phantastischem Blick ins Tal. Dafür geschaffen, um an einem milden Abend vor dem Auto zu grillen:

WOMO-Stellplatz: Baiardo

Position: N 43°53.945' E 07°43.641';
WOMO-Zahl: >5;
Ausstattung: wunderbare Sicht, Wanderwege, leicht einsam, zumindest wenn die nahen Ferienhäuser nicht bewohnt sind.
Zufahrt: In Baiardo Wegweiser *,Campo Sportivo' ,Cimitero'*, es geht bergauf, vor einem ehemaligen Bunker rechts, bald am Sportplatz vorbei und hinter der Umkleidekabine rechts auf eine kleine Fläche am Hang. Wenn da schon die anderen stehen können Sie sich **stattdessen** etwa 80 m weiter vorne, nun auf deutlich geräumigerem Gelände, platzieren. Um von dort den schönen Blick zu genießen, müssen Sie den Hangweg entlang spazieren, der immerhin als Weg der Verliebten beschildert ist.

Baiardo ist eigentlich ein neues Dorf am Fuß des alten, das im Jahre 1887 von einem Erdbeben zerstört und seitdem nicht wieder aufgebaut worden ist. In den letzten Jahren allerdings haben sich Kenner gefunden, die liebevoll die eingestürzten Mauern restaurieren, und sogar an der Kirche wird gewerkelt. Das Erdbeben ließ deren Dach einstürzen und begrub 200 Menschen, die gerade an einer Messe teilnahmen. Eine unglaublich große Anzahl, gemessen an der Winzigkeit des Dorfes. Es gibt in der Gegend noch weitere Kirchen, in denen sich der Herrgott gleichermaßen ungnädig zeigte.

Auf der Terrasse hinter dem Gotteshaus beweist das kühle Osterwetter auch mal Vorzüge, es ermöglicht nämlich einen wunderbar klaren Blick auf tief verschneite, zum Greifen nahe Gipfel der Seealpen.

Unsere Wanderung, eher ein Wanderversuch, scheitert allerdings nach etwa einer Stunde. Wir erwähnen ihn trotzdem, weil Ausgangspunkt und Ziel für eine Ligurien-Wanderung wie geschaffen sind, zumal man sie auch im Sommer gut gehen kann, vornehmlich im Zusammenhang mit der Übernachtung am Sportplatz. Dort würde ich allerdings das WOMO während der Wanderung nicht abstellen. Direkt in Baiardo parkt es schon besser, in der Nähe der Bushaltestelle kann man es an den Straßenrand rangieren (dort gibt es auch Wasser).

Unser Ziel sollte der 1.299 m hohe **Monte Bignone** sein, und geleitet von Michael Pröttel und seiner Empfehlung im *Bruckmann Wanderführer*, haben wir uns am Sportplatz von Baiardo (siehe oben beim Stellplatz) links des ersten Wohnhauses auf den ansteigenden Weg gemacht, der allerdings nach kurzer Zeit samt der grünen Markierung nur noch schwer zu erkennen war und uns die Mühe abverlangte, über unzählige querliegende Baumstämme zu steigen. Die Orientierung wäre womöglich ohne durchgehend sichtbaren Pfad gar nicht so schwierig gewesen, wenn nicht plötzlich Nebelwolken den Berg eingehüllt und uns mit österlichen Graupelschauern überschüttet hätten. Auf halber Strecke kehrten wir deshalb um, und würden beim nächsten Mal lieber der Markierung auf der *Kompass-Karte* vertrauen, die zunächst seitlich der wenig befahrenen Straße verläuft. Auf dem Rückweg würden wir dann auf dem rot markierten Weg an den Ferienhäusern beim Sportplatz rauskommen, wie das auf der Karte ebenfalls eingezeichnet ist.

Und wenn wir nicht bis zum Monte Bignone wandern würden, nähmen wir nur diesen **wunderschönen Hangweg**, der markiert beim Sportplatz beginnt, wo Sie an den Ferienhäusern vorbei laufen und, falls Sie keine Karte dabei haben, irgendwann umkehren, wenn es Ihnen reicht. Der Weg ist so schön, dass man ihn zweimal gehen kann *(Kompass-Karte Nr. 640, Nizza - St. Remo)*.

Zurück an der Küste quälen wir uns durch den Nachmittagsverkehr von **San Remo** (55.000 Einwohner), betrachten im Vorbeifahren die eine oder andere Gründerzeitvilla aus einer Epoche, als sich vor allem reiche Engländer hier wie an der Côte d'Azur nieder ließen. Wir drehen am Casino, das dem von Monaco zu keiner Zeit das Wasser reichen konnte, eine Runde, wir denken an das berühmte Schlagerfestival und trotzdem an bessere Zeiten. Vielleicht hätten wir auch einiges angesehen, wir wären flaniert, hätten uns teure Schuhe gekauft, die enge Altstadt *La Pigna* (siehe oben bei Pigna) besichtigt und die Villa Nobel, wo Alfred, der Dynamit-Erfinder, 1896 starb. Läge nur der offizielle Stellplatz ein wenig näher am Zentrum - oder wäre er zumindest etwas schöner. Aber seien wir nicht allzu streng und loben wir, dass es in dieser mondänen Stadt überhaupt einen Stellplatz am Meer gibt:

WOMO-Badeplatz: San Remo

Position: N 43°48.181' E 08°01.549'; **WOMO-Zahl**: 60;
Ausstattung: Toilette, Wasser, Entsorgungsstation, maximal 36 Stunden, 2,5 km vom Zentrum entfernt, Bushaltestelle, Bademöglichkeit zumindest in der Nähe.
Zufahrt: Westlich der Stadt an der SS 1 beschildert, gleiche Abfahrt wie zum Campingplatz *Villaggio dei Fiori* ; **Parkgebühr**: 5 €, im Sommer 7 €. Der **Campingplatz** liegt direkt daneben, er ist ganzjährig geöffnet und wirkt nach unserem flüchtigen Eindruck etwas einladender. Sie können sich ja Beides ansehen und dann abwägen, auch unter dem Aspekt, dass sie bei einem Stadtbummel Ihr Fahrzeug stundenlang alleine lassen.

Wir zaudern am Kassenhäuschen der Zufahrt des Stellplatzes von San Remo. Am Nachmittag des Ostersamstags stehen die Fahrzeuge in dichten Reihen (allerdings bei weitem nicht so dicht wie zur selben Zeit auf anderen Plätzen), und hinter uns werden italienische Kollegen, denen wir den Weg versperren, ein wenig ungeduldig. Weshalb wir zögern verstehen sie nicht: Wir sind direkt am Meer, der Abend naht und es gibt noch Platz.

Aber mussten wir heute Mittag nicht schon beim Graupelschauer die Wanderung abbrechen? Können wir uns danach noch einen grauen Abend am grauen Meer in einer Reihe uniformer Fahrzeuge zumuten? Unterhalb der Küstenstraße fernab urbaner Strukturen? Wir sind zum Vergnügen unterwegs! Also wenden wir und berichten Ihnen nur deshalb davon, weil wir immer wieder die Erfahrung machen, dass es neben überaktiven Wohnmobilisten, die fahren und fahren, ankommen, essen, schlafen und wieder fahren, genauso viele gibt, die irgendwohin kommen,

Badalucco

unzufrieden sind, aber sich nicht mehr zur Weiterfahrt aufraffen können.

So nehmen wir die Straße über Taggia (das wir gleich näher beschreiben werden) und gelangen noch am Nachmittag in **Badalucco** (1.500 Einwohner) an das Ufer des Flüsschens Argentina. Neben uns stehen nur noch zwei andere Wohnmobile, der Himmel ist auch hier grau, aber im Café des Ortes bereitet man sich gerade auf Ostern vor: Man hebt die Prosecco-Gläser, stillt den nachmittäglichen Hunger mit kleinen Schinkenbrötchen und bespricht die Aktivitäten des langen Wochenendes. Die gute Stimmung springt auf uns über und nachdem wir durch das Küchenfenster des **Ristorante *Il Ponte*** *(mittwochs Ruhetag, Tel. 0184 40800)*, wo wir vier Köche werkeln sehen, erfolgreich einen Tisch reserviert haben, können wir beruhigt in den Abend hinübergleiten. Dass wir in dem wunderbar, oberhalb unseres Stellplatzes am Fluss und jenseits einer alten Bogenbrücke gelegenen Gasthaus bei der Reservierung Erfolg haben, scheint uns ein besonderer Glücksfall, handelt es sich wohl um das einzige Restaurant am Ort. Aufgrund einer ausgehängten Speisekarte hätten wir es nicht ausgewählt. Am *Il Ponte* hing noch nie eine Karte, und an diesem Zustand wird sich sicher auch in Zukunft nichts ändern.

Um 19.30 Uhr treten wir in einen festlich gedeckten Speisesaal, die blauen Tischdecken ächzen förmlich unter der Last der Gläser, Bestecke und bereits entkorkten Rotweinflaschen. Der Sänger hantiert noch beim Aufbau seiner Orgel, aber die Kellner sind schon leistungsbereit: Ob wir das Wasser mit oder ohne Kohlensäure nehmen, möchten sie wissen. Das ist die einzige Frage, die man uns stellt, bevor man uns fragt, ob wir einen Grappa wünschen. Das ist, wie Sie sich denken können, allerdings schon zwei Stunden später und nach dem Essen, als man uns den Espresso reicht. Was dazwischen lag ist nichts für Speisekartenleser, und wir wissen nicht, ob der Wunsch nach Abweichungen vom vorgegebenen Lauf der Dinge ein sofortiges Lokalverbot zur Folge hat. Sollten Sie jedoch einen der sechs Gänge auslassen, darunter köstliche *Gnocci* mit Trüffelbutter und ebenso schmackhafte Lammkeule, werden Sie allenfalls einen bösen Blick ernten. Der Wirt, ein freundlicher Mann mit Piratenkopftuch und Ohrring, zelebriert Erlebnisgastronomie in Perfektion. Das Fleisch wird an den Tischen tranchiert, unter gleichzeitigem Austausch des neuesten Tratsches. Man kennt sich - wie der musizierende Alleinunterhalter die Hits von *Zucchero* bis *Paolo Conte*.

Am Ende, nach fast drei Stunden, harren wir gespannt der Rechnung: 30 Euro pro Person, *tutto incluso*, vom Wasser bis zum Schnaps (lesen Sie bitte hinten unter *Restaurants* unsere Anmerkungen zu diesem Restauranttyp).

Der Stellplatz liegt in Sichtweite auf derselben Flussseite. Es ist ein gewöhnlicher Parkplatz, aber man hört das Wasser rauschen:

WOMO-Stellplatz: Badalucco

Position: N 43°54.803' E 07°50.730';
WOMO-Zahl: >5;
Ausstattung: Toilette, Wasser (beides an der alten Brücke), Mülleimer, Gaststätte, Geschäfte, Wanderwege;
Zufahrt: am südlichen Ortsrand auf eine geräumige Parkfläche beim Sportplatz.

Das Dort Badalucco ähnelt vielen anderen Ortschaften des ligurischen Hinterlandes. Man wundert sich, dass es noch derart geschlossen bewohnt ist, trotz Enge und mittelalterlicher Anmutung. Irgendjemand hat sich wohl mal darüber Gedanken gemacht, dass man den Bewohnern Reize zum bleiben bieten muss, Kunst am Bau zum Beispiel. So werden anrührende Verschönerungsstücke an den Fassaden der Häuser präsentiert, hier ein keramischer Teller, beim Nachbarn eine bemalte Kachel, dann eine Vase, wieder ein Teller usw. Verwegene Künstler haben sich an den Fassaden versucht, mit Illusionsmalerei und *al fresco*. Um die Vorzüge dieses im Grunde völlig unbekannten Kaffs zu vervollständigen, wollen wir noch eine prominente Adresse erwähnen: Nicht die **Kapelle Santa Lucia** aus dem 16. Jahrhundert, jenes kleine Bauwerk auf der unübersehbaren Brücke, sondern den **Olivenöl-Hersteller *Roi*** in der Via Argentina 1 (www.olioroi.com), dessen Spitzenprodukt, das *Roi Carte noir Olio extra vergine di Oliva*, in guten Jahren eines der weltbesten Olivenöle ist, mandelsüß und mild, hochgelobt vom *‚Feinschmecker'* und seinen europäischen Brüdern *(in der besten Qualität 23 € die ½ Liter-Korbflasche, es gibt auch billigere Sorten und andere Köstlichkeiten).*

Illusionsmalerei in Badalucco

Sollten wir Ligurien jemals flächendeckend beschreiben, werden wir in das Argentina-Tal und in angrenzende Täler weiter vorstoßen, auf die benachbarten Höhen, nach Triora, Pieve di Teco, und wir werden es im Sommer tun, falls Sie uns nicht bis dahin genauestens informiert haben, an welchen Stellen der Argentina und anderer Flüsse Sie im Hochsommer gebadet haben. Möglich ist das zweifellos, wenngleich an jenem grauen Samstag vor Ostern kaum vorstellbar.

Beim Hinweg haben Sie schon bei **Taggia** (15.000 Einwohner) einen flüchtigen Blick auf die flache, bestens erhaltene mittelalterliche **Bogenbrücke** geworfen, die ein breites Flusstal quert. Dieser Blick nach Norden ist auch der interessanteste, weil er einen vortrefflichen Kontrast herstellt zu der nahe dahinter aufragenden, dasselbe Tal, jedoch in neuzeitlichen Dimensionen überspannenden Autobahnbrücke. Als wir am nächsten Tag in Taggia parken, um uns alles in Ruhe anzusehen, um unseren Fuß auch auf die Kieselsteinpflasterung des

Brücken bei Taggia

alten Bauwerks zu setzen, bemerken wir südlich noch eine dritte Brücke über die Argentina, die normale Straßenbrücke, und wir finden, dass dieses Nebeneinander der drei Brücken nicht nur an eine ähnliche Beobachtung bei Tour 1 erinnert (wo die Brücken zu unterschiedlichen Zeiten übereinander gebaut wurden), sondern dass es sich hierbei auch um eine seltene, literarisch wenig beachtete Sehenswürdigkeit handelt (wie viele andere Brücken in diesem an Brücken so reichen Buch). Und wie der alte Kern von Taggia, der wegen der angegammelten Paläste, schönen Arkaden und der anderen mittelalterlichen, ordentlich beschilderten Überresten liebens- und sehenswert ist. Wobei es fast zum ligurischen Pflichtprogramm gehört, den **Convento San Domenico** nicht zu versäumen. Zunächst suchen wir in der Altstadt vergeblich nach diesem ehemaligen Kloster, weil uns niemand verraten hat, dass es am Hang außerhalb der Stadt liegt. Spazieren Sie durch die südlichen Altstadtbereiche ein paar Schritte bergauf, und Sie werden dort einen Wegweiser zu einem angenehmen Weg entlang des Hangs nach Süden finden. Die Entfernung ist kein Problem, Sie brauchen etwa 15 Minuten, um sich einen **Kreuzgang** mit Fresken, die das Leben des Heiligen Domenicus darstellen, anzusehen, vor allem aber den berühmten **Flügelaltar** der sogenannten *'Schutzmantelmadonna'* von Ludovico alias Luis Brea. Die *'Taufe Jesu'* in der linken Seitenkapelle stammt vom selben Künstler, der dabei möglicherweise von seinem Bruder Antonio alias Antoine unterstützt wurde. Sogar in den Wandnischen sind Tafelbilder der Brea-Brüder gehängt. Während der Ostermesse treten wir arglos in die Kirche, gerade rechtzeitig, um von zahlreichen Mitgliedern der Gemeinde, dem Pfarrer und den Messdienern, die Ostergrüße entgegenzunehmen; per Handschlag und wie unter alten Freunden. Danach war es uns unangenehm all zu gaffend vor den Bildern zu stehen, und so konnten wir nicht ergründen, was ein *‚Schutzmantel'* ist.

Wenn Sie in Taggia das Meer wieder sehen und riechen, steht Ihnen nach so viel Hinterland vielleicht wieder der Sinn nach Küste. Dann könnte der Stellplatz von Imperia in Frage kommen, er liegt direkt am Meer, jedoch nicht am Strand:

WOMO-Stellplatz: Imperia

Position: N 43°52.939' E 08°01.549'; **WOMO-Zahl**: 40;
Ausstattung: Wasser, Entsorgungsstation, Mülleimer, max. 48 Stunden, der Stellplatz ist sehr beliebt und war bei unserer Recherche bereits am Karfreitagmorgen voll belegt.
Zufahrt: Der Stellplatz liegt am Hafen des westlichen Ortsteils, Porto Maurizio, genaugenommen fast auf halber Strecke zwischen dem östlichen Ortsteil und dem westlichen, westlich der Flussmündung seitlich der Uferstraße und ist von dort als großer Parkplatz (von dem nur ein Teil für Wohnmobile zur Verfügung steht) unübersehbar.
Sie erreichen ihn von der Straße, die parallel, also Meer näher, zur Uferstraße verläuft. Sie müssen versuchen, westlich des Flusses so dicht wie möglich ans Meer zu kommen. Am besten fahren Sie westlich der Flussbrücke von der SS 1 etwa 200 m entlang des Flusses auf die parallel verlaufende Straße, von der aus der Stellplatz direkt angefahren werden kann; **Parkgebühr**: kostenlos.

Auch wenn es sich nicht um ein Badeplätzchen handelt (wir möchten nicht völlig ausschließen, dass man im Sommer doch noch irgendwo ins Meer hüpfen kann) liegt der Platz immerhin so günstig, dass man in beide Stadtteile von **Imperia** (41.000 Einwohner) laufen kann. Imperia wirkt wie zwei Städte. Und ist auch so, denn die beiden erstaunlich weit voneinander entfernt liegenden Stadtteile **Porto Maurizio** und **Oneglia** wurden im Jahre 1923 von Mussolini zwangsvereint und mit dem Namen Imperia versehen - nach dem Fluss Impero. Gemeinhin gilt Porto Maurizio wegen seines harmonischen Altstadthügels als schön und besuchenswert und Oneglia eher als hässlich. Wir teilen diese Auffassung so nicht, jedenfalls nicht für einen geschäftigen Werktagmorgen im Frühjahr, wenn wir in Oneglia unter den für das Piemont und Ligurien so typischen Arkaden ein buntes Treiben und vielfältige Schaufenster entdecken. Mussolini war übrigens in Porto Maurizio Volksschullehrer bevor er in Rom die Macht übernahm, wahrscheinlich wollte er der Stadt seiner ehemaligen Wirkungsstätte durch Vergrößerung mehr Bedeutung verschaffen, so wurde ja auch Imperia und nicht San Remo Provinzhauptstadt.

Einigen Quellen zufolge endet hier die sogenannte Blumenriviera, bzw. es beginnt die Palmenriviera. Wir konnten dafür keine Anzeichen entdecken ebenso wenig wie für die begriffliche Differenzierung der beiden Küstenabschnitte. Wir greifen das dennoch gerne auf, wo könnte unsere nächste Tour besser beginnen als dort, wo auch die Palmenriviera ihren Anfang nimmt.

TOUR 12
10 km
N
nach Torino
SAVONA
A 6
Vado
Ligure
SS 1
E
B
Spotorno
A 10
Noli
SS 1
Finalborgo
Verezzi
Finale
Ligure
B
E
WC
Bardineto
E
S
Pietra
Ligure
E
WC
S
Loano
Castelvecchio
di Rocca Barbena
E
S
Borghetto
Santo Spirito
Erli
S
Zuccarello
1
ALBENGA
röm.
Straße
C
1
S
A 10
Alássio
SS 1
Laigueglia
Andora
C
Marina di Andora
B
E
Cervo
Diano
Castello
C
San Bartolomeo
E
WC
S
Diano Marina
nach Imperia

Tour 12: Die Strandriviera

Diano Marina - Cervo - Alassio - Albenga - Zuccarello
Finale Ligure - Moneglia

Stellplätze:	in Diano Marina, in San Bartolomeo, in Alassio, in Zuccarello, in Borghetto Santo Spirito, in Loano, in Pietra Ligure, in Finale Ligure, bei Spotorno, in und bei Framura
Campingplätze:	in Marina di Andora, bei Alassio, bei Moneglia
Besichtigen:	Cervo, Laigueglia, Alassio, die röm. Via Julia Augusta, Zuccarello, Castelvecchio di Rocca Barbena, Verezzi, Finalborgo, Noli, Sestri Levante
Wandern:	bei Cervo, von Albenga nach Alassio, von Zuccarello nach Castelvecchio di Rocca Barbena und Erli
Essen:	*Usteria du Burgu* in Zuccarello, Ristorante *Derna* in Moneglia
Karte:	Seite 173 - siehe auch bei der 11. Tour (Seite 156)

Westlich von Imperia beginnt also die Palmenriviera, zumindest inoffiziell (offiziell beginnt sie bei Alassio). Aber die Palmen werden nicht merklich mehr, genauso wenig wie die Blumen weniger würden. Die Strände hingegen werden breiter und sandiger, endlich so, wie sie sein sollen (nicht unbedingt für uns, aber für viele Leser). Und die Stellplätze am Meer oder in dessen Nähe werden deutlich besser. Vor allem werden sie zahlreicher. Man kann in diesem Zusammenhang darüber diskutieren, ob der *Oasi-Park* ein WOMO-Stellplatz ist. Genaugenommen ist er eher ein Campingplatz im Gewande eines großen Stellplatzes. Aber dass **Diano Marina** (6.000 Einwohner) den ersten schönen Sandstrand seit der französischen Grenze vorzuweisen hat, scheint unstreitig. Man darf daher in Ufernähe keine himmlische Ruhe erwarten, und sollte nicht allzu sehr bedauern, dass *Oasi-Park* landeinwärts liegt, 800 m vom Strand entfernt, an einem ruhigen, schattigen Terrassenhang unter Oliven und Eukalyptus:

WOMO-Stellplatz: Diano Marina *(Oasi-Park)*
Position: N 43°54.477' E 08°04.225'; **WOMO-Zahl**: 300;
Ausstattung: Mülleimer, Toilette, Strom, Entsorgung, Wasser, Gaststätten, Geschäfte, Strand 800 m;
Zufahrt: im westlichem Teil von Diano Marina an der SS 1 nachhaltig beschildert; **Parkgebühr**:10 €/24 Std.

Das örtliche **Museum** (Museo civico della communitas Diani) haben wir noch vor uns und freuen uns darauf, die Öl-

und Weinkrüge eines in der Nähe von Archäologen geborgenen römischen Frachtschiffes zu betrachten. Sehenswert ist auch **Diano Castello**, 3 km landeinwärts, mit einer Kapelle der Malteserritter aus dem 12. Jahrhundert. Das Dorf ist so etwas wie der Vater des Badeortes Diano Marina, das von hier aus gegründet wurde.

Bei dessen Nachbar, **San Bartolomeo**, gibt es gar nichts zu sehen, wirklich nichts, dafür liegt der Stellplatz nur 500 m vom Strand entfernt, mit schönem Blick auf Cervo (wo es wieder mehr zu sehen gibt) und gar nicht so übel an einem Flussbett; schön wäre übertrieben, aber praktisch und kostenlos:

WOMO-Badeplatz: San Bartolomeo

Position: N 43°55.451' E 08°06.310'; **WOMO-Zahl**: 55;
Ausstattung: Mülleimer, Wasser, Entsorgung, Geschäfte, Gaststätten (in der Nähe), von manchen Plätzen schöner Blick auf Cervo (um so hässlicher ist der Blick in die andere Richtung), Aufenthalt auf 48 Stunden begrenzt, gut besucht, nahe der nicht sehr stark befahrenen Bahnlinie, Strand nach 500 m, Wanderweg;
Zufahrt: westlich der Flussbrücke an der Ampel dem Schild landeinwärts folgen (das ist auch die Zufahrtsstraße zur Autobahn), ca. 250 m nördlich der Ampel nach rechts abbiegen beim leicht zu übersehenden Schild *'Area di Sosta'*.

Wir schätzen den Stellplatz wegen seiner Strandnähe. Noch mehr aber, weil man von hier in 15 Minuten in **Cervo** (1.300 Einwohner) ist, einem der schönsten Orte an der Küste, wo man auch wunderbar wandern kann. Wir dürfen Ihnen von einem zumindest außerhalb der Saison wirklich sehenswerten mittelalterlichen Hangstädtchen berichten. Nur die berühmte **Barock-Kirche** von 1686, deren Innenraum noch grandioser sein soll als die äußere Stuckfassade, müssen wir uns für spätere Urlaube vormerken, sie ist geschlossen, bzw. eingerüstet. Man fragt sich, woher einst das Geld für einen solchen Prunkbau stammte und erfährt, dass im 17. Jahrhundert die Haupteinnahmequelle des Ortes die Korallenfischerei war; nicht an den nahen Felsen, sondern vor Korsika und Sardinien.

Die Entscheidung, wo Sie Ihren Cappuccino nehmen, dürfte schwer fallen. Im Café mit Blick zum Meer oder auf dem Dorfplatz? Sie werden zwei Cappuccini trinken müssen. Unvermeidlich, jedenfalls für bewegliche Herrschaften in mittleren Jahren oder älter, ist auch die Wanderung, bei der man fast die ganze Strecke über das Meer im Auge behält; im Frühling und Herbst ein wunderschöner Weg, im Sommer eher ungeeignet:

Starten Sie auf dem Stellplatz in San Bartolomeo und gehen Sie entlang der SS 1 bis kurz vor den Eisenbahntunnel östlich von Cervo. Sie sehen dort ein großes Wanderschild mit mehreren nummerierten Wegen. Sie nehmen die Nr. 1, die noch in Sichtweite der Tafel über eine alte Steinbrücke führt, und danach steil bergauf.

Sie laufen und laufen, und irgendwann endet der Weg am Hang. Und wenn Sie dann umkehren, begegnen Ihnen andere Wanderer, die genauso wie Sie im Führer aus dem *Bruckmann Verlag* blättern und ratlos die Karte betrachten. Michael Pröttel verschweigt Ihnen in jenem nämlich, dass die Markierung Sie schon frühzeitig auf einen grasigen Pfad nach links schickt, an einer Stelle, wo Sie es nicht erwarten, weil der Weg an einer Hauswand aussieht wie eine Garageneinfahrt. Nachdem Sie weiter Höhe gewonnen haben, gelangen Sie an einen Kinderspielplatz, gehen dort rechts und wandern, geleitet von verblichenen roten Punkten, auf einem breiten Fahrweg nach Osten. Vor einem Gebüsch wenden Sie sich nach links, bis Sie auf einen weiteren Weg gelangen, um erneut mit Orientierungsproblemen zu kämpfen. Am einfachsten ist es, Sie gehen auf dem geschotterten Weg bergauf. Oder Sie verlassen diesen nach etwa 100 m nach rechts, durchstreifen ein Wiesengelände und erreichen die geschotterte Straße etwa 400 bis 500 m weiter oben. Jedenfalls gehen Sie auf dieser breiten Fahrstraße bis zu deren höchstem Punkt und biegen dann im rechten Winkel nach links ab, nun von der Markierung unmissverständlich geleitet.

Sie stiefeln bergauf, bis Sie den Monte Cervo erreicht haben. Das dauert etwas länger als Sie denken, weil Sie unterwegs vielfach anhalten, um die phantastischen Ausblicke auf die Küste, von denen Sie noch nach Jahrzehnten schwärmen werden, zu fotografieren.

Am Gipfel lassen Sie die Sendeanlage rechts liegen, vor dem Tor der Anlage gehen Sie auf dem Fahrweg leicht bergan, und hinter einer großen Zisterne steigen Sie nach links auf einem Erdpfad längs eines Zaunes bergab. Sie kommen bald wieder auf einen Fahrweg, den Sie ein kurzes Stück nehmen, um ihn bei einer Trockenmauer erneut nach links zu verlassen. Sie stoßen dann abermals auf den Weg, der teilweise asphaltiert ist. Nach einem Ferienhaus wandern Sie an einer Gabelung geradeaus und in der folgenden Serpentine rechts.

Cervo haben Sie nun immer im Blick, Sie stiefeln geradeaus drauflos und kommen am oberen Stadttor an, wo Sie einen der beiden oben genannten Cappuccini bestellen werden. Es könnte auch ein Wasser sein. Fast drei Stunden und wenig Schatten lassen womöglich sogar einen lange beachteten Vorsatz vergessen, Sie bestellen doch noch ein teueres Fassbier und bereuen es nicht *(Karte: Kompass Nr. 641, Alassio/ Imperia, die Ihnen ab dem Monte Cervo auch eine alternative Ausweitung in einem größeren Bogen darstellt).*

Die meisten am Strand gelegenen Campingplätze der ligurischen Riviera sind eher nicht zu empfehlen, weil sie zumeist mehrere negative Merkmale vereinen: Sie sind teuer, sie liegen an der Straße, obendrein an der Bahn, sie beherbergen Dauercamper, sie sind klein, viel zu klein, und überfüllt. Einen Zeltplatz, auf dem wir eine Woche zubringen könnten, kennen wir westlich von Genua nicht. Aber wir müssen gestehen, dass wir besseres zu tun hatten, als Platz für Platz abzuklappern. In Marina di Andora (6.500 Einwohner), im Gegensatz zum landeinwärts gelegenen Castello di Andora keine Schönheit, haben wir einen Campingplatz entdeckt, den wir im Sommer niemals besuchen würden. Das vermuten wir wenigstens, solange wir im Sommer noch nicht dort waren. In den Übergangszeiten könnten wir ihn uns allerdings bestens vorstellen, weil er sich von einem kostenpflichtigen Stellplatz kaum unterscheidet und vom Meer umspült schön auf einer kleinen Halbinsel liegt:

Campingplatz-Tipp: Marina di Andora (*Mare e Sole*)

Ortszentrum: 0,2 km; **Zeiten**: Ostern - Mitte Oktober; **Tel**. 0182 85008; **Ausstattung**: direkt am Strand, Geschäfte und Restaurants in der Nähe, der sehr kleine Campingplatz eignet sich vor allem im Frühling und Herbst, er ähnelt eher einem Stellplatz als einem Camping; **Zufahrt**: an der SS 1, der Via Aurelia, beschildert.

Das folgende **Laigueglia** (2.200 Einwohner) erwähnen wir, weil man leicht achtlos daran vorüberfährt und dabei einen der schönsten Riviera-Orte übersieht, wo die auf den Strand gezogenen Fischerboote, wenigstens ein Teil von Ihnen, noch bestimmungsgemäß eingesetzt werden, also nicht nur zur Stadtverschönerung und für die Postkartenfotografen.

In **Alassio** (11.300 Einwohner) kommen solche Gedanken nicht auf. Am Strand wäre neben den zahlreichen Liegestühlen der *Bagni* auch gar kein Platz für Zierrat. Zu groß ist im Sommer der Touristenansturm. Wir kennen die Stadt nur aus der Vorsaison, wenn sie noch ahnen lässt, dass sie auch ihre Einwohner versorgt und dass das folkloristische Ambiente nicht nur aufgesetzt ist. Uns gefällt es. Besonders der Blick von dem ins Meer gebauten Anlegesteg auf die vornehmlich in roten Tönen gehaltenen Häuser ist es wert, dass Sie ein wenig nach einem Parkplatz suchen. Das bleibt Ihnen erspart, wenn

Alassio - von der Nähe des Stellplatzes aus

Sie unserem Stellplatztipp folgen oder nach Alassio wandern. Letzteres ist ganz einfach, während die Anfahrt zum Übernachtungsplatz nur geübten Fahrern empfohlen werden kann; schwarze Piste, aber es verkehrt hier ein Bus, mindestes in WOMO-Größe. Nur das Problem wird dadurch nicht kleiner, weil der Ihnen entgegenkommen kann (aber immerhin passt er durch die Gassen):

WOMO-Stellplatz: Alassio

Position: N 44°01.100' E 08°11.383'; **WOMO-Zahl**: wir erlauben nur 3; **Ausstattung**: Mülleimer, Wasser (an der Mauer eine Terrasse tiefer), Traumblick, wenn man ein paar Schritte geht; Wanderweg, WOMOs nicht länger als 7 m und nicht breiter als 2,30 m, zum Strand höchstens 15 Minuten.

Zufahrt: Der Stellplatz liegt oberhalb von Alassio, ganz am östlichen Ende und bei der Kapelle Santa Croce.

Verlassen Sie die SS 1, die Via Aurelia, in Alassio unter der östlichsten Eisenbahnunterführung, die etwa 200 m östlich des Bahnhofs unmittelbar neben der SS 1 zu sehen ist; Sie fahren hinter der Unterführung geradeaus in die *Via Solva*, die sofort ansteigt, bald eine unangenehme Rechtskurve macht, jenseits derer das Schlimmste überstanden ist, falls sich keine Hindernisse im Weg befinden oder entgegenkommen. Die *Via Solva* schlängelt sich nun etwa 600 m leicht bergauf am Hang nach Osten und trifft dann auf eine Straße namens *Strada Panoramica*, möglicherweise auch als *S. Croce* bezeichnet. Sie können dort nicht mehr geradeaus fahren, weil das geradeaus führende Sträßchen viel zu schmal wäre. Also fahren Sie rechts in die *Strada Panoramica*, und benötigen nun noch etwa 400 m, um sich auf einem kleinen Parkplatz bei der Kapelle S. Croce hoffentlich nicht darüber zu ärgern, dass kein Platz frei ist (dann würde ich warten, bis ein Pkw wegfährt).

Von hier aus könnten Sie auch die nachfolgend beschriebene Wanderung beginnen, sie führt am Stellplatz vorbei. Wenn Sie dort nicht übernachten, würde ich das Fahrzeug eher in Albenga abstellen, wo es mir besser bewacht scheint.

Einen sehr schönen, malerisch am Hang, aber dennoch über dem Meer gelegenen **Campingplatz**, die Wanderung führt auch an ihm vorbei, finden Sie etwa auf halbem Weg zwischen Alassio und Albenga. Wir bekamen schon in der Vorsaison keinen Platz, weshalb wir das Gelände nur beiläufig erwähnen, es heißt ***Monti e Mare*** und ist geöffnet von April bis September *(www.campingmontiemare.it, Tel. 0182 643036; vom Meer nur durch die Aurelia getrennt).*

Albenga

Das Gegenstück von Alassio ist **Albenga** (22.700 Einwohner), das größer und urbaner wirkt als es ist, weil es sich im Schwemmland der breitesten ligurischen Ebene ausweiten konnte und sich nur zurückhaltend dem Tourismus verschrieben hat. Mehr gewollt hätte man wohl schon, nur haben es die Natur mit dem Strand und der liebe Gott mit den bunten Häusern hinter jenem nicht ganz so gut gemeint. So sind die Touristen lieber in den Nachbarorten abgestiegen, die Womo-Fahrer eingeschlossen. An letzterem ist allerdings weniger der liebe Gott schuld als die Aufsteller unmissverständlicher Parkverbotsschilder. Was wirklich schade ist, weil man gerade hier in einer ziemlich unverfälschten italienischen Mittelmeerstadt am Meer verweilen könnte. Westlich des Bahnhofs am Bahndamm, in der Nähe eines kleinen Parkes und einer Schule, unweit der am Strand entlang führenden und östlich des Flusses wieder in die Innenstadt abknickenden Straße, haben wir an Ostern diverse freie Plätze ohne Verbote gesehen. Dort kann man ganz in der Nähe des Strandes übernachten. Lauschig ist das allerdings nicht.

Von hier braucht man ins ***Centro storico*** zu Fuß vielleicht 10 Minuten, auf denen man sich fragt, was an Albenga eigentlich schön sein soll. Die Wohnblocks, an denen man vorbei-

läuft, sind es nämlich nicht. Aber dann, an einem Platz mit hohen, gesunden Palmen, unter denen die Männer gestikulierend in Gruppen beieinander stehen, beginnt die Altstadt, ein überschaubarer Kern, vor Vitalität strotzend und mit spektakulären Bauwerken: in der Mitte der **Dom**, die Cattedrale San Michele, mit einem eindrucksvollem **Campanile**. Das Gewölbe der Kirche ist mit illusionistischen Fresken ausgemalt. Unbedingt sehenswert ist hinter der Kathedrale das **Baptisterium**, eine Taufkirche aus dem 15. Jahrhundert. Die Hauptsehenswürdigkeit aber sind die sogenannten **Geschlechtertürme**, von denen es noch über 10 gibt. Die vornehmsten Familien besaßen solche Türme, je reicher umso höher. Der höchste Turm misst heute über 60 m, es ist der Torre del Comune, er stammt etwa aus dem Jahre um 1300. Dass in Albenga diese mittelalterlichen Bauten erhalten geblieben sind, liegt vermutlich am Fluss Centa, der einst über die Ufer trat und mit einem gewaltigen Hochwasser die Stadt überschwemmte. Erst im 16. Jahrhundert grub man die zeitweise verlassene Altstadt aus dem Schlamm wieder aus.

Diesen Fluss überqueren wir auch für eine sehr schöne Wanderung, die nicht anstrengend ist und Sie ein wenig der römischen Geschichte näher bringt. Die Wanderstrecke verläuft überwiegend auf einer **römischen Heerstraße**, der **Via Julia Augusta**, wo sie nicht nur die Ausgrabungen ehemaliger Gräber betrachten können, sondern auf einem kurzen Stück auch das antike Straßenpflaster:

Wir wählen in Albenga die rote Bogenbrücke über den Fluss Centa und nehmen westlich davon, an der ersten Gabelung, den rechten Weg. Nach etwa 100 m gehen wir erneut rechts und nach weiteren 100 m, nun auf einem schmalen Sträßchen, schräg links den Hang hinauf. Spätestens hier müsste ein gelbes Schild stehen, das auf die Via Julia Via Augusta hinweist, bei unserer Testwanderung war es in einem schlechten Zustand und verdreht. Dafür finden Sie an diesem kurzen Stück des schrägen Hangweges die erste Markierung, ein roter, eckiger Ring, der Sie nun ein längeres Stück geleitet. Sie können nichts falsch machen und kommen immer wieder an römischen Gebäuden, insbesondere Grabstätten, vorbei.

röm. Straße

Am Anfang des Weges werden Sie einen Blick zurück nach Albenga werfen und erstaunt sein, wie hoch die Geschlechtertürme aufragen. Später werden Sie unter sich eine ehemalige Kaserne, mehrere Gärtnereien und kleine Campingplätze sehen, und wenn Sie dann irgendwann um die Ecke gegangen sind, steigert sich der Weg furios, weil Sie zu Ihren Füßen fast nur noch das Meer haben. Die Markierung ist nun kurzzeitig ein roter Punkt gewichen, und wenn gar nichts mehr schief gehen kann, fehlt sie völlig.

Nachdem Sie oberhalb des Hafens von Alassio vorbeigegangen sind, haben Sie die Kapelle Santa Croce erreicht (nicht zu verwechseln mit einer Kapelle, die zuvor am Wege liegt; bei Santa Croce können Sie sich unseren obigen Stellplatz in Ruhe betrachten) und nehmen dort die schmale Straße abwärts an den Strand.

Nun sollten Sie auf dem Hinweg am Strand entlang bis zu der ins Meer hinausgebauten Landungsbrücke gehen und auf dem Rückweg durch den Ort.

Ab Santa Croce hilft Ihnen die Wanderkarte mit einer Rückwegalternative, einem landeinwärts geschwungenen Bogen, dem wir dankend entsagt haben. Der Weg auf der ehemaligen römischen Straße hat uns derart fasziniert, dass wir ihn auf dem Heimweg gerne noch einmal nehmen *(hin und zurück drei Std., Pausen nicht mitgerechnet, wenig Schatten, die Kompasskarte Nr. 641 ist nicht unbedingt erforderlich).*

Zuccarello

in Zuccarello

An dieser Stelle der Tour wird sich der Leser, der sich auf der vorangegangenen Tour häufiger im Hinterland wieder gefunden hat als ihm zunächst - wir betonen das Wort zunächst - lieb war, fragen, wann wir endlich auf dieser Tour unser WOMO landeinwärts lenken. In Albenga ist es so weit, und unser Ziel ist **Zuccarello** (300 Einwohner, Foto S. 181), ein mittelalterliches Dorf mit schönen Arkaden, das etwas verlassen wirkt, weil die Zweithausbesitzer allmählich die Oberhand gewinnen. Trotzdem ist es sehenswert, in der kleinen Bar auf der Mitte der Hauptstraße scheint die Zeit stehen geblieben, und die ***Usteria du Burgu*** *(Tel. 0182 79100; Montag Ruhetag; wir bekamen am Ostersonntag-Abend ohne Voranmeldung den vorletzten Tisch)* hat uns mit einem ausgezeichnetem Preis-Leistungsverhältnis und familiärer Atmosphäre überzeugt.

Auf dem Parkplatz wird es in der Regel erst eng, wenn es auch in der *Usteria* eng wird; dennoch ein angenehmer Stellplatz:

WOMO-Wanderparkplatz: Zuccarello

Position: N 44° 06.762' E 08°07.008'; **WOMO-Zahl**: >5;
Ausstattung: Mülleimer, Gaststätten, Wanderwege, ein Teil des Parkplatzes ist für Wohnmobile gesperrt, der andere Teil ist geräumig, aber etwas chaotisch beparkt, es sind Garagen im Bau, weshalb anzunehmen ist, dass sich die Situation eher verbessern wird;
Zufahrt: der Parkplatz liegt nördlich des Ortes und ist von der Durchgangsstraße nicht zu übersehen.

Die meisten Gäste, die an den Tischen der *Usteria du Burgu* sitzen, kommen vermutlich aus **Castelvecchio di Rocca Barbena** (200 Einwohner), einem Musterbeispiel für ein

Feriendorf hinter der Küste. Es gibt eine Reihe ähnlicher Nester, manche sind noch von richtigen Einheimischen bewohnt, andere haben sich ferienhausmäßig herausgeputzt. Eine Gesetzmäßigkeit konnten wir insoweit noch nicht erkennen, außer vielleicht der, dass in 10 Jahren alle Dörfer Ferienhausdörfer sein werden. Was traurig ist, aber dem optischen Eindruck gar nicht so abträglich. Der Schlossherr von Castelvecchio di Rocca Barbena ist ein Turiner Anwalt, was immer noch besser ist als Leerstand und Verfall. Wenn Ihnen die Außenansicht des Dorfes nicht reicht, die schönste Seite desselben, und wenn der Parkplatz voll oder zu klein ist (er eignet sich leider gar nicht als Stellplatz), finden Sie 150 m oberhalb rechts der Straße noch eine geräumige Ausbuchtung. Am besten wandern Sie nach Castelvecchio, was wir auch an heißen Hochsommertagen für möglich halten, weil Sie sich dann beispielsweise an der alten Brücke unterhalb von Erli, erfrischen können, weil Sie dort sogar ein paar Stöße schwimmen dürfen:

Castelvecchio

Kurz vor dem nördlichen Ende der Hauptstraße von Zuccarello entdecken wir an einer abzweigenden Gasse mehrere Wanderzeichen und touristische Hinweise auf die nahe Burgruine und andere Sehenswürdigkeiten am Wege. Wir folgen dort zwei roten Rauten steil bergauf. Wo bald der Weg zur Burg nach rechts abzweigt, gehen wir links auf einem alten, teilweise gepflasterten Verkehrsweg stetig bergan. Wir erfreuen uns an blauen Lilien, die hier Anfang April in großen Gruppen wild wachsen.

Nach genau 40 Minuten (!) zweigt von unserem eher breiten Weg ein grasiger Pfad nach links ab, unmarkiert und leicht zu übersehen. Wir entdecken noch den Pflock, an dem einmal ein Hinweisschild von nur kurzer Haltbarkeit angebracht war, im Bürgermeisteramt gedruckt, eingeschweißt und bald wieder abgerissen. Achten Sie an die sicher noch vorhandene, direkt gegenüber der Pfadeinmündung eingegrabene Holzstange. Wenn Sie die Abzweigung verpassen, schadet das auch nicht, Sie stoßen nämlich irgendwann an eine Autostraße und gehen dann dort nach links, weil die Straße nach Castelvecchio führt.

Nunmehr gewinnt der Weg kaum noch an Höhe, er führt am Hang entlang geradewegs nach **Castelvecchio**, das wir bergab durchqueren, um am unteren Ende auf ein Wanderzeichen in der Form eines roten T zu stoßen. Das weist nach Erli, die angegebene Wanderzeit ist allerdings absurd übertrieben. Man braucht von hier allenfalls eine Stunde.

Auf teilweise überwachsenem Pfad kürzt man zwischen den Spitzkehren der Fahrstraße ab, um etwa dort rauszukommen, wo die Autostraße nach Castelvecchio abzweigt. Das rote T müsste uns nun jenseits der Straße den Weg weisen, ein wenig nach rechts in Tal hinein und dann in einer Kurve nach **Erli**, das wir unter uns sehen. Aber so sehr wir auch suchen, wir finden weder Markierung noch Pfad. So stiefeln wir entlang der Autostraße nach Erli, also nach rechts in ein Tal hinein, an dessen Ende um eine Spitzkehre und nach der Bachüberquerung leicht bergauf. Direkt hinter dem Ortsschild von Erli zweigt nach links ein kleiner schmutziger Pfad ab, der schnell in einen breiteren Weg übergeht und sich nach kurzer Zeit wundersam mit einem von links herankommenden Pfad vereinigt - der mit dem roten T markiert ist.

In Erli, einem Minidorf, laufen wir durch eine teilweise überbaute Gasse, nun geleitet von zwei roten Strichen, runter zur mittelalterlichen **Brücke**. Wenn es Sommer wäre könnten wir hier vermutlich **baden**, vorausgesetzt der Fluss hätte dann so viel Wasser wie im April. Wir wandern nun entlang des tosenden Gewässers nach Süden, durch eine richtige **Schlucht**, mit kurzen Wasserfällen, einem Wehr und wenigstens zwei weiteren Bademöglichkeiten. Nach einer halben Stunde ab Erli weitet sich das Tal, Gartenbaubetriebe liegen nun am Weg, mit Pflanzen für den Export, in denen schon deutschsprachige Plastikschilder stecken.

Nach insgesamt 3 Stunden sind wir wieder in Zuccarello, hinter uns liegt eine Wanderung, die man zu allen Jahreszeiten gehen kann, weil sie überwiegend schattig ist und auch an heißesten Tagen Abkühlung bietet. Der Weg ist ungewöhnlich abwechslungsreich und auf der Kompass-Karte Nr. 641, die nicht unbedingt erforderlich, aber sinnvoll ist, komplett, an manchen Stellen ein wenig fehlerhaft, eingezeichnet.

Zurück an der Küste werden Sie auf dem Weg nach Savona von einigen Stellplätzen erfreut, diversen schönen Stränden und durchaus sehenswerten Ortschaften. Zunächst in **Borghetto Santo Spirito** (5.000 Einwohner):

WOMO-Stellplatz: Borghetto Santo Spirito

Position: N 44° 06.737' E 08°14.359'; **WOMO-Zahl**: 40;
Ausstattung: Mülleimer, Entsorgungsstation, Wasser, Strom, Geschäfte und Gaststätten in der Nähe, Strand nach 700 m;
Zufahrt: von der Via Aurelia in Borghetto Santo Spirito beschildert, in der Nähe des Flusses; **Parkgebühr**: zwischen 8 und 13 €.

Deutlich weiter vom Meer entfernt, dafür recht schön in der Landschaft, liegt der Stellplatz im benachbarten **Loano** (11.000 Einwohner), wo im Gegensatz zu Borghetto rund um einen Uhrturm noch ein kleiner Rest von sehenswerter Altstadt hinter dem breiten Strand liegt:

WOMO-Stellplatz: Loano

Position: N 44° 07.877' E 08°14.478'; **WOMO-Zahl**: 44;
Ausstattung: Mülleimer, Toilette, kalte Dusche, Wasser, Entsorgungsstation, Strom, Geschäft und Gaststätte in der Nähe, zum Meer 25 Minuten zu Fuß (städtischer Bus);

Zufahrt: in Loano Richtung Boissano beschildert; in der Nähe der Campingplätze und des *,Campo Sportivo'*; **Parkgebühr**: 10 € / 24 Stunden. Einen **weiteren Stellplatz** gibt es im benachbarten **Pietra Ligure** in der Nähe des Bahnhofs, in der Via Repubblica, etwa 700 m vom Meer entfernt, 12,50 € / 24 Stunden (100 m jenseits des östlichsten Bahnübergangs nach links).

Falls es Sie nun mal wieder landeinwärts zieht, wäre **Verrezi** eine gute Gelegenheit, ein mittelalterliches Bergdorf mit lohnendem Küstenpanorama und steil ansteigender Rummelkurve.

Sie vermissen den Stellplatz direkt am Meer? Am westlichen Ortsende von **Finale Ligure** (13.000 Einwohner) können Sie ihn nicht verfehlen, er liegt nämlich unmittelbar seitlich der Küstenstraße, mit entsprechendem Geräuschpegel, der dadurch gefiltert wird, dass Ihnen die Nachbarschaft dicht auf die Pelle rückt, in der Saison sogar sehr dicht, und zum Sandstrand müssen Sie ein paar Meter laufen. Aber immerhin keine schlechte Stelle, die wir allerdings nur von außen kennen:

WOMO-Badeplatz: Finale Ligure

Position: N 44° 09.960' E 08°20.267'; **WOMO-Zahl**: 100;
Ausstattung: Mülleimer, Wasser, Entsorgungsstation, Toiletten, Dusche, Gaststätten und Geschäfte in der Nähe, direkt am Meer, Verkehrslärm, in der Hochsaison, beispielsweise an Ostern, überfüllt; möglicherweise erst ab Karfreitag geöffnet, jedenfalls bei unserem Besuch in den Tagen vor Karfreitag wegen der Saisonvorbereitung geschlossen;
Zufahrt: am westlichen Ende von Finale Ligure, zwischen Ort und einer Tankstelle direkt an der Aurelia; **Parkgebühr:** 10 € den ganzen, 5 • den halben Tag.

Finale Ligure besteht aus zwei Ortsteilen, dem am Meer gelegenen **Finale Marina** mit einem sehr schönen Sandstrand, angenehmen Kneipen und relativ viel Rummel, der in der Literatur allerdings als angenehm beschrieben wird. Unsere finalen Annäherungen waren erfolglos, weil der Stellplatz zuerst, in den Tagen vor Karfreitag, von städtischen Arbeitern auf Vordermann gebracht wurde und demnach geschlossen war. Zwei Tage später, am Ostersonntag, standen die Wohnmobile so dicht, dass sie kaum die Fenster öffnen konnten. Und danach waren wir nicht mehr in der Nähe. Wir können Ihnen allerdings berichten, dass der andere Stadtteil, **Final-**

borgo, er liegt landeinwärts, ein wunderbares Städtchen ist, mit alter Stadtmauer und Parkplätzen davor, auf denen wir stellplatzmäßig sicher fündig werden, wenn wir für die Folgeauflage dort genauer nachsehen. Wir werden dann nach Finalborgo laufen, und gleich auch noch ins benachbarte Verrezi (wegen näherer Einzelheiten verweisen wir jetzt schon auf den Wanderführer von Michael Pröttel im *Bruckmann Verlag*). Finalborgo jedenfalls zählt zu den **schönsten Orten** Liguriens.

Das gilt auch für **Noli** (3.000 Einwohner), gar nicht weit entfernt und direkt an der Küste. Auf dem Weg von Finale Ligure dorthin kommt man durch **Varigotti**, von dem man sagt, es hätte einen der schönsten Strände der Riviera. Das wird Ihnen wenig nutzen, denn Sie dürfen dort nicht parken. In Noli dürfen Sie das in Strandnähe auch nicht, und ein paar Meter landeinwärts werden Sie es nicht können, weil Sie kein freies Plätzchen finden. Kommen Sie an einem Werktag, möglichst außerhalb der Saison und suchen Sie so lange, bis Sie fündig werden, es lohnt sich! Allem voran die **Palmenbucht**, wo die

Noli

Fischer ihre bunten Boote auf den Strand ziehen, um ihren Fang zu verkaufen. Das wirkt ein wenig so, als habe man heimlich draußen auf See Aufgetautes in die Kutter geladen, um den Touristen Folklore bieten zu können (die aber echt sein dürfte). Man würde hier, wie auch in Varigotti, gerne länger verweilen, ein paar Tage sogar, aber an einen Stellplatz ist nicht zu denken, an Campingplätze ebenso wenig. Sie sollten dennoch einen Blick in die beiden Kirchen von Noli werfen, die romanische Kirche aus dem 13. Jahrhundert wurde allerdings im Barock aufgemotzt. Und, am südwestlichen Rand der

Altstadt, in die kunstgeschichtlich hochgelobte dreischiffige **Basilika von San Paragorio**, wo man bei Ausgrabungen ein frühmittelalterliches Baptisterium aus dem 6. Jahrhundert entdeckt hat, während der Hauptbau aus dem 11. Jahrhundert stammt. Ihnen werden in Noli auch die Geschlechtertürme auffallen, von denen noch 8 erhalten sind.

Es folgt **Sportorno** (4.000 Einwohner), das vor allem von seinem Strand lebt, der leider, wie fast alle Strände der Riviera, unmittelbar an die Straße grenzt. In Sportorno darf ausnahmsweise auch mal der Wohnmobilist ohne vorherigen Fußweg am Strandleben teilnehmen, begünstigt durch einen großen Stellplatz, vom Sand nur durch den Asphalt geschieden. Nicht anheimelnd aber praktisch. Lauschig sind Liguriens Strände, jedenfalls die mit dem Wohnmobil erreichbaren, ohnehin so gut wie nie:

WOMO-Badeplatz: Spotorno

Position: **Position**: N 44° 14.219' E 08°26.126'; **WOMO-Zahl**: 200; **Ausstattung**: Mülleimer, Entsorgungsstation, Wasser, durch die Küstenstraße vom Strand getrennt, zu dem man durch eine Unterführung gelangt, Gaststätten.
Am Eingang steht ein Schild, das *,Camping'* verbietet, man darf also nicht die Markise ausfahren und auf Klappstühlen vor dem WOMO sitzen, was wohl eher auf rechtliche Gründe zurückzuführen ist als auf Engstirnigkeit, weil ohne diese Attribute ein stehendes WOMO nur parkt und nicht die Regeln für Camping gelten, das in Sportorno außerhalb der offiziellen Campingplätze durch zahlreiche Schilder verboten ist, außerdem können die Fahrzeuge dann nicht so dicht stehen, wie das in der Hochsaison nötig ist;
Zufahrt: am östlichen Ortsende von Sportorno seitlich der Via Aurelia, der SS 1, nicht zu übersehen; **Parkgebühr**: 13 €/Tag.

Wir machen nun einen gewaltigen literarischen Sprung, weil wir nämlich auslassen, worüber andere einen halben

Reiseführer schreiben: **Savona** zum Beispiel. Sowie **Genova** (Genua), eine Kulturhauptstadt Europas im Jahre 2004, absolut sehenswert aber wohnmobilungeeignet wie die meisten Großstädte. Genauso ungeeignet ist leider die nähere Umgebung. Wir haben hier schon diverse Stellen abgesucht und kennen Freunde, die Gleiches getan haben. Der wohnmobilistische Durchbruch ist auch denen nicht gelungen.

Das gilt auch für den ersten Teil des Küstenbereichs östlich von Genua mit so berühmten Orten wie **Rapallo**, **Camogli** oder gar **Portofino**. Sollten Sie an dessen prominente Gästeschar denken, an Humphrey Bogart beispielsweise, müssen Sie weite Fußwege in Kauf nehmen. Wohnmobile sind hier nicht gern gesehen, Stellplätze gibt es nicht. Dafür werden Sie Mühe haben, einen anderen italienischen Ort mit ähnlich hohen Preisen und ähnlich hohem Durchschnittsalter zu finden. Schöne Hafenbecken mit bunten Häusern dahinter gibt es auch anderswo, zumal Sie das Fassadenensemble von Portofino ohnehin kennen, es schmückt in Deutschland die Wände unzähliger Pizzerien und fördert Jahr für Jahr den Absatz der Kalenderverlage.

Wir warnen ein wenig davor, den von uns ausgelassenen Teil mit hohen Erwartungen zu bereisen. Die Bedingungen für Wohnmobile, und nicht nur für diese Reiseform, sind wirklich schlecht, vermutlich nicht flächendeckend, aber überwiegend. Gute Campingplätze werden Sie dort, jedenfalls am Meer, nicht finden.

Das Beförderungsmittel unserer Reisen bringt es daher mit sich, dass wir nach einem großen Satz die Palmenriviera längst verlassen haben und uns schon am Übergang zum Gebiet der Cinque Terre befinden, als wir uns **Moneglia** (2.500 Einwohner) auf ungewöhnliche Weise nähern. Wir wählen nämlich die Zufahrt ab Riva Trigoso durch den etwa 5 km langen ehemaligen Eisenbahntunnel, weil an der dortigen Ampel ein Verkehrsschild nur die Durchfahrt für Omnibusse und Lastwagen verbietet so wie Höhe (3 m) und Breite (2,30 m) reglementiert – die früheren Eisenbahnwagen brauchten natürlich mehr Platz, weshalb auch ein Wohnmobil durch passt, das höher ist, was wir Ihnen aber offiziell nicht verraten dürfen). Die Ampel schaltet alle 20 Minuten auf Grün, Gegenverkehr gibt es folglich nicht, und die Passage ist wesentlich unkomplizierter als wir befürchtet haben. Nur auf halber Strecke, der Tunnel ist dort unterbrochen, tauchte plötzlich ein Schild auf, das Wohnmobilen die Durchfahrt verbietet. Dabei möchten wir doch zum Campingplatz, der nur durch den Tunnel angefahren werden kann. Also übersehen wir geflissentlich die an dieser Stelle absurde Beschilderung und fahren weiter, um dann, kurz vor Moneglia und noch in der dunklen Röhre, rechtwinklig aus dem Tunnel auf den **Campingplatz *Smeraldo*** einzubiegen. Es gelingt mir nicht ohne einmaliges Zurücksetzen, aber nur weil ich ängstlich bin und befürchte mit der Beifahrerseite an die Tunnelwand zu stoßen (eine unbegründete Angst, die Sie sich nehmen, wenn Sie Ihren Beifahrer bitten, beim Einschwenken den Kopf ein wenig aus dem Fenster zu strecken, um den Radius zu beobachten).

Später erfahre ich, wie die legale Zufahrt zu diesem Campingplatz zu erfolgen hat: Von der landeinwärts verlaufenden Via Aurelia in zahlreichen Kurven runter nach Moneglia und dort, nun in westlicher Richtung, durch ein kurzes Stück des Tunnels (genaugenommen sind es zwei kurze Tunnels) zum Campingplatz. Ein Verkehrsschild weist an der Tunneleinfahrt in Moneglia darauf hin, dass die Durchfahrt für Wohnmobile verboten ist, dass sie allerdings erlaubt ist bis zum Campingplatz *Smeraldo* (auf diesem Campingplatz stehen dann auch Wohnmobile die deutlich höher sind als 3 m, allerdings keine im Elefantenformat). Dieser Campingplatz liegt traumhaft an der Steilküste, zum Sandstrand muss man nur 100 m über Steine klettern. Leider ist er nicht sehr groß, und als ein wenig nachteilig erweist sich der unbequeme Fußweg in den Ort - ebenfalls über diese Steine:

Campingplatz-Tipp: Moneglia *(Smeraldo)*

Ortszentrum: 1 km; **Zeiten**: ganzjährig; **Tel**. 0185 49375; www.villaggiosmeraldo.it;

Ausstattung: Sandstrand (0,3 km), direkt an den Klippen, Laden (?), Restaurant mit coolen Typen. Zu Fuß oder mit dem Fahrrad darf man nicht durch den Tunnel, weshalb man in den Ort nur mit dem WOMO gelangt oder wenn man am Strand entlang läuft und zuvor über ein paar Felsen klettert; das wirkt beschwerlicher als es ist; bei Sturmflut ist der Weg ungeeignet, älteren Menschen empfehlen wir feste Schuhe und für den Heimweg in dunkler Nacht eine Taschenlampe; wir sind den Weg mehrfach ohne Probleme gegangen.

Zufahrt: Die Zufahrt ist im vorangegangenen Text beschrieben; wählen

Sie die kurze Tunnelzufahrt ab Moneglia. Das im ADAC-Campingführer möglicherweise immer noch beschriebene Verbot für Wohnmobile und Wohnwagen existiert nicht, vermutlich beruht(e) die dortige Fehlinformation auf einem Übersetzungsfehler.
In Moneglia gibt es noch einen **weiteren** kleinen **Campingplatz** namens ***La Secca***, der erst ab Juni geöffnet und für große Wohnmobile ungeeignet ist. Östlich von Moneglia können Sie zudem auf den engen, **Campingplatz *Rospo*** (ganzjährig) ausweichen, wo man auch direkt am Meer stehen soll, was wir selbst aber noch nicht getestet haben (Kenner empfinden den Platz als unschön).

Moneglia ist ein angenehmer, nach unseren Beobachtungen nicht überlaufender Ort mit breitem Sandstrand, dezenten Tourismusstrukturen, schönem Wanderweg, einer **Kirche** aus dem 14. Jahrh. mit sehenswertem Gemälde *'Anbetung der Heiligen drei Könige'* von Luca Cambiaso aus dem 16. Jahrh.

Eines der wichtigsten Gebäude Moneglias ist der etwas abseits am nordwestlichen Ortsrand (nördlich der Streifenkirche) gelegene **Bahnhof**, weil man von hier aus in östlicher Richtung die Cinque Terre erreichen kann. Das kann man von Levanto noch besser, aber es gibt dort keine vergleichbar schön gelegenen Campingplätze, und vor allem kann man von hier aus nicht derart bequem nach Sestri Levante fahren, oder nach Lavagna, vielleicht sogar bis nach Genua. **Sestri Levante** (20.000 Einwohner) ist einer der Orte, die wir eigentlich ausgelassen haben. Wenn Sie allerdings in Moneglia sesshaft geworden sind, dürfen Sie es sich nicht entgehen lassen, die eine wunderbare Bucht säumende Altstadt jener übergangenen Stadt zu besichtigen, wo es alles zu sehen gibt, was man als Urlauber erwartet: Fischerboote am Strand, malerische Fassaden, Gassen mit italienischen Läden, Boulevard mit Cafés, schöne Frauen in knapper Badebekleidung und mindestens so schöne Männer. Die Abfahrtszeiten der Züge ab Moneglia hängen in der Rezeption des Campingplatzes *Smeraldo* aus.

Gut gegessen haben wir in Moneglia im **Ristorante *Derna***, ein wenig in der Weise, wie man Touristen beköstigt, aber zu ordentlicher Qualität (reservieren würde ich hier nicht, aber falls es Platz gibt machen Sie nichts falsch).

Auf dem weiteren Weg nach Osten, nach **Deiva Marina**, und nach einem kritischen Blick auf die Landkarte fassen wir Mut für eine weitere Missetat. Der Chauffeur des Reisemobils hinter uns hat vermutlich auch auf die Straßenkarte geschaut - und festgestellt, dass es durch den ehemaligen Eisenbahntunnel 3 km sind, außen herum hingegen 10 bis 15 km und kurvig obendrein. So warten wir gemeinsam an der Ampel auf Grünlicht. Aber die Straftat bleibt im Vorbereitungsstadium stecken, weil wir einem entgegenkommenden Polizisten, der uns mit seinem Alfa die Weiterfahrt versperrt, nicht weiß machen wollen, unser Ziel sei *Camping Rospo*, wohin man legal fahren darf. Was uns zwar kein Bußgeld einbringt, aber viele tadelnde Worte. So müssen wir umkehren und können deshalb davon berichten, dass die Verbindung von der Via Aurelia nach Moneglia zwar schmal, jedoch problemlos zu befahren ist. Spätestens in Deiva, einem uninteressanten Ort, hätten wir uns sowieso von der Küste wegbewegen müssen, weshalb wir Ihnen die legalen Wege empfehlen, auch wenn Sie zugeschaut haben, wie der öffentliche Bus, deutlich größer als die meisten WOMOs, durch den Tunnel von Moneglia nach Deiva gefahren ist.

Den Wanderfreunden und den Liebhabern von Höhenlagen über der Küste empfehlen wir **Framura** mit zwei Stellplätzen, einem stimmungsvollen, ortsnahen und einem einsamen mit Blick aufs Meer:

WOMO-Wanderparkplätze: Framura

Ortsrand

Position: N 44°12.742' E 09°33.425'; **WOMO-Zahl**: >5;
Ausstattung: Wasser, Mülleimer, Gaststätte, Geschäft, Wanderwege;
Zufahrt: Parkplatz am Ortseingang von Framura rechts unter Bäumen.

Sportplatz

Position: N 44°12.656' E 09°33.690'; **WOMO-Zahl**: >5;
Ausstattung: Blick aufs Meer, u.U. Toilettenhäuschen, Wanderwege, außer im Hochsommer einsam, am Samstag möglicherweise Störung durch motorisierte Liebespaare;
Zufahrt: vor Framura Wegweiser *,Centro Sportivo'*, an der Straße nach Bonassola beim Wegweiser zum Sportplatz abbiegen, sodann nach rechts steil bergauf und nach 50 m an der Gabelung links auf eine mittelgroße Fläche über den Tennisplätzen.

Dass wir ausgerechnet in Framura diese Tour beenden ist eher ein Zufall, denn die beiden ersten Orte der nächsten Tour gehören genauso zum Urlaub vor der Cinque Terre.

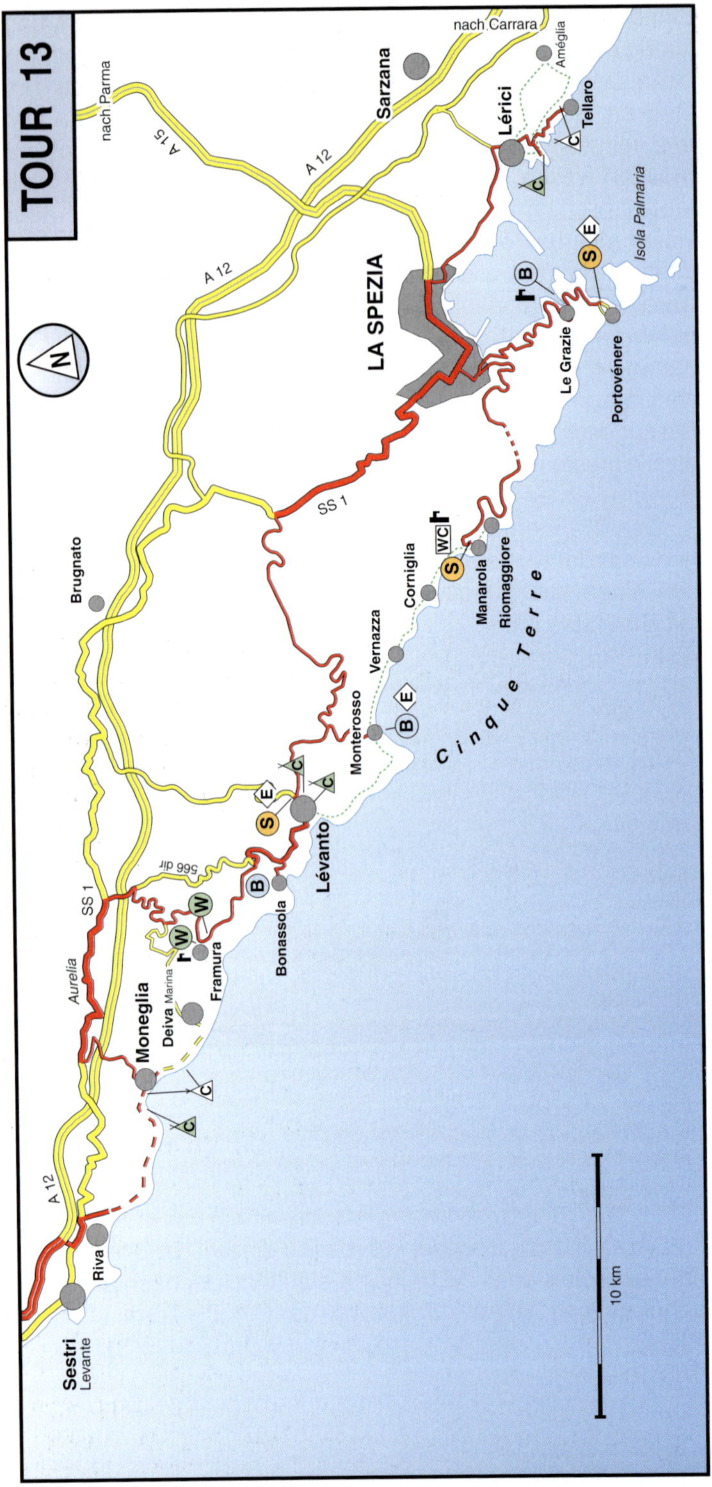
TOUR 13
nach Parma
A 15
A 12
nach Carrara
Améglia
Sarzana
Lérici
Tellaro
Isola Palmaria
LA SPEZIA
Le Grazie
Portovénere
SS 1
Brugnato
Corniglia
Vernazza
Manarola
Riomaggiore
Monterosso
Cinque Terre
Lévanto
Bonassola
566 dir
Framura
Deiva Marina
Moneglia
Aurelia
SS 1
A 12
Riva
Sestri Levante
10 km

Tour 13: Cinquanta Terre

Bonassola - Lévanto - Monterosso - Portovénere - Lérici

Stellplätze:	in Bonassola, in Lévanto, in Monterosso, in Manarola, bei Portovénere und Le Grazie
Campingplätze:	in Lévanto, bei Lérici und Tellaro
Besichtigen:	Lévanto, die Cinque Terre, Portovénere, Lérici, Tellaro
Wandern:	von Lévanto nach Monterosso, von Monterosso nach Riomaggiore, von Riomaggiore nach Portovénere, bei Lérici
Essen:	Pizzeria *Bruna* und Ristorante *L'Oasi* in Lévanto, Ristorante *Conchiglia* in Lérici

„In die Cinque Terre!"

Das war die Antwort, wenn man 1979, längstens bis '82, einen akademisch gebildeten, den Massentourismus notorisch verachtenden, lange vor dem Trend schon wandernden, die *‚Grünen'* wählenden, mit Olivenöl kochenden, Angelo Branduardi hörenden und zumindest damals dem Zeitgeist folgenden Menschen fragte, wohin er zu reisen gedenke.

Das war lange vor Ihrer Zeit? Und vor der Zeit, als jene westlich von La Spezia gelegenen ***Cinque Terre*** *(Fünf Dörfer)* in der *‚Brigitte'*, der *‚Emma'* oder in einer anderen den Trend prägenden Zeitschrift dem breiten Publikum vorgestellt wurden. Das von nun an begann, von Dorf zu Dorf zu wandern und sich alles ausmalen konnte, nur nicht, dass einmal die Wanderwege Eintritt kosten, noch ehe sich die WOMO-Reihe ihrer annimmt.

Die tut das trotzdem!

Und Sie, liebe Leser, werden Ihre Reiseaktivitäten nicht auf fünf Dörfer beschränken, sondern Sie werden, wie die Überschrift zu dieser Tour Ihnen vorschreibt, im Laufe der Jahre den Radius auf bis zu Fünfzig *(Cinquanta)* erweitern.

Es dürfen auch Dreißig sein, sogar unter Zehn, nur eben nicht die berühmten Fünf ausschließlich. Und wenn doch, dann mit dem Zug, am besten von Lévanto aus, womit es ja dann auch schon sechs wären. Lévanto ist die Kleinstadt unmittelbar westlich der berühmten Dörfer, die eine einigermaßen gute Straßenanbindung zur restlichen Welt erhalten hat und wo es genug flaches Land gibt, um ein paar Campingplätze sowie einen WOMO-Stellplatz einzurichten. Außerdem gibt es dort, wie in den meisten Dörfern zwischen

Genua und La Spezia, einen Bahnhof, in dem, wie in den meisten Dörfern zwischen Genua und La Spezia, die meisten Züge anhalten, so dass man dort einsteigen kann, um die meisten Dörfer zwischen Genua und La Spezia, vor allem die berühmten fünf, zu besuchen.

Oder zu bewandern, indem man ins eine fährt und zum anderen läuft, oder zum übernächsten, oder nach Genua und La Spezia. Es gibt dabei nur ein Problem, das der **Fahrkartenbeschaffung**. Die ist zwar in jedem Bahnhof am Automaten wie auch am Schalter möglich. Weil aber ersterer oft streikt oder dem gebildeten Nicht-Italiener unverständlich erscheint, stehen an Zweitgenanntem lange Schlangen, die länger wirken als sie sind, weil fast jeder Wartende noch einen Rucksack trägt, der Platz für drei benötigt. Kurz gesagt, man sollte sich 20 Minuten vor der ersten Zugabfahrt einreihen und dann alle Fahrkarten für den Rest des Urlaubs kaufen. *(für die Strecken zwischen Lévanto und La Spezia gibt es Kombitickets, die für einen, drei oder sieben Tagen beliebig viele Bahnfahrten in diesem Bereich und den Wandereintritt enthalten).*

Soweit sind Sie aber noch nicht, denn zuvor müssen Sie sich erst Ihres Reisemobils entledigen. Möglichst von Anfang an für mehrere Tage, weil in der Nähe der Cinque Terre die freien Stellplätze äußerst rar sind und die wenigen Campingplätze sehr gut besucht, in den Sommerferien schon früh am Abend voll sein könnten. Wir fangen im Westen an. Moneglia ist der erste Ort, der sich als Quartier für die Cinque Terre eignet, wir haben ihn schon bei der 12. Tour erwähnt:

Bonassola (1.000 Einwohner) ist zweifellos der ruhigste der Orte rechts und links der Fünf Dörfer und kann sich nur deshalb (noch) einen offiziellen Stellplatz direkt am breiten Strand und mit Blick aufs Meer leisten. Wir sind gespannt, ob der Bürgermeister die schon lauernde Zunft der Schilderaufsteller bis zur Folgeauflage in Schach halten kann:

WOMO-Badeplatz: Bonassola

Position: N 44°11.005' E 09°34.899'; **WOMO-Zahl**: 9; **Ausstattung**: Mülleimer, Gaststätten und Geschäfte (Toilette und Wasser müssten vorhanden sein, wir haben sie aber nicht gefunden), es gibt keinen Schatten, man steht eng, direkt am feinen Kiesstrand; **Zufahrt**: der Stellplatz liegt in Bonassola auf der Rampe der ehemaligen Bahnlinie zwischen Ort und Strand, direkt beim Ortszentrum und ist nicht zu verfehlen; **Parkgebühr**: 8 €/24 Std.

In Zeiten touristischer Nachfrage, also auch schon in der Woche vor Ostern, werden Sie vermutlich zu vorgerückter Nachmittagsstunde kein freies Plätzchen ergattern und müssen Bonassola dann wieder verlassen, weil Sie anderswo im Ort nicht übernachten dürfen (wenn Sie den Berg wieder hochfahren, stößt die Straße an einer Rechtskurve auf ein Gebäude, das durch eine bewachsene Mauer auffällt; links dieses Gebäudes gibt es einen Weg, auf dem ich zwei WOMOs stehen sah, Sie sollten mal nachschauen). Dann weichen Sie automatisch ins benachbarte **Lévanto** (5.700 Einwohner) aus, dessen Stellplatz bei weitem nicht so schön und weitab des Meeres liegt:

WOMO-Stellplatz: Lévanto

Position: N 44°10.463' E 09°37.070'; **WOMO-Zahl**: 16 (es wird zudem geduldet, wenn Sie auf dem Parkplatz der gegenüberliegenden Straßenseite stehen); **Ausstattung**: Mülleimer, Gaststätten, Geschäfte, Wanderwege, laut (da an der am meisten befahrenen Straße von Lévanto).
Zufahrt: Der Stellplatz liegt an der SP 566 dir, das ist die Straße von Lévanto zur Autobahnauffahrt *Carródano/Lévanto*, bei einer Tankstelle ein paar Meter nördlich der Eisenbahnunterführung, also nahe des Bahnhofs von Lévanto (wenn Sie von Bonassola kommen, müssen Sie dem Autobahnschild folgen); **Parkgebühr**: 15 €/24 Std., 10 €/12 Std.

Uns wundert, dass wir dort überhaupt Reisemobile stehen sahen. Der unverschämte Preis ist das Resultat des urkapitalistischen Gesetzes von Angebot und Nachfrage, das hier aber nur in der Hauptsaison, besonders an Ostern, funktioniert. Wenn die Campingplätze überfüllt sind, von denen es in Lévanto selbst vier gibt, die der Stadt so nahe sind, dass man zu Fuß oder mit dem Fahrrad den Strand erreichen kann, und einen fünften, der weiter weg liegt und daher uninteressant ist. Wir kennen Leute, die alljährlich den **Campingplatz *Cinque Terre*** ansteuern, nach unserem Geschmack den schönsten Platz in Lévanto, der richtig empfehlenswert ist, obwohl man per pedes ins Ortszentrum und zum Strand 15 bis 20 Minuten braucht (in der ersten Linkskurve der Straße kann man auf einem kleinen Pfad abkürzen). Am Anfang war er nur der Notnagel, als wir am Abend nach langer Fahrt in Lévanto eintrafen und unseren gewohnten Stellplatz auf dem ehemaligen Bahndamm (der in einem früheren Toskana-Führer hoch gelobt wurde) gesperrt vorfanden. Wir steuerten den strandnahen *Camping Acquadolce* an, wo wir keinen Platz mehr bekamen, um dann auf dem *Cinque Terre* wenigstens die Nacht zu verbringen. Aber in einem ruhigen grünen Tälchen, mit Nachtigallen, schnaubenden Pferden, unter lichtdurchfluteten Akazien, Feigen und Mimosen blieben wir noch zwei Tage, obgleich wir längst in der Toskana angekommen sein wollten; ein Geheimtipp, der den Inspekteuren des ADAC-Campingführers auch in Zukunft nicht verraten werden darf:

Campingplatz-Tipps: Lévanto

Camping Cinque Terre
Ortszentrum und Strand: 1,2 km; **Zeiten**: Ostern bis Ende September; **Tel**. 0187 801252; www.campingcinqueterre.it; **Ausstattung**: kleiner Laden, Snack, teilweise kleine Parzellen, Bustransfer an den Strand; **Zufahrt**: ähnlich wie zum vorgenannten Stellplatz, von allen Richtungen sind die Campingplätze beschildert. Benachbart, wenn auch über eine am Ende etwas andere Zufahrt zu erreichen und nebeneinander liegend, sind die Campingplätze ***Albero d'oro*** (1.4. bis 30.9.) und ***Pian di Picche*** (Ostern bis Ende September).

Camping Acquadolce
Ortszentrum und Strand: 0,2 km; **Zeiten**: ganzjährig; **Tel**. 0187 808465; www.campingacquadolce.it; **Ausstattung**: Restaurants und Läden in der Nähe, sehr enge, für große Wohnmobile ungeeignete Parzellen;. **Zufahrt**: östlich der Strandbucht beschildert.

Sofern Sie sich auf dem *Camping Acquadolce* aufhalten, werden Sie, da dieser nur gut 200 m vom Strand entfernt ist, an der nächst erreichbaren Stelle baden, an einem gar nicht schlechten Stadtstrand und in der Nähe bunter Boote. Auf den anderen Campingplätzen, wie auch auf dem Stellplatz werden Sie nach der schönsten **Badeecke** fragen, jedenfalls wenn Sie ein Fahrrad besitzen, was sich hier wirklich lohnt. Radeln Sie in Lévanto direkt hinter dem Strand auf dem ehemaligen Bahndamm nach rechts, also nach Westen, und wählen Sie die nette Badebucht gleich nach dem zweiten Tunnel, die allerdings in der Hochsaison, wie alles hier, überfüllt ist.

Große Sehenswürdigkeiten werden Sie in Lévanto nicht finden, lediglich in dem Rest des alten Ortsteils die **Kirche Sant' Andrea** mit einer schönen Rosette. Dass nur noch wenige alte Gassen erhalten sind, liegt an einer Bausünde des ausgehenden 19. Jahrhunderts, als man hinter dem Strand die Häuser für die Eisenbahn platt machte. Dadurch entstanden

Badebucht bei Lévanto

hier, wie auch in vielen anderen Orten, vor allem weiter westlich, die merkwürdige Rampe und die inzwischen vielfach stillgelegten Tunnels. Die Bahnstrecke, die wir heute benutzen und ohne die eine Cinque-Terre-Reise mit dem Wohnmobil gar nicht denkbar wäre, wurde um die Mitte des 20. Jahrhunderts weiter landeinwärts gebaut.

In Lévanto werden Sie sich mehrere Nächte aufhalten und essen gehen. Selbst wenn Sie hier nur eine Nacht bleiben, werden Sie ebenfalls essen gehen, denn es gibt vorzügliche Adressen: Die ***Pizzeria Bruna*** für die preisbewussten Pizzarianer *(nur abends geöffnet und donnerstags zu; an der Piazza Staglieno, das ist der dreieckige schattige Platz im östlichen Teil des Zentrums; Sie sollten einen der wenigen Tische unbedingt vor 19 Uhr besetzen, weil Sie nur dann genießerisch die unendlich lange Schlange der wartenden Strandheimkehrer bedauern können)*. Auch im **Fischrestaurant *L'Oasi***, einem Beispiel dafür, dass sogar der Michelin-Restaurantführer nicht alles im Griff hat (weil er es nämlich nicht erwähnt), werden Ihnen ähnliche Beobachtungen geboten, traurige und frustrierte Gesichter derjenigen, die glaubten, außerhalb der Saison nicht reservieren zu müssen (wir haben uns in der Vorsaison zwei Stunden vor dem Essen angemeldet). Die Spezialität ist ein Fisch in Salzkruste, die den Saft bewahrt, und wir dürfen bekennen, dass uns auch in wesentlich renommierteren Häusern diese Zubereitungsart niemals vollendeter begegnet ist, wenngleich meistens teurer. Einer der Top-Tipps dieses Buches. Sie finden das Ristorante an der Piazza Cavour und lesen bei früheren Touren mal wieder nach, wer

Herr Cavour war; die Piazza Cavour ist der große Platz im Inneren von Lévanto *(wenn Sie von der Strandpromenade, also dem alten Bahndamm, die Treppe runtergehen und es schaffen, gefahrlos an der Eisdiele vorbei zu kommen, müssen Sie schätzungsweise noch 100 m geradeaus gehen, danach 10 m nach links und dann nochmals 40 m geradeaus, das Lokal liegt dann auf der rechten Ecke; Tel. 0187 800856; mittwochs Ruhetag; Freisitz).*

Vielleicht werden Sie am nächsten Morgen umdisponieren. Sie klettern nicht in den Zug, um schon nach wenigen Minuten in Monterosso wieder auszusteigen, Sie wandern! Zumindest in einer Richtung und nehmen die Bahn für die Rückfahrt, weil Sie derart einfach und komfortabel selten mit öffentlichen Verkehrsmitteln an den Ausgangspunkt Ihrer Wanderstrecke zurückbefördert werden. Und weil der Abschnitt von Lévanto nach Monterosso, obschon in der Reise-Weltliteratur stets erwähnt, also auch bei uns, noch nicht den Eintritt kostet wie die Wege weiter östlich:

Gehen Sie in der östlichen Ecke der Strandpromenade nach Süden, unterhalb von prächtigen Villen, bis Sie fast am Ende von der rot-weißen Markierung nach links bergauf geschickt werden und möglicherweise jetzt erst zur Kenntnis nehmen, dass über Lévanto auch eine Burgruine thront. Schwitzend passieren Sie einige Ferienhäuser, die Sie, wenn sie Ihnen aufgedrängt würden, wegen der Prachtsicht sogar gegen das WOMO eintauschen würden; was Ihnen ja wirklich selten in den Sinn kommt, wenn Sie auf Ihren Reisen ein Ferienhaus sehen.

Bald stiefeln Sie ein Stück entlang der Straße, die Sie bei einem Hotel wieder verlassen, um kurz darauf hocherfreut in einen richtig schattigen Wald einzutreten, wo Sie es gerne verschmerzen, dass nun die Blicke aufs Meer etwas seltener werden. An einer Tafel, die eines abgestürzten deutschen Physik-Professors gedenkt, werden Sie sinnieren, wie es auf einem derart zivilisierten Weg zu einem solchen Unglück kommen konnte.

Wo sich die Wege Nr. 10 und Nr. 1 gabeln, nehmen Sie die 10, danken uns angesichts der kräftigen Steigung von Monterosso, dass wir Ihnen, die Sie nun abwärts klettern dürfen, die Wanderung in dieser Richtung empfohlen haben. Nach gut zwei Stunden stehen Sie wieder am Strand und reiben sich ungläubig die Augen, dass Sie sich während der letzten halben Stunde, wenn Sie Monterosso im Blick hatten, nicht geirrt haben, als Sie auf dem ins Meer ragenden Plateau einen WOMO-Stellplatz entdeckt haben (siehe Pfeil beim Foto). Dazu gleich mehr.

Vielfältig können Sie die Wanderung beenden: mit einem Bad, einem kühlen Getränk oder Sie wandern weiter bis ins nächste Dorf der Cinque Terre, vielleicht auch ins übernächste ... Die Wege sind bestens markiert, und die Wanderkarten *Cinque Terre* des Club Alpino oder von *Kompass* sind für die Routen entlang der Küste nicht erforderlich. Wohl aber, falls

Sie ab Monterosso den Heimweg durch das Landesinnere wählen (und beim *Camping Cinque Terre* raus kommen).

Wanderung nach Monterosso
Stellplatz beim Pfeil

Es gibt leider ziemlich viele Menschen, unglücklicherweise die meisten, die, weil sie dieses Buch nicht kennen, denken, sie könnten mal eben mit einem Wohnmobil in einem der Fünf Dörfer, der eigentlichen Cinque Terre, vorbeischauen. Es sind oft dieselben, denen ein Reisemobil nicht groß genug sein kann, was das Problem nicht gerade verringert. Eigentlich sind nämlich die Dörfer schlecht zu erreichen, was über lange Zeit zu ihrer Abgeschiedenheit führte, welche den Dörfern die Urtümlichkeit bewahrte, jene Schönheit also, die dann Ende der 70er Jahre die Touristen anzog. Breite Straßen gibt es gottlob immer noch nicht (das Projekt wurde nach dem Baubeginn gestoppt), ebenso wenig wie ausgedehnte Parkplätze. So sind die Fünf Dörfer für ein Wohnmobil eher ungeeignet, was ja nichts macht, da man von Lévanto bestens mit dem Zug hinfahren kann. Aber weil so viele Leute das nicht wissen, gibt es in **Monterosso** (mit 1.700 Einwohnern der größte Ort der Cinque Terre) auf einer Halbinsel einen Parkplatz mit Bus- und WOMO-Abteilung. Eine erfreuliche, aber dennoch merkwürdige Einrichtung an derart exponierter Stelle! Wenngleich in diesem Zusammenhang nicht unerwähnt bleiben soll, dass Monterosse das unspektakulärste der Cinque-Dörfer ist und im Grunde so wenig oder so viel dazu gehören dürfte wie Lévanto, Bonassola oder Portovénere. Wenn der Trubel nicht allzu groß ist und die Sonne nicht ganz so heiß brennt, ist der Parkplatz vielleicht sogar wirklich ein Grund, mal mit dem WOMO nach Monterosso zu fahren:

WOMO-Badeplatz: Monterosso

Position: N 44°08.685' E 09°38.822'; **WOMO-Zahl**: 19; **Ausstattung**: Gaststätten, Geschäfte, Wanderwege, Badestelle, direkt am Strand, kein Schatten, die Fahrzeuge stehen sehr dicht, häufig belegt; **Zufahrt**: in Monterosso dem Parkplatz-Symbol folgen, der Parkplatz liegt westlich des Zentrums; **Parkgebühr**: 15 €/24 Std.

Monterosso ist unter den Fünfen nicht einmal das einzige Dorf mit Übernachtungsplatz, wie Sie gleich sehen werden.

Falls Sie in Monterosso stellplatzmäßig fündig werden, was wir am Nachmittag für unwahrscheinlich halten, oder wenn Sie mit der Bahn angereist sind, machen Sie sich mit vielen anderen Gleichgesinnten auf den **Wanderweg**, weil ziemlich jeder von Dorf zu Dorf wandert, der die Dörfer bereist. Genau deshalb braucht man heutzutage für die Wege zwischen den Dörfern, den Wanderweg Nr. 2, so etwas wie eine Eintrittskarte *(3 €/Tag)*. Sofern Sie für eine Strecke den Küstenweg und für den Rückweg die Bahn nehmen, brauchen Sie noch eine weitere Karte, die Fahr- , aber nicht unbedingt die Wanderkarte *(beachten Sie die oben genannten Pauschalpreise der kombinierten Eintritts- und Bahnkarte für die Strecke zwischen Lévanto und La Spezia)*. Wer gut zu Fuß ist, erledigt die Durchquerung des seit 1997 von der UNESCO zum Weltkulturerbe erklärten Gebietes auf dem berühmten Weg mit der Nummer 2 an einem Tag (15 km). Die Dauer der Wanderung hängt stark von der Verkehrsdichte ab, wie oft Sie bei Gegenverkehr stehen bleiben müssen und wie gut Sie die Kinder, Lahmen und Hunde überholen können. Wenn wir die Mächtigen wären, würden wir mit der Eintrittskarte auch das Schuhwerk kontrollieren und die zahlreichen Hasardeure in Badeschlappen nicht auf die teilweise hellschwarze Piste lassen. Die Strecke zwischen Corniglia und Monterosso ist zwar nicht lebensgefährlich, man kann auch nur schwerlich abstürzen, aber das mehrfache Hoch und Runter auf schmalen Pfaden verlangt westlich von Corniglia mehr Sportlichkeit als gemeinhin beschrieben. Ein Spaziergang ist das nicht.

Wegen der Streckendauer verweisen wir auf vielfältige Veröffentlichungen vor Ort, unter anderem in einem kleinen an den Bahnhöfen verteilten Prospekt. Die dort genannten Zeiten sind großzügig. Wir brauchten beispielsweise für das Stück zwischen Vernazza und Monterosso 1,5 Stunden und für die ganze Strecke 4 Stunden.

Die Wege sind im Übrigen literarisch, nicht nur in den Wanderbüchern, derart breit getreten, dass die Welt nicht auch noch auf unsere Darstellung wiederkehrender, genaugenommen sogar nie aufhörender visueller Highlights gewartet hat.

Beileibe sind wir auch nicht die ersten, die entdeckt haben, dass man die Laufrichtung des Weges der Tageszeit anpassen sollte. Meistens bricht man morgens in Monterosso auf - ein Fehler! Die Sonne bräunt dann zwar schön das Gesicht, aber die Farben scheinen im Gegenlicht schwächer. Es sind vor allem die Farbtöne der Häuser, des Meeres, des Himmels, der Olivenbäume und der Rucksäcke, die das kleine Gebiet so unglaublich sehenswert machen. Früher hätten wir Ihnen empfohlen, mehrere gute Farbfilme einzupacken, was der Autor dieser Tour übrigens immer noch tut, was aber nicht ständig erneut diskutiert werden muss. Starten Sie entgegen der allgemeinen Tendenz am Morgen in Riomaggiore, auf keinen Fall am Wochenende und nicht im Hochsommer, es sei denn ganz früh.

Wenn Sie wirklich die Cinque Terre kennen lernen wollen, nehmen Sie sich mehrere Tage Zeit und laufen Sie auch heimwärts, indem Sie mit Hilfe der Wanderkarte die eingezeichneten und vor Ort auch beschilderten Wege oberhalb der Hauptroute wählen. Noch besser als entlang des Küstenweges können Sie dann die legendären Wein- und Gartenterrassen mit Trockenmauern aus unzähligen geschichteten Steinplatten betrachten. Die Erde dahinter ist aufgefüllt und wird noch immer zum Anbau benutzt, vorwiegend von Trauben, in breiteren Bereichen auch für Gärten und Oliven. Wer den Wein der Gegend trinkt, einen nicht ganz billigen, aber noch erschwinglichen weißen, leistet einen Beitrag zum Erhalt einer jahrhundertealten Kulturlandschaft. Sollten die mit der Hand bearbeiteten Weinberge veröden, gäbe es schon nach wenigen Jahren für die Mäuerchen und die Streifenterrassen (man nennt sie *Strice*) kein Halten mehr. Und wenn niemand den Wein trinkt, wird er nicht mehr angebaut. Also trinken Sie bitte vor Ort nur Wein von hier!

Auch bezüglich der Fünf Dörfer fassen wir uns eher kurz, bunt sind sie alle und einander sehr ähnlich, Corniglia dabei ausgenommen. Bei unserer Beschreibung bewegen wir uns, wie bei allen Ligurientouren in östlicher Richtung, so ist **Vernazza** (800 Einwohner - siehe unser Titelbild) das erste Dorf nach Monterosso, das Idealbild eines Fischerdorfs an der ligurischen Küste, ja sogar im ganzen Mittelmeerraum. Wenn der Tourismus nicht allzu stark anbrandet, sieht Vernazza auch genauso aus, wie man solch einen Ort malen würde: angefangen beim runden **Hafenbecken** mit den bunten Booten, deren einziger Gebrauchszweck nur noch darin besteht, eine Leuchtfarbe zu tragen, wie man sie schon seit Generati-

Vernazza

onen auf Postkarten sieht, dahinter schön getünchte und trotzdem abblätternde Fassaden und ein paar Bewohner, besser noch Netzflicker, bzw. Statisten, die so aussehen, als seien sie Einwohner oder Netzflicker. Vergessen wir auch nicht die Arkaden, die Cafés und Restaurants sowie das angereiste Publikum, das trotz aller Berühmtheit des Ortes in seiner Mehrheit noch nicht an allen Tagen die unangenehmen Verhaltensmuster der Massentouristen angenommen hat.

Am Hafen sitzt jeder, in die **Kirche Santa Margherita di Antiochia**, am Ende des Platzes beim Hafen, gehen die Wenigsten. Dabei ist das Gotteshaus wegen seines trapezförmigen Grundrisses (eine Folge der beengten Platzverhältnisse), ihres fast 40 m hohen Glockenturms und der Merkwürdigkeit, dass sie verkehrt herum, das Portal also auf die vom Platz abgewandten Seite, gebaut ist, sehenswert.

Das folgende **Corniglia** (500 Einwohner) schlägt aus der Reihe: Es ist ein Bergdorf mit deutlich geringerem Zulauf und ohne Hotel. Unsere Konkurrenz unter den Reiseführern zählt den Treppenweg hinab zum kleinen Hafenbecken, der in der Nähe des Hauptplatzes beginnt, zum touristischen Pflichtprogramm, wir geben das unkommentiert weiter, denn wir sind ihn noch nicht gegangen. Genauso wenig wie wir die **Spiaggia di Giuvano** aufgesucht haben, den westlich von Corniglia gelegenen Strand, den Sie vom Bahnhof aus durch einen stillgelegten Eisenbahntunnel erreichen, bei dessen Ende Sie an einer Tür Eintritt zum Strand bezahlen müssen *(5 €/Person)*; angeblich ein beliebter Nacktbadestrand, der immer mal wieder gesperrt werden soll *(April bis Mitte Oktober, möglicherweise ist der Klingelknopf auch am Anfang; beim Bahnhof nicht die Treppen hinauf zum Zentrum nehmen, sondern die Bahngleise überqueren und der Markierung folgend weiter hinunter in Richtung Küste gehen; alles von uns noch nicht getestet; auch vom Wanderweg Nr. 2 aus beschildert).*

Wie würden Sie verfahren, wenn Sie Bürgermeister oder Verkehrsplaner wären, und der liebe Gott bzw. die das Dorf bauenden Altvorderen Ihnen eine Freifläche übrig gelassen hätten, die allenfalls so groß ist wie das Viertel eines Fußballplatzes? Sie würden ein WOMO-Verbotsschild aufstellen lassen, weil Sie der Auffassung sind, dass der karge Raum nicht zugestellt werden darf. Das würden Sie tun! Der Bürgermeister von **Manarola** (800 Einwohner) löste das Problem besser. Er ließ ebenfalls Schilder aufstellen, die aber nicht mit Verboten, sondern mit hohen Preisen beschriftet wurden:

WOMO-Stellplatz: Manarola

Position: N 44°06.528' E 09°43.945'; **WOMO-Zahl**: 15;
Ausstattung: Wasser, Toilette, Mülleimer, Gaststätten, und Geschäfte nach 200 m, Wanderwege, leicht abschüssig, 350 m vom Meer entfernt;
Zufahrt: an der einzigen Straße nach Manarola, in einer Spitzkehre kurz vor dem Ort; **Parkgebühr**: 15 €/24 Std.

In dieser Gegend erwartet man auch von seinem Stellplatz einen Superblick und ist enttäuscht, wenn er nur so ist, dass man ihn anderenorts noch auf der Positivseite verbuchen würde. Das Meer sehen Sie jedenfalls nicht. Es gibt lauschigere Plätze und möglicherweise auch solche mit einer besseren Zukunft. Wir finden dennoch die Leistung, hier, bei einem der schönsten Dörfer am Mittelmeer und unter derart beengten Verhältnissen, überhaupt einen WOMO-Stellplatz anzubieten, derart lobenswert, dass es keinen Zweifel geben kann, Manarola ist ein **WOMO-Lieblingsort**.

Bei unseren Recherchen war der Stellplatz unbenutzt, wir haben ihn, offen gesagt, auch nur zu Fuß erkundet. Irgendwann werden wir unseren praktischen Erfahrungsschatz erweitern, und sicher erneut bestätigt finden, dass die Nacht in einem Cinque-Terre-Dorf ein schönes Erlebnis ist, weil es dann ganz ruhig und fast menschenleer wird. Wenn das Wetter mitspielt, werden wir am frühen Morgen die recht guten Bademöglichkeiten an der Mole des hinteren Hafenbeckens (ca. 150 m nach dem Haupthafen) testen. Das liest sich so, als würde Ihnen ein Gemisch aus totem Fisch, Teer und Dieselöl in die Nase steigen, dabei handelt es sich um sauberes Wasser im offenen Meer. Der Hauptgrund für eine Nacht in Manarola aber wäre, damit ist der Autor dieser Tour leider wieder nicht so ganz auf der Höhe der Zeit, das späte Nachmittagslicht auf den nach Westen gewandten Fassaden. Nicht nur, um jene zu fotografieren, sondern auch, um am Nachmit-

Manarola

tag einfach dazusitzen, seitlich des Wanderweges nach Corniglia, und um die verschachtelten Häuser anzuschauen. Tun Sie das mal am Vormittag und dann noch mal am Nachmittag ein und desselben sonnigen Tages. Wir plaudern dann noch einmal miteinander, über den Zeitgeist, die Fotografie und den klassischen Diaabend, und überlegen uns gemeinsam, ob wir ein Dorf am Mittelmeer kennen, die griechischen Inseln zählen wir mal nicht dazu, das dieser Harmonie an Formen und Farben Paroli bieten kann. Wenn Sie uns fragen, nicht einmal Vernazza. Das ist ja auch kein WOMO-Lieblingsort!

Riomaggiore

Das berühmteste Stück der Wanderstrecke, eigentlich ein Spazierweg, ist der inzwischen zu perfekt ausgebaute Weg zwischen Manarola und **Riomaggiore**, die **Via dell'amore** (Liebespfad), wo einst die heranwachsende Jugend beider Dörfer verschämt Händchen hielt. Heutzutage geht vermutlich auf jedem Parkplatz einer Kleinstadtdisko wesentlich mehr ab. Aber die Legende hat sich gehalten und mehreren Erdrutschen getrotzt samt anschließender mit viel Beton vorgenommener Ertüchtigung und Entromantisierung. Ein verliebter Mondscheinspaziergang wäre dennoch ein guter Grund für die Nacht in Manarola. In **Riomaggiore** (1.400 Einwohner) hingegen werden Sie einen Stellplatz nicht finden. Das ist übrigens, wenn wir die wohnmobilistische Brille absetzen, unser liebstes Cinque-Terre-Dorf, weil es nicht ganz so bilderbuchmäßig ist wie Vernazza und Manarola, aber dennoch ähnlich farbenprächtig bei mehr italienischem Alltag. Als wir nach langen Jahren mal wieder dort wanderten, erfuhr die Liebe beim Anblick des fürchterlichen und überdimensionierten Parkhauses am Ortseingang einen Dämpfer. Aber wenn Sie mit dem WOMO reisen, wird Sie das wenig stören. Sie kommen ja zu Fuß oder mit dem Zug und somit nicht in die Nähe dieses Zweckbaus.

Genauso wie Bonassola, Lévanto und die Dörfer westlich davon den Cinque Terre ähnlich sind, passt auch **Portovénere** (4.200 Einwohner) in die Reihe. Der touristische Auftrieb scheint hier aber dank der besseren Straßenanbindung noch größer als in Vernazza. Straßen, rufen Sie uns zu, seien schließlich die Voraussetzung mobilen Reisens und daher gefälligst nicht zu verteufeln! Dann versuchen Sie doch mal mit Ihrem WOMO in Portovénere zu parken. Bei unserem Versuch, an einem Samstag außerhalb der Saison, kam das nicht in Frage. Genauso wenig wie es an einem Montag im Dezember in Frage gekommen wäre, es sei denn die Parkverbotsschilder hätte man dann vorher zugehängt. WOMO-Sperrgebiet! Was tun? Sie missachten die Schilder. Das funktioniert vermutlich an jenem Montag, kurz vor Weihnachten. Im Sommer aber nicht. Als wir nur anhalten, um einen Blick auf die Landkarte zu werfen, eigentlich ein eher löbliches, wenn auch seltenes Touristenverhalten, klopft schon eine Hostess so energisch an die Scheibe, dass wir lieber falsch, auf jeden Fall aber weiter fahren. Die zweite Alternative: Sie buchen eine Kaffeefahrt bei Ihrem Busunternehmer. Eine der wenigen Möglichkeiten Portovénere fahrend zu erreichen.

Die dritte und einzig reale Möglichkeit: Sie parken in etwa 1,8 km Entfernung und nähern sich dem Ziel zu Fuß (25 Minuten - auf der Straße südlich des Stellplatzes) oder mit Hilfe des kommunalen Shuttle-Busses. Der Ausgangspunkt ist die Stelle, an der Sie vielleicht auch übernachten. Wenn man davon absieht, dass man hier den erhofften Badeplatz nicht findet (aber nach 10 Minuten sind Sie zu Fuß an der ersten Badestelle – ebenfalls südlich des Stellplatzes entlang der Straße bergab), ist das ein richtig guter Stellplatz, zweifellos einer der schönsten dieses Buches:

WOMO-Stellplatz: Portovénere

Position: N 44°03.572' E 09°50.910'; **WOMO-Zahl**: >5;
Ausstattung: Wasser und Entsorgungsstation (die bisweilen extra kostet), Supersicht auf den Golf von La Spezia und die gegenüberliegende Küste von Lérici, 1,8 km vom Ort entfernt, tagsüber Bus-Shuttle, im Prinzip sehr einsam, aber sehr gut besucht, Wanderwege.

Zufahrt: An der Straße von La Spezia oberhalb von Portovénere, beschildert, wo die Straße nach Portovénere rechts abwärts abzweigt. Der offizielle, asphaltierte Stellplatz liegt am Ende eines größeren teilweise naturbelassenen und leicht unebenen Parkplatzes; das Naturgelände ist um Längen schöner, man darf dort auch stehen, jedenfalls hat bei unserem Besuch die *Polizia* die Parkscheine gesichtet und uns sowie den vielen anderen, die oberhalb des eigentlichen Stellplatzes standen, freundlich zugelächelt; **Parkgebühr**: 0,90 €/Stunde bzw. 7,50 €/Tag (es wird ständig kontrolliert).

Der Fußweg vom Stellplatz (der linke, südliche Weg ist kürzer) in den ehemaligen Fischerort lohnt sich sehr, da Portovénere in seiner Farbigkeit den Cinque-Terre-Orten ebenbürtig ist, besonders die den **Hafen** säumenden Fassaden, auf die kein Bildkalender verzichten kann. Sehenswert sind das alte Stadttor und die dahinter beginnende, schmale Hauptstraße, die vom Wasser umspülte Kirche S. Pietro, die Kirche San Lorenzo im höheren Teil des Ortes und die Burg. Wenn Sie Zeit haben, sollten Sie zur nahen **Insel Palmaria** schippern, an deren Ostseite Sie baden können. Das haben wir aber ebenso wenig getestet wie die 10 Minuten dauernde Überfahrt.

Portovénere

Wir wurden bei den Möglichkeiten, nach Portovénere zu kommen, unterbrochen. Zwei fehlen nämlich noch: per **Schiff** (beispielsweise von Lérici oder Lévanto) sowie per Bahn nach Riomaggiore, sodann zu **Fuß** zum Ziel (14 km, bestens beschildert, nicht wenig anstrengend und auf allen Karten eingezeichnet). Für den Rückweg nehmen Sie den Bus nach La Spezia (alle 20 Minuten) und gehen dort in 10 Minuten zum Bahnhof, etwa im Stundentakt fährt die Bahn zurück.

Auf jeden Fall sollten Sie den „Hafen der Venus" (die hier aus dem Meer aufgetaucht sein soll) auf Ihrer Ligurien-Reise besuchen, zweifellos einen der Top-Orte, auch wenn wir etwas gelästert haben. Es muss ja nicht ein Wochenende sein.

Sie können dem Trubel leicht entfliehen, zumindest in der von uns erkundeten Vorsaison. Sie bleiben in einem Dorf weiter nördlich, direkt am Meer und nahe einem kleinen Badestrand:

WOMO-Badeplatz: Le Grazie

Position: N 44°03.988' E 09°50.913'; **WOMO-Zahl**: höchstens 5;
Ausstattung: kleiner Kiesstrand in der Nähe, Badestelle, Geschäfte, Gaststätten, Wasser (am Stadtpark unter Bäumen).
Zufahrt: Biegen Sie von der SS 530, La Spezia - Portovénere in den Ort ab und fahren Sie südlich um den kleinen Meerbusen. Die Straße endet südlich der Bucht als Sackgasse; kurz vor dem Ende können Sie zwischen

Straße und kleiner Uferpromenade parallel zur Straße parken, meist stehen schon andere WOMOs dort und nicht selten so viele, dass Sie keinen Platz mehr bekommen (man kann dann u.U. in der Nähe anstehen und bei passender Gelegenheit vorrücken).

La Spezia lassen wir aus. Nicht weil es total hässlich wäre (es wurde im Krieg stark zerstört), aber es sprengt den Rahmen dieses Buches. Jedoch jenseits des größten italienischen Militärhafens ist unser Pulver noch nicht verschossen, womit wir nicht auf die dann anschließende und vom Autor dieser Tour beschriebene Toskana anspielen möchten. Vorher gibt es noch ein kleines Juwel, das von Ihnen Campingplatzgeneigtheit ebenso abfordert wie die Möglichkeit außerhalb der Hochsaison zu verreisen. Der Campingplatz von **Lérici** ist nicht nur die einzige uns bekannte brauchbare Bleibe, er ist auch eng, für sehr große Wohnmobile nur bedingt geeignet und selbst in der Nebensaison - sofern überhaupt geöffnet - am Abend bisweilen ausgebucht. Aber er ist ein Traum all jener, die gerne unter Oliven, mit offenem Fenster und beim Blick aufs Meer in den Schlaf gleiten:

Campingplatz-Tipp: Lérici *(Camping Maralunga)*

Ortszentrum: 10 Minuten zu Fuß (aus dem Campingplatz links und sofort wieder rechts; später oben auf der Straße bei der Zufahrt zum Hotel *Parco* nach links den Treppenweg *Via tagliata* nehmen); **Zeiten**: 1.6.(meist schon ab dem Wochenende davor) -30.9.(!!); **Tel**. 0187 966589; Sie können nicht reservieren, nur fragen, ob ein Platz frei ist.

Die Fluktuation ist relativ hoch, weshalb ich annehme, dass auch in der Hochsaison täglich Plätze frei werden. Vielleicht kann man eine Nacht überbrücken. Wir sahen an der Straße, die am Campingplatz vorbeiführt, nach etwa 50 m links eine dazu geeignete Parkbucht und nach weiteren 50 m in einer Haarnadelkurve nochmals eine. Nach unseren Erfahrungen werden am Montag Mittag viele Plätze frei, ungünstig sind die Abende von Do und Fr. Je größer ein WOMO, umso geringer ist die Chance auf einen Platz.

Ausstattung: Direkt am Meer, kein Strand, aber kleine Felsplateaus, von denen aus man gut baden kann, nur Schwimmer, teurer Laden, Snack, Wanderwege, von vielen Plätzen schöner Blick; **Zufahrt**: an der Straße von Lérici nach Tellaro beschildert.

Alternativ, besonders vor Juni, kommt noch ***Camping Gianna*** in Frage (Weiteres gleich bei Tellaro), ein von Dauercampern beherrschter Platz mit Pool, 300 m vom Meer entfernt; *campeggiogianna.com*, 1.4.-30.9.

Uns gefällt nicht nur die wunderbare Lage des Platzes, wo man von einigen Stellen geradezu eine Traumsicht genießen kann, von hier aus starten wir auch zu der Wanderung, die uns in Ligurien am besten gefallen hat:

Wir verlassen den Campingplatz nach links, gehen nach wenigen Metern rechts den Weg, auf dem man den Zugang zur Fahrstraße abkürzt, bergauf und bleiben dann auf der Straße bis diese auf die Landstraße von Lérici nach Tellaro stößt. Dort sehen wir zum ersten Mal die rotweiße Markierung. Wir gehen hier rechts und nehmen nach ca. 60 m einen scharf links den Hang hinaufführenden Pfad. Der Weg ist mit Nr. 3 gekennzeichnet, er wird die Nummerierung wechseln, aber bis fast zum Ende der Wanderung hervorragend markiert bleiben.

Die Strecke mit vielfältigem Pflanzenbewuchs ist ungewöhnlich schattig und ermöglicht trotzdem immer wieder Blicke aufs Meer, den ‚Golf der Dichter', das gegenüberliegende Portovénere und gleichzeitig auch zurück auf die malerischen Häuser des am Hang liegenden Dorfes **Serra**, unterhalb derer wir allmählich nach Süden vorankommen. Achten Sie darauf, dass Sie sich nicht auf die gelegentlich zum Meer abbiegenden mit der Nr. 3 und einem zusätzlichen Buchstaben bezeichneten Wege verirren. Sie müssen stattdessen die Höhe halten. Nach gut einer Stunde liegen die auf einer Halbinsel verschachtelten Häuser des alten **Tellaro** unter uns. Ein faszinierender Blick, der mit den in den Cinque Terre gebotenen durchaus mithalten kann. Nun steigt der Weg nochmals deutlich an, und nach insgesamt etwa einer Stunde und 40 Minuten erreichen wir beim Weiler **Zanego** wieder eine asphaltierte Fahrstraße, an deren Rand eine Wandertafel angebracht ist.

Die erklärt den – ebenfalls rotweiß markierten – Weiterweg nach Améglia. Wir brauchen etwa 30 Minuten, um in das auf der Nordostseite des Naturschutzgebietes Parco di Montemarcello an den Hang geklebten Dörfchens **Améglia** zu gelangen, wo wir erfreut feststellen, dass am Fuße einer alten Burg in exponierter Lage noch richtige Bewohner geblieben sind, wo sonst die Ferienhaus-Aufkäufer nicht zu halten waren. Zumal man von hier, wie auch auf dem weiteren Weg, und das macht die Wanderung besonders reizvoll, einen tollen Blick in die andere Richtung hat: Nicht mehr in den Golf von La Spezia, sondern nun auf das breite **Magra-Tal** und die dahinter aufragenden weißen Marmorberge der Apuanischen Alpen bei Carrara.

Nachdem wir von Améglia ein kleines Stück auf unserem Hinweg zurückgegangen sind, zweigt der weiterhin mit Nr. 3 bezeichnete und nach Lérici weisende Weg ab, auf dem wir bald wieder Höhe gewinnen und jetzt auch für kurze Zeit die Carrara und Massa vorgelagerten Strände sowie die Hafenanlagen von Carrara sehen. Es ist angenehm schattig, so gelingt es uns auch im Sommer, ohne Kollaps in 40 Minuten ab Améglia die Häuser von **In Cima al Monte** und damit wieder eine Asphaltstraße zu erreichen. Diese verlassen wir allerdings bald auf einem Pfad nach links (den man leicht übersieht), woraufhin wir den Kamm in westlicher Richtung überschreiten, um nun erneut auf Serra, den ‚Golf der Dichter' und Portovénere zu blicken. Wir steigen nun ziemlich steil und schattenlos bergab und stehen bald in dem Dörfchen **Serra**, wo uns die Markierung nach rechts in nördliche Richtung schickt.

Das ist, wenn man auf den Campingplatz von Maralunga zurück möchte, etwas unpraktisch. Aber wir haben keine direkte Abstiegsmöglichkeit gefunden und nehmen daher den Heimweg über Lérici, was ja nun wirklich kein Unglück ist, auch wenn man gegen Ende der Strecke etwa 15 Minuten entlang der Landstraße laufen muss.

Mit Hilfe der *Kompass-Karte Nr.644, Cinque Terre,* ist die Streckenfindung einfach, vermutlich geht es auch ohne. Wir waren ohne längere Pausen 4 Stunden unterwegs und empfehlen Ihnen, die Wanderung unbedingt in der von uns empfohlenen Richtung anzugehen, weil Sie dann auf dem steilsten Stück oberhalb von Serra, das zugleich das schattenloseste ist, abwärts wandern.

Nach der Wanderung bedauern wir all diejenigen, die glauben, im Gänsemarsch der Cinque Terre die höchste Stufe ligurischer Wanderfreuden erklommen zu haben.

Dass es auf dieser Seite des Golfes von La Spezia vermutlich keinen freien Stellplatz in Meeresnähe gibt, ist umso betrüblicher, als nämlich **Lérici** (13.000 Einwohner) ein angenehmes Städtchen ist, durchaus touristisch, aber viel urbaner als Portovénere. Lérici hat dennoch alles zu bieten, was zu einer Urlaubshochburg mit Postkartenansicht gehört, insbesondere ein geschwungenes Hafenbecken nebst prächtiger Festung darüber. Aber hinter den farbigen Hausfassaden leben noch italienische Familien im Alltag, und sonntags sind auf dem *Lungomare*, zumindest außerhalb der Hochsaison, die werktags in La Spezia Werktätigen in der Mehrheit. In Lérici stimmen nicht nur die Farben, es stimmt auch die Mischung. Schade,

Lérici

schade, dass es keinen freien Stellplatz gibt, Lérici wäre sonst ein WOMO-Lieblingsort mit Stern, wenn auch keine hochrangigen Sehenswürdigkeiten zu Buche stehen, trotz ***Castello*** mit paläontologischem Museum und Dinosaurier-Modellen - neben einer gotischen Burgkapelle von 1250.

Lérici ist ein Ort, in dem man gerne ausgeht. Wenn Ihre Wahl dabei auf das **Ristorante *Conchiglia*** fällt, ein reines Fischlokal, vermutlich das beste am Ort, jedenfalls das mit dem größten Zuspruch, sollten Sie die Antipasti-Platten mit Fischigem *(Apribocca di Massimo)* wählen, eine nicht endende Vorspeisenfolge, die danach nur noch ein kleines Hauptgericht verträgt *(Tel. 0187 967334; mittwochs Ruhetag)*.

Der Küstenabschnitt ist von der Natur begünstigt, nicht ohne Grund nennt man den Golf von La Spezia *,Golfo dei Poeti' (Bucht der Dichter)*, weil am Ostufer dieses Meerbusens Leute wie Arnold Böcklin, D.H. Lawrence oder das Ehepaar Shelley (Frau Shelley war Autorin des ,Frankenstein') gewohnt haben - und Lord Byron (dessen Namen wir zugegebenermaßen nur deshalb kennen, weil jedes Buch ihn im Zusammenhang mit Lérici erwähnt, vor allem weil er zu Beginn des 19. Jahrhunderts nach Portovénere geschwommen ist).

Tellaro

Zu dieser anmutigen Umgebung passt perfekt das Dorf **Tellaro**, dessen alter Teil mit den Cinque Terre problemlos konkurrieren kann. Leider stehen die Häuser aber alltags leer, und der Metzger hat auch schon aufgegeben. Trotzdem ein sehr schöner Ort mit einem stimmungsvollen kleinen Dorfplatz, dem Sie sich allerdings im Wohnmobil kaum nähern können. Es sei denn, Sie stehen auf dem **Campingplatz *Gianna***, wogegen nichts einzuwenden wäre, wenn er nicht überwiegend von den Bretterbuden der Dauercamper verunziert würde. Der Parkplatz vor dem Dorf wäre wohnmobilgeeignet, er ist dennoch mit Verbotsschildern bestückt, wofür wir in der Hauptsaison Verständnis hätten, weil nämlich dann die zahlreichen Zweitwohnungsbesitzer irgendwo parken müssen. Sie als Wohnmobilbesitzer können also prinzipiell Tellaro nur zu Fuß, per Fahrrad oder mit dem Bus (ab Lérici bzw. den dazwischenliegenden Haltestellen) erreichen, was Sie unbedingt tun sollten, weil es schöner am nördlichen Mittelmeer nur selten ist. Oder Sie entscheiden sich doch für *Camping Gianna*: Im unteren Bereich des Campinggeländes ist zumindest in der Vorsaison Platz für nicht ganz wenige Wohnmobile, und wenn Sie irgendwo am Mittelmeer auf einem Stellplatz in der Nähe von Dauercampern derart „frei" stehen dürften, würden wir Ihnen mit geschwellter Brust unser Insiderwissen kund tun, auch wenn dieser „freie" Stellplatz in der Hochsaison häufig belegt wäre. Nun kostet jener Campingplatz aber Geld, leider nicht ganz wenig, dennoch sollten Sie *Camping Gianna*, in Ihre Urlaubsplanung einbeziehen. Suchen Sie erst einmal ein schöneres Dorf in einer ähnlich schönen Gegend (nähere Einzelheiten siehe oben beim Campingplatz-Tipp von Lérici). Wir sind gespannt, ob uns jemals ein Leser von einem legalen freien Stellplatz am Ostufer des *Golfo dei Poeti* berichtet.

Cinquanta Terre haben wir auf dieser Tour nun doch nicht beschrieben, aber Sie können in diesem Teil der Welt mühelos fünfzig wunderschöne Dörfer finden, nicht in einem Urlaub und nicht nur solche mit Meerblick. Vielleicht haben Sie sich aber auch auf *Due Terre* beschränkt, zwei Dörfer und nicht mehr. Nichts Spektakuläres haben Sie betrachtet. Sie saßen stattdessen im Café, an der Klippe oder einfach nur im Schatten. Auch Sie sind auf dem richtigen Weg.

Womöglich sitzen Sie am Abend in Lérici, den halben Urlaub noch vor sich, und planen weitere Ziele. Sie könnten zum Beispiel mit uns und Band 31 der WOMO-Reihe in die Toskana fahren, sie liegt in Sichtweite. Dort waren Sie schon, genauso wie in Umbrien? Ehrlich gesagt, das dachten wir uns. Deswegen haben wir dieses Buch für Sie geschrieben. Als Ergänzung und Alternative, die Sie auf Ihren verbleibenden Urlaubstagen beim Rückweg in den Norden weidlich nutzen könnten. Es sei denn, Sie kennen das Piemont schon auswendig.

Dieser Zustand, glauben wir, wird niemals eintreten. In die Toskana und nach Umbrien allerdings werden Sie nicht mehr ganz so oft reisen.

Die bunten Dörfer, die *Due, Tre* oder *Cinquanta Terre*, werden sich in Ihrer Erinnerung festsetzen. Ihr Herz aber haben Sie eher unspektakulär schon vorher im Piemont verloren. Aus diesem Grund haben wir für Sie mit der nächsten und letzten Tour unseres Buches noch eine Rückreise durch einen eher unbekannten Teil dieser Region geplant.

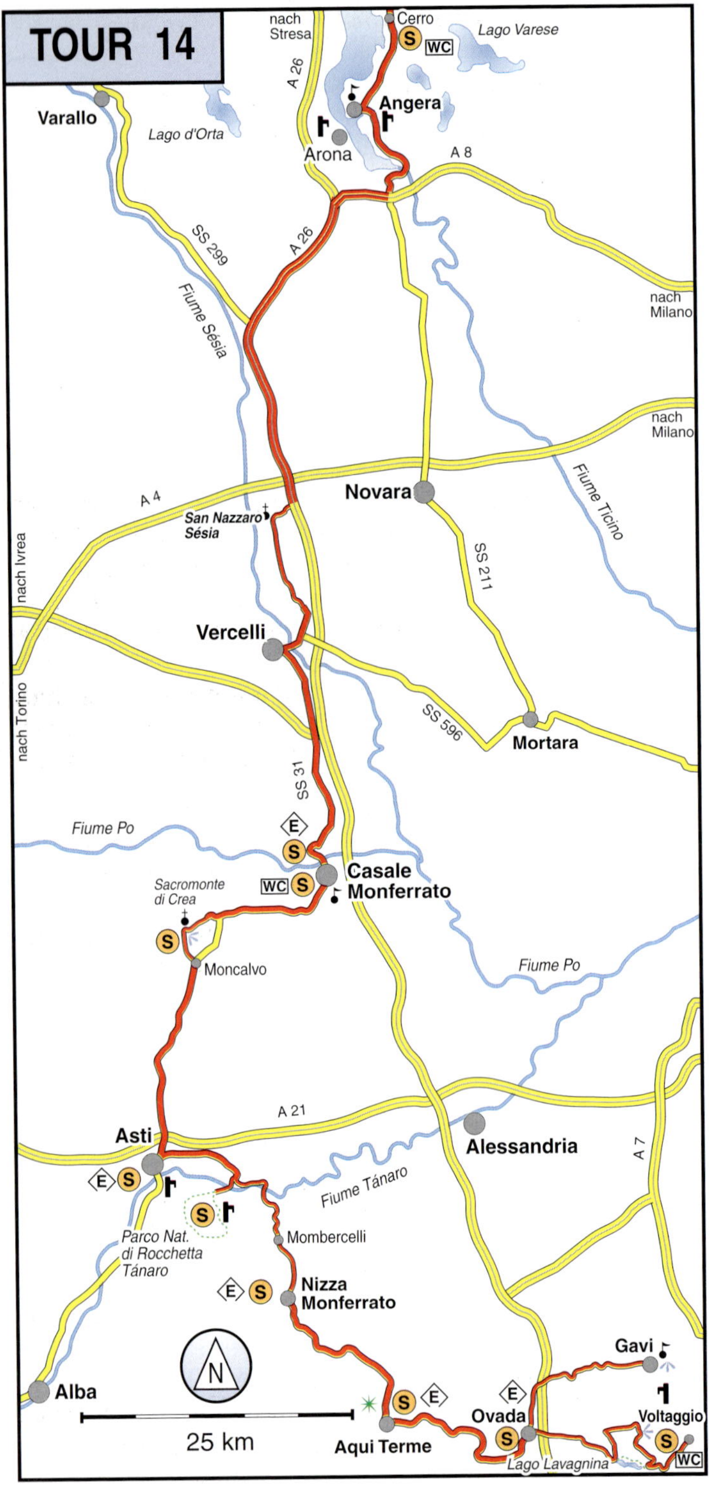
TOUR 14
nach Stresa
Cerro
Lago Varese
WC
A 26
Angera
Varallo
Lago d'Orta
Arona
A 8
SS 299
A 26
Fiume Sésia
nach Milano
nach Milano
Fiume Ticino
A 4
Novara
San Nazzaro Sésia
SS 211
nach Ivrea
Vercelli
nach Torino
SS 596
Mortara
SS 31
Fiume Po
E
S
Casale Monferrato
WC
Sacromonte di Crea
Moncalvo
Fiume Po
A 21
Asti
Alessandria
A 7
Fiume Tánaro
Parco Nat. di Rocchetta Tánaro
Mombercelli
Nizza Monferrato
N
Gavi
Alba
25 km
Aqui Terme
Ovada
Voltaggio
Lago Lavagnina

Tour 14: Berge, Wein und Reis(e)felder

Voltaggio - Mornese - Ovada - Gavi - Acqui Terme - Nizza Monferrato - Asti - Casale Monferrato - Angera - Cerro

Stellplätze:	in Voltaggio, in Ovada, in Acqui Terme, in Nizza Monferrato, im Parco naturale di Rocchetta Tanaro, in Asti, am Sacromonte di Crea, in Casale Monferrato, in Cerro
Besichtigen:	Santuario di Crea, Aquädukt und Piazza la Bollente in Acqui Terme, Abbazia di S. Nazzaro, S. Caterina del Sasso, Museo dei Trasporti Oglieri in Ranco
Essen:	im *Santuario di Crea*, im *Nuova Croce Bianca* in Cerro
Wandern:	im Parco naturale di Rocchetta Tanaro, am Lago Lavagnina

Unsere 14. Tour ist für die unter Ihnen gedacht, die nach dem Genuss der ligurischen Küste nicht hektisch über die Autostrada nach Hause fegen wollen, sondern noch zwei oder drei Tage Zeit angespart haben. Diese Tour überwindet eine ziemlich große Strecke und führt Sie durch einige sehr unterschiedliche Landschaften und Lebensformen.

Zunächst wollen wir Sie in den in **Parco naturale delle Capanne di Marcarolo** auf eine kleine Wanderung mitnehmen. Wir machen Quartier in **Voltaggio** (815 Einwohner) auf dem

WOMO-Stellplatz: Voltaggio
Position: N 44°37.306' E 08°50.507'; **WOMO-Zahl**: 10;
Ausstattung: Toilette, Wasser, Mülleimer, Beleuchtung, Spielplatz;
Zufahrt: am nördlichen Ortseingang rechts der Straße.

Wer abends kommt und nicht selbst kochen will, kann auf der Terrasse des *Café Italia* in der Hauptstraße einfach und gut essen und dabei schon einmal einen Blick auf die kompakten Fassaden des Dorfes und die schöne alte Brücke werfen, in deren Nähe sich übrigens ein weiterer (von uns nicht überprüfter) Stellplatz befindet.

Voltaggio

Wir fahren morgens über eine kleine Kringelstraße nach Südwesten in Richtung C. degli Eremiti und von dort weiter über eine schöne Panoramastraße nach **Mornese** (725 Einwohner). Immer wieder bieten sich erstaunliche Blicke auf die Gipfel des Apennin. Über Casaleggio Boiro fahren wir weiter Richtung Castello di Casaleggio (in Privatbesitz und nicht zu besichtigen), müssen aber vor dem Überqueren des Flusses nach rechts abbiegen. Eine schmale Straße führt uns kurvenreich und über etwa 5 Kilometer direkt in die Wildnis. Wir folgen antiquarischen Wegweisern zu unserem Ziel: dem **Lago Lavagnina**. Eine Abschrankung zeigt das Ende der Fahrt an. Hier ist nicht viel Platz zum Parken, aber die Eigentümer des Bauernhofs sind freundlich und überlassen uns gerne ihren Wiesenrand. Wir nehmen den linken Zweig der Gabelung und wandern in gleichmäßiger Steigung hinauf zum See. Dort begrüßt uns die Staumauer und ein sehenswerter, leider nicht bewirtschafteter Berghof. Von hier führt ein Pfad am Nordufer zum höher gelegenen **Lago inferiore**, der sich über eine malerische Staustufe ergießt. Die Seen zur Gänze zu umrunden verlangt die Bereitschaft zum Querfeldein-Marsch. Wir verzichten und genießen einen beschaulichen Rückweg im Abendlicht.

Wir fahren zurück über Lerma und Belforte und erreichen **Ovada** (12.200 Einwohner). Hier laden der Ort zum Betrachten seiner erstaunlichen Fassadenmalereien und außergewöhnlichen Straßenbeschilderung und außerdem ein toller Stellplatz zum Übernachten ein:

WOMO-Stellplatz: Ovada

Position: N 44°38.420' E 08°38.990';
WOMO-Zahl: 50;
Ausstattung: Toilette, Wasser, Entsorgungsstation, Mülleimer, Beleuchtung, Bäume;
Zufahrt: ausgeschildert, zwischen Altstadt und Fluss.

Altstadt in Ovada

Den Liebhabern des Festungsbaus bieten wir einen Abstecher nach **Gavi** (4.550 Einwohner) an. Hier wurde nämlich im 17. Jahrhundert eine ligurisch-römische Gründung zu einer genuesischen Kanonenfestung ausgebaut. Dräuend liegt das zweistufige Bauwerk über der Stadt und bewacht den Durchgang nach Süden. Die Auffahrt ist sehr schmal und kann bei Gegenverkehr den Einsatz des Rückwärtsgangs erforderlich machen. Dafür darf man in der Saison immer zur halben Stunde eine hochinteressante Führung genießen, die wegen ihres Gestenreichtums auch für Sprachunkundige belehrend ist.

Gavi

Wer den Wein liebt, nimmt hier schon die Witterung auf. Der Name *Gavi* löst zu Recht einen gewissen Kaufrausch aus. Die Süßen unter Ihnen aber können in den kleinen Läden und Straßencafés des Städtchens die besten *Amaretti* des Piemont verkosten.

Wer sich eher für eindeutig Schwefelhaltiges und den morbiden Charme eines römischen Kurortes interessiert, sollte sich von Ovada direkt nach **Acqui Terme** (20.200 Einwohner) hinaufdestillieren. Hier gibt es einen Stellplatz, der nach unserer Auffassung gerade gut genug ist, um einen Spaziergang durch die wassergeschwängerte Vergangenheit der Stadt zu ermöglichen, wegen seiner quirligen Nutzung als Parkplatz nicht aber für eine ruhige Übernachtung:

WOMO-Stellplatz: Acqui Terme *(Centro storico)*
Position: N 44°40.701' E 08°28.248'; **WOMO-Zahl**: 20;
Ausstattung: Entsorgungstation, Mülleimer, Beleuchtung, Wasser, sehr laut; **Zufahrt**: ausgeschildert: *‚Piazza Don P. Dolermo'*.

Wir empfehlen den Besuch des Aquäduktes, der als imposantes Rudiment einer kilometerlangen Wasserleitung stehengeblieben ist, mit deren Hilfe die Römer frisches Flusswasser des Erro aus den Bergen in die Stadt leiteten, nicht etwa um

sich daran zu erfrischen, sondern um das reichlich vorhandene heiße Thermenwasser auf Trink- und Badetemperatur abzukühlen. Pflicht ist natürlich daneben der Besuch der **Piazza la Bollente** *(„der kochende Platz“)*, die sich in wunderbarer Fassadenkomposition dreieckig um ein Brunnenhaus gruppiert, welches in romanophiler Sehnsucht eine Erinnerung an die alte Zeit der Stadt abwirft.

Sie gestatten uns hier eine etwas kindische Nebenbemerkung: Seit wir diesen Platz kennen, wird bei uns morgens das Kaffeewasser nicht mehr *gekocht*, sondern *bollentiert*.

Zur historischen Bedeutung der Stadt können wir keine sachkundigeren Ausführungen anbieten als es der Dumont-Führer tut. Acqui Terme ist sichtlich bemüht, sich touristisch neu zu bestimmen: Fleißig wird an Fußgängerzonen gearbeitet, der etwas vergammelte Kurbezirk wird Sanierungen unterzogen, deren architektonische Halbwertszeit nach unserem Urteil aber von eher kurzer Dauer sein wird.

Wir suchen erwartungsvoll das nächste Kleinod und die heimliche Hauptstadt des Monferrato auf: **Nizza Monferrato** (10.000 Einwohner), gelegen am Belbo und ideal für den ruhigen Bummel durch arkadenbestimmte Gassen und schmale Treppenverbindungen zwischen den Handwerkerquartieren. Das Treiben gruppiert sich um die riesige Piazza Garibaldi, auf der freitags ein brummender Wochenmarkt abgehalten wird. Hier kann durchaus genächtigt werden; besser jedoch ist der städtisch betriebene

WOMO-Stellplatz: Nizza Monferrato *(P. le Pertini)*

Position: N 44°46.281' E 08°21.206'; **WOMO-Zahl**: 5;
Ausstattung: Toilette, Wasser, Entsorgungsstation, Mülleimer;
Zufahrt: von der Piazza Garibaldi ausgeschildert; **Gebühr**: keine; bei Abwesenheit des *custode* kann dieser angerufen werden.

Nach soviel städtischem Gesummse suchen wir Zuflucht in der stillen Natur des **Parco naturale di Rocchetta Tanaro** und entdecken hier einen Spitzen-Stellplatz. Wir erreichen den Naturpark nach bilderreicher Fahrt durch anmutige Weinlandschaften über Mombercelli. In **Rocchetta Tanaro**, etwas verträumt am Ufer des gleichnamigen Flusses gelegen, ist die Einfahrt in den kleinen und unbekannten Naturpark gut ausgeschildert. Nach etwa 4 Kilometern liegt rechter Hand ein Parkplatz, der seinesgleichen sucht:

WOMO-Stellplatz: Rocchetta Tanaro

Position: N 44°51.425' E 08°19.060'; **WOMO-Zahl**: 5; **Ausstattung**: Wasser, Mülleimer, Grillplatz, Beleuchtung, sonntags Kioskbetrieb; **Zufahrt**: wie beschrieben.

Hier nächtigen wir in himmlischer Ruhe. Morgens grüßen die Wanderer freundlich und mahnen uns sportlich-kollegial zur Benutzung unserer Fahrräder. Der kleine Naturpark ist durchzogen von sehr schönen *single trails* und kann innerhalb einer guten Stunde umrundet werden. Dabei streift man glücklicherweise auch den Ort. Hier wurde von Giacomo Bologna der Ausbau des Weines in Barrique-Fässern erfunden. Insofern weilen wir auf historischem Boden und feiern diesen wichtigen Umstand in der *Trattoria delle amici* mit einem kühlen Spumante.

Nach dieser Einstimmung soll es nun ins Zentrum des weinseligen Geschehens gehen – nach **Asti** (72.400 Einwohner), dem Autor in allerbester Erinnerung als Landeplatz nach einer unbeschreiblichen Alpenüberquerung mit dem Heißluftballon. Wir wollen es kurz machen: Asti ist sicher einen Tagesbesuch für den wert, der sich von hektischer Betriebsamkeit und erstaunlichem Autolärm nicht von der Betrachtung eines großen Kulturzentrums abhalten lassen will. Mitten in der Stadt und unter keinen Umständen zu verfehlen ist der riesenhafte **Campo del Palio**, der als Markplatz (Mittwoch und Samstag), Parkplatz für **alle** und Stellplatz für unseresgleichen dient:

WOMO-Stellplatz: Asti *(Campo del Palio)*

Position: N 44°53.844' E 08°12.616'; **WOMO-Zahl**: abends unbegrenzt, mittags eher knapp wegen parkender Autos; **Ausstattung**: Wasser, Entsorgungsstation, Mülleimer, Beleuchtung, viele Gaststätten und Geschäfte; **Zufahrt**: überall ausgeschildert.

Im September finden hier viele Veranstaltungen statt, unter anderem das traditionelle Palio-Turnier der Stadtteile mit Kirmes, Feuerwerk und heftigem Zechen.

Wir fahren weiter nach Norden und erreichen kurz hinter **Moncalvo** ein weiteres Heiligtum der Gegenreformation: das **Santuario di Crea**. Zum geschichtlichen Hintergrund der frommen *santuari* haben wir uns bereits geäußert. Dieses Exemplar liegt etwas abseits der neugierigen Ströme und bezieht genau aus seiner Vergessenheit seine besondere Schönheit. Am Ortsausgang von Moncalvo weist uns ein kleines braunes Schild nach links. Noch vor dem Erreichen des Heiligtums erreichen wir einen famosen Stellplatz:

WOMO-Stellplatz: Parco naturale del Sacromonte Crea
Position: N 45°05.660' E 08°16.166'; **WOMO-Zahl**: 5;
Ausstattung: Mülleimer, Wiese, Schatten, grandiose Aussicht;
Zufahrt: von Moncalvo kommend über Ponzano.

Das *santuario* selbst kann ohne Ablass besichtigt werden. Der zentrale Hof ist ganz profan umgeben von der Kirche, einem sehr guten **Restaurant**, einigen im Wiederaufbau befindlichen Nebengebäuden, einem rührenden Andenkenladen und einer winzigen Trattoria, die die besten *Panini* der Christenheit anbietet. Hier beginnt der Kreuzweg durch die im bewaldeten Hügel fast untergegangenen 23 Marien-Kapellen, von denen einige wegen ihrer strengen Schlichtheit auch für die unter uns sehr beeindruckend sind, die sich weniger für die religiösen Hintergründe interessieren. Wenige Touristen verirren sich hierher, dafür immer wieder einige Rennradfahrer, denen die Bezwingung der letzten Steigung vor dem Heiligtum auf teuren Karbon-Maschinen sicher genauso viel wert ist wie dem Pilger des 17. Jahrhunderts auf seinen geschundenen Knien.

Wir fahren einen kleinen Schlenker nach Osten und wenden uns nach **Casale Monferrato** (38.150 Einwohner). Von Süden in die Stadt kommend fällt uns rechts der Straße, mitten in einem Wohngebiet gelegen, ein stillgelegter Hochofen auf. Reiche Kalkvorkommen in dieser Gegend konnte man anhand der vielen Zementfabriken bereits bei der Anfahrt ablesen. Von einem brüchigen Zaun umgeben, liegt die schöne Industrieruine in einem kleinen versehentlichen Park und kann fast ungehindert auch aus der Nähe betrachtet werden. Der Zaun ist wirklich sehr brüchig, ja geradezu durchlässig.

Niemand weiß mehr über diese Region und natürlich auch über die Stadt als der vielsprachige und weltkundige Mitarbeiter der Touristeninformation am Rande der Piazza Castello. Dieser große Parkplatz liegt zwischen dem westlichen Rand der Altstadt und dem Po und dient außer verschiedenen Märkten auch ganz passabel der Übernachtung:

WOMO-Stellplatz: Casale Monferrato (*Piazza Castello*)
Position: N 45°08.184' E 08°26,793'; **WOMO-Zahl**: 20;
Ausstattung: Mülleimer, teilweise Schatten, Wasser, Entsorgungsstation, Beleuchtung; **Zufahrt**: überall ausgeschildert.

Das Castello kann voraussichtlich vor 2006 nicht besichtigt werden, weil man umfangreiche Sanierungsarbeiten durchführt; wer sich nicht bis dahin gedulden möchte, kann stattdessen eine Anlage des französischen Festungsbauers Vauban besichtigen, in der sich lärmende Pfadfindergruppen oder auch picknickende Großfamilien auf den Wiesen zwischen den ehemaligen Kasernen tummeln. Vor der Festungsanlage liegt ebenfalls ein riesenhafter Platz, auf den man ausweichen kann, wenn der oben genannte Stellplatz wegen einer der zahlreichen Märkte kein Plätzchen mehr bietet:

WOMO-Stellplatz: Casale Monferrato *(alte Festung)*
Position: N 45°07.688' E 08°27.508'; **WOMO-Zahl**: 20; **Ausstattung**: Beleuchtung, Toiletten; kein Schatten, wegen der Nähe zur alten Festung sehr interessant; **Zufahrt**: den Schildern *'Tiro a Segno'* folgen.

Wochentags um 8 Uhr, sonntags gegen 10 Uhr wird die oben erwähnte Touristen-Information von Signore Giorgio geöffnet. Der Info-Pavillon ist sozusagen **sein** Spielfeld, und er spielt gewissermaßen auf **allen** Positionen. Nach einigen präzisen Erklärungen zur Lage in der „*Seria A*" kommt Signore Giorgio zur Sache und erklärt Ihnen in Ihrer Wunschsprache alles, was Sie zum Verständnis der Stadt, der Region, des Landes und letztlich auch der *„Seria A“* schon immer wissen wollten. Sollte Signore Giorgio einmal nicht zur Verfügung stehen, was nach einem verlorenen Heimspiel der *Juve* nicht überraschen darf, können Sie auch auf eigene Faust den **Dom** Sant Evasio besichtigen. Ungewöhnlich ist die Erschließung der Kirche durch eine prächtige Vorhalle, in welcher bei gutem Wetter wunderschönes Licht herrscht und die einen über einige Stufen hinunter in ein fünfschiffiges Kirchenschiff führt. Dieses beeindruckt einerseits durch seine imposanten Abmessungen, irritiert andererseits jedoch durch seine unerklärlich verzogene Säulenanordnung. Ganz und gar unkompliziert dagegen präsentiert sich die umliegende Altstadt, die tatsächlich für den Autoverkehr gesperrt ist und unter Arkaden oder auch in verwinkelten Gassen mit unzähligen kleinen Läden und Restaurants zum ziellosen Herumschlendern einlädt.

Eigentlich endet nun unsere Tour durch das Monferrato und damit durch das Land an den Füßen der Berge. Uneigentlich aber können Sie ja den Heimweg gemeinsam mit uns antreten. Wir meiden die nahe gelegene Autobahn und beschließen, den Rückweg Richtung Vercelli durch die Reisebene zu nehmen. Staunend entdecken wir eine Landschaft, die wir bislang mit dem Fernen Osten in Verbindung brachten.

Kleiner Exkurs in die Welt des Reis(ens): Die Idee des nachhaltigen Anbaus der Reispflanze kam den Zisterziensern im Mittelalter angesichts des natürlichen Wasserreichtums der in der Ebene reichlich vorhandenen Sümpfe. Sie entwickelten das System der Reis-Cascinen, die als inselhafte Ansiedlungen im Meer der Feuchtfelder aus folgenden Komponenten bestanden: eingedeichte und planvoll bewässerte Reisfelder für den Broterwerb, eine Kirche für die Erbauung der Lebenden, ein

Friedhof für die Davongegangenen, eine Osteria für das Gespräch der Ersteren über die Letzteren und eine bescheidene Unterkunft für die Zeit dazwischen.

Wir bewegen uns schnurgerade auf dammartigen Straßen durch endlose Wasserflächen, in denen sich die Himmel und die vereinzelten Cascinen spiegeln. Wir bewundern die ausgeklügelten Bewässerungssysteme, die inzwischen fast 2.000 km Länge umfassen. Der für die Feinverteilung der Wassermengen Verantwortliche heißt *acquaiolo*, so wie der für die Feinverteilung des Belags auf der Pizza Verantwortliche *pizzaiolo* heißt. Insofern dürfen wir uns sicher als *womoiolos* bezeichnen.

Bald gelangen wir nach Überquerung des Fiume Sésia zu der **Benediktinerabtei San Nazzaro**, die für uns **einen der schönsten Orte** des Piemont darstellt. Die kleine Gemeinde, die ausschließlich vom Reisanbau lebt, ist im Besitz eines wunderbaren Gebäudeensembles, bestehend aus der Kirche, einem freskengeschmückten Kreuzgang und mehreren Wirtschaftsgebäuden, die geschützt innerhalb einer Befestigung mit Burgfried liegen. Die ganze Anlage strahlt so eine friedliche und beruhigende Atmosphäre aus, dass wir als einzige Touristen weit und breit diesen idyllischen Ort nicht als Stellplatz ausweisen, jedoch unbedingt als Abstecher empfehlen.

Mit dem festen Vorsatz, nun tatsächlich den Rückweg anzutreten, begeben wir uns auf die Autobahn nach Norden, um nach nur wenigen Kilometern erneut der Versuchung zu erliegen. Statt der seelenlosen Autobahn wählen wir den Weg über das **östliche Ufer des Lago Maggiore**.

Zwar wildern wir hier in fremden Revieren, denn das östliche Ufer des Lago Maggiore gehört zur *Lombardia* und nicht zum *Piemonte*, aber es gibt gute Gründe für den Fremdgang:

Zunächst stoßen wir auf **Angera**, deren berühmte Festung Castello Rocca Borromeo uns schon als Bildhintergrund von unserer zweiten Tour bekannt ist. Der Eintritt in die zinnenbekrönte Festungsanlage ist genau so teuer wie ihre Mauern mächtig sind. Mit dem Billet erkauft man sich aber immerhin das Recht auf die Besichtigung eines integrierten Puppenmuseums und einen unvergleichlichen Gegenblick auf das westliche Ufer des Sees, an welchem man sich bei guter Sicht sozusagen selbst in seiner Erinnerung betrachten kann, so wie ein Flieger bei perfekter Hochdrucklage ja angeblich seinen eigenen Hinterkopf sieht.

Wir sind wieder einmal der eigensinnigen Ansicht, dass die kleinen Sehenswürdigkeiten die größeren Erlebnisse bieten und raten Ihnen zu einem Besuch des **Museo dei Trasporti Oglieri** im Ortsteil **Ranco**. Hier hat Signore Oglieri, getrieben von dem ehrenwerten Wunsch nach kostenloser und klassenloser Volksbildung, eine bizarre Sammlung aller denkbaren und undenkbaren Artefakte des Transportwesens zusammengetragen. Man findet dieses meisterhafte Gegenstück zu Carlo Tassis Museum in Nus (siehe Tour 5), indem man etwa einen Kilometer nordöstlich von Angera zwischen km 9 und km 10 nach links abbiegt und den braunen Hinweisschildern *‚Museo dei Trasporti Oglieri'* folgt *(täglich außer montags von 10-12 und von 15-18*

Uhr; umsonst). Ein bewegendes Schild gibt uns Auskunft über die Motive des Stifters:

> „Der Eintritt in dieses Museum ist kostenlos. Für diese moralische Entscheidung gibt es zwei Gründe: Der Zugang des Bürgers zur Kultur sollte ein heiliges Recht sein, welches mit keiner wirtschaftlichen Diskriminierung verbunden sein darf.
> Mein Werk ist eher das Ergebnis meiner Leidenschaft als nur die Unterstützung des Transportwesens - und die Leidenschaft eines Lebens kann nur einen **moralischen** Hintergrund haben."

So sollte es überall gehandhabt werden. So soll es sein. Wir fahren erbaut weiter und erreichen auf dem Weg nach Norden zwischen km 21 und km 22 die Abfahrt nach ***S. Caterina del Sasso***, dem Postkartenmotiv des Lago Maggiore schlechthin - ursprünglich stille Einsiedelei, später Kloster, seit den 70er

Jahren Ziel der klimatisierten Omnibus-Sternfahrten und neuerdings ausgestattet mit einem überdimensionierten Besucherzentrum. Der Weg hinab zu dem schwalbennestartig am Steilufer gelegenen Wallfahrtsort ist verbunden mit dem Abstieg über 324 Naturstein-Treppenstufen und führt je nach Besuchszeit entweder zu wunderbaren Fotomotiven oder zu heftigem Gedränge mit kurzatmig schnatternden Touristen.

Es bleibt noch Zeit für eine letzte Übernachtung. Wir versuchen unser Glück in **Cerro**. Zunächst scheint sich hier nur gutes Mittelmaß einzustellen:

WOMO-Stellplatz: Cerro
Position: N 45°53.833' E 08°35.755'; **WOMO-Zahl**: 5;
Ausstattung: Beleuchtung, Bar, Toiletten;
Zufahrt: den braunen Schildern ‚*Spiaggia publica*' folgen.

Zum Abschied wollen wir uns vor dem traditionellen Resteverzehrungsessen im WOMO einen Aperitiv in der **Bar** des ***Nuova Croce Bianca*** gönnen. Wir sind die ersten Gäste an diesem frühen Abend. Der heitere Barkeeper serviert uns unaufgefordert und erfreulicherweise einen kleinen Teller mit *bruschetti* zum Weißwein. Bevor wir auch nur ein zweites Glas bestellt haben, steht plötzlich ein ebenso erfreulicher Teller mit *salame e mortadella* vor uns, von dem sich hinzugekommene Gäste ebenso bedienen wie von den nächsten Tellern mit Bohnensalat, einer kleinen Käseauswahl und *polpi alla chef*. Wir versuchen, neugierig geworden, den Chardonnay. Mit diesem kommt eine kleine Platte mit *frutti di mare*. So geht es in einem fort weiter. Das Lokal füllt sich zusehends. Was anfangs aussieht wie eine nette Dreingabe zum Getränk, nimmt zunehmend die Gestalt eines ausgewachsenen Buffets an. Nach einer Stunde entsteht fröhliches Gedränge. Aus dem Buffet wird ein Gelage. Die sonderbarsten Zeitgenossen treten auf, bedienen sich je nach Verhungertheit und machen Platz für die Nachkommenden – murmelnde Literaten, lederhosige Schicksen aus der Oberstadt, goldkettchenbehangene Stenze und biedere *womoiolos* verstehen sich prächtig miteinander.

Inzwischen hat sich der heitere Barkeeper irgendwie in eine Dreifaltigkeit seiner selbst verwandelt. Der Lärmpegel nimmt proportional zur Stimmung am Tresen zu.

Plötzlich ist niemand mehr hinter der Bar! Dann fängt alles an zu brausen und zu pumpen: Drei gleichartige Barkeeper mit schwarzen RayBan-Brillen materialisieren sich krakeelend aus dem Nichts, intonieren mit perfekter Tanzeinlage einige Nummern aus dem Film *Blues Brothers*, verschwinden ebenso blitzartig wieder und füllen daraufhin auf's Neue und kostenlos die leergefressenen Teller. Der Laden hingegen ist inzwischen brechend voll.

Wir sind bedient, weit besser als sonstwo, und gehen erleuchtet „nach Hause“.

Später, wir sitzen etwas sprachlos vor unserem WOMO, kommt einer der heiteren Imitatoren auf seinem Heimweg vorbei. Wir fragen vorsichtig an, ob das Erlebte der Regelfall in seinem genialen Etablissement sei. Er versichert glaubwürdig, dass der heutige Abend eigentlich eher ruhig verlaufen wäre. Wir sollten doch 'mal wieder vorbeikommen, wenn richtig Betrieb sei.

Machen wir gerne. Sie können ja mitkommen.

Die Tipps und Infos

Platzprobleme zwangen uns zu der schweren Entscheidung, was wir opfern sollen: Tourentext, Bilder oder Teile der Tipps? Wir haben uns zu Letzterem durchgerungen, hoffen auf Ihr Verständnis und verweisen auf andere WOMO-Führer über Italien:

Campingplätze

Auf fast allen italienischen Campingplätzen pflegt man eine ausgedehnte Mittagspause (häufig zwischen 13,30 und 15 Uhr), in der Sie sich nicht anmelden können. In der Regel darf man auch nicht auf das Gelände fahren und im Normalfall kann man nicht einmal nachfragen, ob es noch Platz gibt, weil die Rezeption geschlossen ist. Gelegentlich hängt dort aber dann ein Schild mit dem unfreundlichen Wort *‚completo'*.

Je früher am Tag Sie den Campingplatz beehren, umso größer sind die Chancen auf Einlass. **Die beste Zeit ist vormittags zwischen 11 und 12 Uhr**, wenn andere Leute gerade aufgebrochen sind. Besonders montags, weil viele Italiener das Wochenende erst am Montag gegen Mittag beenden.

Freies Camping/Stellplätze

Wer an freies Camping denkt, also an eine Übernachtung außerhalb der Zeltplätze, hat oft zwiespältige Gefühle. Einerseits will man beim freien Camping alles das erleben, was man sich vorgestellt hat, als man ein Wohnmobil gemietet oder gekauft hat. Man erwartet das leichte, ungeregelte Leben und möchte an den Stellen bleiben, die einem gerade gefallen oder die einem vom WOMO-Führer vorgeschlagen werden. Befragungen haben ergeben, dass erstaunlich viele Wohnmobilfahrer fast ausschließlich Zeltplätze besuchen, obgleich ihnen freie Plätze zumindest zeitweise viel lieber wären. Viele Leser haben also Angst. Insbesondere die Deutschen, die in Betracht ziehen, etwas Verbotenes zu tun. Und genauso vielen ist deshalb bange, weil sie einen nächtlichen Überfall befürchten.

In Norditalien ist aber die Wahrscheinlichkeit einer nächtlichen Attacke nahe Null, soviel ist sicher. Kein Leser hat uns aus dieser Region je von einem Überfall berichtet. Und der WOMO-Verlag hat, bei aller Bescheidenheit, allein Italien betreffend eine Leserschaft im sechsstelligen Bereich. Die Angst spielt sich also nur in Ihrem Kopf ab, sie ist dort am größten, wo sie am unberechtigtsten ist. Ein einsames WOMO mutterseelenallein im stockdunklen Wald ist gleichbedeutend mit der Garantie für eine unbehelligte Nacht, und doch werden Sie dort von jedem Knacken erschreckt. Der umtriebige Autobahnrastplatz hingegen wiegt Sie weit mehr in Sicherheit, obwohl gerade hier die gelegentlich in der Presse veröffentlichen Überfälle stattfinden (Bösewichte sprühen angeblich Narkosegas ins Auto und knacken dann die schlecht gesicherten Türen; dagegen helfen sowohl die oben schon erwähnten Zusatzschlösser und -Ketten wie auch ein elektronisches Gerät, das Sie vor Narkosegas warnt und das Sie im Fachhandel kaufen können).

Die Angst vor der Nacht auf den von uns erwähnten Stellplätzen ist objektiv also unbegründet, zumal die Existenz dieses Reiseführers neben dem Nachteil, dass die Stellplätze überbelegt sein könnten, auch den Vorteil hat, dass Sie in der Ferienzeit sehr häufig neben einem gleich gesinnten Nachbarn stehen.

Genauso unbegründet ist die Angst vor dem Gesetzesverstoß. Wir möchten Sie nicht animieren, sich auf Plätze zu stellen, die als Verbotszone gekennzeichnet sind, obgleich sich italienische Freunde, die ihre Polizei besser kennen, davon wenig beeindrucken lassen. Zumal es in Italien kein generelles WOMO-Übernachtungsverbot gibt und angeblich auch einzelne Gemeinden nicht die Befugnis besitzen, ein solches für ihr Gebiet anzuordnen. Gehen Sie davon aus, dass Sie auf öffentlichem Gelände (!) überall dort stehen, also parken dürfen, wo kein spezielles Schild angebracht ist, beispielsweise ein Durchfahrt- oder Nachtparkverbot (was Sie sonst beim „Parken" in Ihrem Auto tun, geht niemanden etwas an!), und verfallen Sie nicht dem Irrglauben, dass ein symbolisch durchgestrichener Wohnwagen/ Zelt/Wohnmobil die Übernachtung verbietet. Untersagt ist nicht das Parken, nur das Campen. Das gilt auch für das verbale Verbot *,No camping'*, das wir immer wieder an öffentlich beschilderten Stellplätzen feststellen. Damit meint man einen Aufenthalt mit Wäscheleine, Klappstühlen und/oder ausgefahrener Markise, schlimmstenfalls auch geöffnetem Fenster. Wir haben mehrfach bei den Touristeninformationen nach Stellplätzen gefragt, woraufhin uns gerade solche genannt wurden, an denen das Zelten verboten war.

Italien ist **das** Land der Wohnmobile, entsprechend großzügig ist die Obrigkeit. Und wenn Sie wirklich einmal von der Polizei weggeschickt werden, bricht die Welt auch nicht zusammen, allenfalls wird Ihr deutscher Gehorsam angekratzt. Obwohl in fast ganz Italien das freie Übernachten unproblematisch ist, wollen wir an dieser Stelle erneut darauf hinweisen, dass weder Verlag noch Autoren die Gewähr dafür übernehmen, dass Sie auf den in diesem Buch empfohlenen Stellplätzen legal die Nacht verbringen dürfen.

Das freie Übernachten ist sehr viel einfacher als Sie es sich vielleicht vorstellen und ist zumindest im touristisch fast unbeleckten Piemont eine Freude, von der Sie reichlich Gebrauch machen sollten, nicht nur auf den von uns empfohlenen Stellplätzen. Schwieriger ist es freilich an der Küste oder an anderen Gewässern, wo Sie aber mit hoher Sicherheit erkennen werden, auf welchen Plätzen Sie tatsächlich nicht geduldet werden.

Erfreulicherweise erkennen zunehmend mehr Gemeindeverwaltungen die touristische Bedeutung der Wohnmobile und führen Sie mit den Wegweisern ***Sosta Camper*** oder ***Area di Sosta*** zu offiziellen Stellplätzen, die ganz unterschiedlich, nicht selten auch gar nicht ausgestattet sind.

Ein Problem nimmt in den letzten Jahren gerade auf schön gelegenen Stellplätzen zu, wir führen es darauf zurück, dass junge Italiener immer länger zu Hause wohnen bleiben. Und dass sie fast alle ein Auto besitzen, in dem sie mit der Partnerin einer Tätigkeit nachgehen, für die ein Autositz nicht geschaffen, wenngleich dafür schon millionenfach zweckentfremdet wurde. Man erkennt diese Plätze bisweilen daran, dass sie von Papiertaschentüchern (und anderem) verunziert werden, zumeist erkennt man sie aber nicht. Die Störung tritt daher überraschend ein, in der Regel aber nur in der Nacht von Samstag auf Sonntag, mit Abstrichen auch in der Nacht davor. Lästig daran ist das ständige An- und Abfahren, weil die Verweildauer unerwartet kurz ist. Und das ist eigentlich nur deshalb lästig, weil die Liebenden erstaunlich wenig Schamgefühl besitzen und demgemäss beim Einparken wenig Abstand zu einem Wohnmobil einhalten. Entweder haben Sie einen festen Schlaf, Sie fahren weiter oder Sie stellen sich in eine andere Ecke des Parkplatzes, wo sich Ihnen die fahrbaren Liebenslauben wenigstens nur von einer Seite nähern können. Am besten stellt man sich zwischen zwei schon vorhandene Wohnmobile, und zwar so, dass kein Pkw mehr dazwischen passt.

Gas

Langzeiturlauber benötigen ein Füll- und Anschluss-Set, mit dem sie in Italien an wenigen Stationen die eigene Flasche füllen lassen können (nach einer Füllstation fragt man bei den zahlreichen Gastankstellen, die nur eingebaute Tanks befüllen). Mit den genannten Überbrückungsteilen lässt sich der eigene Regler auch an eine italienische Gasflasche schrauben. Hat man das Set nicht zur Hand, ist Vorsicht geboten, denn ein italienischer Regler eignet sich nicht immer für Ihre Gasanlage. Die Wohnmobile schreiben nämlich heutzutage einen unterschiedlichen Gasdruck vor, der auf dem in Ihrem WOMO eingebauten Regler, dem runden Ding an der Gasflasche, aufgedruckt ist, und der **unbedingt** beibehalten werden muss (30 oder seltener 50 mbar).

Wohnmobilbesitzer mit fest eingebautem **Gastank** oder einer **Tankflasche** sind in Italien gut dran, dort ist das Gastankstellennetz so dicht wie sonst nirgends in Europa. Man kommt ständig an den Schildern *,Gasauto'* oder *,G.P.L.'* (das heißt *Gas Propano Liquido*) vorbei. Achtung: Gelegentlich sieht man auch Tankstellen mit dem Schild *,Gas Metano'*. Dort bekommt man Methangas, das auf keinen Fall für Ihre Campinggasanlage geeignet ist.

Geld

Geld zieht man flächendeckend mit Pin-Code aus dem **Bankautomaten**, am besten mit der ec-Karte, fast genauso oft auch mit der **Kreditkarte** (Visa oder Eurocard), was aber deutlich teurer ist. Beim Tanken kann man fast ausnahmslos mit der Kreditkarte bezahlen, in Supermärkten und in Restaurants aber nicht immer.

Zu den Reisedokumenten höchster Wichtigkeit, deren diebstahlgeschützter Ablageplatz niemals in Vergessenheit geraten darf gehört der Zettel mit der Kreditkarten- und Scheckkartennummer sowie der Telefonnummer der Frankfurter Zentrale. Beides brauchen Sie für die Kartensperre: Tel. 0049 69 740987 - rund um die Uhr für ec-Karte, und für VISA ist es die Tel. 0049 69 66571333. Rufen Sie dort **umgehend** an, wenn das Ding abhanden gekommen ist, und sei es auch mitten in der Nacht.

GPS

Das GPS (Global Positioning System) ist ein vom US-Verteidigungsministerium entwickeltes Satellitensystem zur weltweiten Standortbestimmung. Bereits ab 150 € bekommt man ein einem Handy ähnliches Gerät, mit dem man auch bei Nacht und Nebel jederzeit feststellen kann, wo auf der Welt man steht und wie man zu einem Platz findet, von dem man die Koordinaten kennt.

In diesem Reiseführer sind fast für alle Stellplätze die Koordinaten (Kartendatum: WGS 84 = World Geodetic Survey 1984) angegeben. Besitzer von GPS-Geräten geben die Koordinaten vor dem Urlaub in das Gerät ein . Wer es noch bequemer möchte, erwirbt beim WOMO-Verlag die „GPS-Diskette zum Buch" – und die GPS-Daten werden automatisch vom Computer aufs GPS-Gerät überspielt. Sie sollten dazu allerdings ein Navigationsgerät kaufen, an das ein PC-Interface-Kabel überhaupt angeschlossen werden kann.

Karten

Nicht nur weil wir Reiseführer schreiben, operieren wir mit zwei Straßenkarten unterschiedlichen Maßstabes: Mit der Reise-Know-How-Karte Nr. 7060, *Ligurien/Piemont* im Maßstab 1:250.000 (die Sie beim WOMO-Verlag bestellen können), weil sie einen hervorragenden Überblick bietet und weil man dort die Etappen optimal abschätzen kann.
Daneben benutzen wir die offiziellen Karten des *Touring-Club Italinao* im Maßstab 1:200.000, die in Deutschland vom Kartenverlag Kümmerly + Frey vertrieben werden – Sie benötigen die Karten *Nr. 1 Aostatal – Piemont* und *Nr. 5 Ligurien - Riviera* oder die *Generalkarten von Shell Nr. 1 und 4* im selben Maßstab. Beide Karten sind sehr präzise und für diverse kleinere Nebenstrecken, auf denen wir uns bewegen, unerlässlich.
Wir setzen eine von beiden in diesem Buch voraus.

Falls Sie ab und zu wandern möchten, suchen Sie natürlich nach **Wanderkarten**, die es inzwischen flächendeckend gibt; Näheres können Sie unter der Überschrift *Wandern* nachlesen.

Literatur

Wenn Sie in großen Buchhandlungen die Regale abschreiten, anders kann man das bei dem heutigen Angebot an Reiseliteratur nicht mehr nennen, wird Ihnen bezüglich des **Piemont** die Auswahl leicht gemacht. Dort steht meist nur der **DUMONT-Kunstreiseführer *Piemont und Aosta-Tal*** (neben einem dünnen Merian-Büchlein und neuerdings sogar neben vorliegendem, falls der Händler der zunehmenden Unart widerstehen konnte, unsere Bücher abseits der eigentlichen Reiseliteratur in einer Spezialecke zu deponieren, neben den Anglern, dem ADAC und denen, die zu nennen nicht über unsere Lippen kommt). Über die trockene Betrachtung der DUMONT-Kunstreiseführer haben wir uns in anderen Büchern gelegentlich ein wenig kritisch geäußert, was sich hier nicht wiederholen soll. Wie dankbar waren wir **Ida Leinberger** und **Walter Pippke**, dass wir ihren profunden Recherchen folgen durften, sonst wäre uns nur der **HB-Bildatlas** Nr. 230, ***Piemont, Aosta-Tal*** geblieben, ein zum Einstieg gar nicht mal so schlechtes Werk. Da wir dachten, die Buchhändler seien nur schlecht sortiert, suchten wir im Computer nach den lieferbaren Büchern über das Piemont und nahmen erstaunt zur Kenntnis, dass das Angebot unglaublich dürftig ist. Es sei denn man möchte sich über Wein informieren, vielleicht auch noch über Gasthäuser. Wein-Reisen, Wein und Wandern, Trüffel und Barolo .... Als könnte man im Piemont nur Flaschen und Speisekarten betrachten.

Ganz anders ist der Buchladen beim Buchstaben fast daneben bestückt, unter ‚L', was daran liegt, dass **Ligurien** nicht nur reizvoll ist, sondern auch am Meer liegt. Zwei schöne Bücher gehören ins Gepäck: ***Italienische Riviera, Cinque Terre*** von **Michael Machatschek**, aus dem **Michael Müller Verlag**, ausführlich und großartig recherchiert, sowie die „Bibel" für das Gebiet östlich von Genua, ***Cinque Terre, ligurische Küste*** von **Christoph Hennig**, aus gutem Grund bereits in der 15. Auflage.

Im Regal auch nicht weit entfernt unter dem Titel **Oberitalienische Seen** finden Sie, ebenfalls aus dem **Michael Müller Verlag**, das schöne Buch von **Eberhard Fahrer**. Die beiden piemontesischen Seen nehmen dort den ihnen gebührenden Raum ein.

Notfälle

Ärzte:

Ab dem Jahre 2006 gilt die neue ‚*Europäische Krankenversicherungskarte*'. Bis dahin stellt Ihnen Ihre Krankenkasse (zumindest in Deutschland, die nicht deutschen Leser müssen sich selbst erkundigen) eine ‚*Bescheinigung als provisorischer Ersatz für die Europäische Krankenversicherungskarte*' aus, die auch für die Schweiz gilt. Damit gehen Sie zum Arzt oder ins Krankenhaus. Das Papier nehmen Sie dort aber wieder mit, nachdem man Ihre Daten abgeschrieben hat. Falls der Arzt den Schein nicht akzeptiert, können Sie zu Hause die Rechnung bei Ihrer Kasse vorlegen, die Ihnen voraussichtlich einen Teil der Kosten erstatten wird. Wer eine private Krankenversicherung (wenn auch nur für den Urlaub) abgeschlossen hat, ist besser abgesichert. Der muss dann zwar bezüglich aller Leistungen das Geld vorlegen, mit der späteren Erstattung gibt es jedoch in der Regel keine Probleme. Wir empfehlen dringend eine (bis zu 45 Tagen) sehr preisgünstige Auslandskrankenversicherung. Adressen deutschsprachiger Ärzte erhält man vom ADAC, München (Tel. 0049 89 222222), aber auch bei den örtlichen Touristenbüros oder beim Campingplatzverwalter.

Im schlimmsten aller schlimmen Fälle: Wenn Sie einen Auslandsschutzbrief haben, werden Sie, Ihre Familie und das WOMO kostenlos nach Hause transportiert.

Apotheken:

Die Öffnungszeiten: 9-13 und 16-20 Uhr; die Anschrift der Nachtapotheke kann man an jeder anderen Apotheke erfahren, zumeist unter der Überschrift *turno*.

Konsulate/Botschaften:

Deutsche Botschaft in Rom, Tel. 06 49213-1, Fax: 06 445 26 72, www.deutschebotschaft-rom.it/

Generalkonsulat der Bundesrepublik Deutschland, Milano, Tel. 02 623 1101;
Österreichische Botschaft in Rom, Tel. 06 8440141, Fax: 06 8543286;
Österreichisches Konsulat, Corso G. Matteotti 28, 10121 Turin, Tel. 011 563 58 76;

Schweizer Botschaft in Rom, Tel. 06 809 571, Fax: 06 808 85 10; Schweizer Generalkonsulat Piazza Brignole 3/6 , 16122 Genova, Tel. 010 54 54 11

Notruf:

Polizeinotruf und Rettungsdienst: 113, Feuerwehr: 115, Carabinieri: 112 (funktioniert alles auch per Handy)

Pannendienst:
Automobil Club Italiano - ACI: 116
Deutschsprachiger Notrufdienst des ADAC in Italien Tel. 02 661591 und in München: Tel. 0049 89 222222
ÖAMTC-Notrufzentrale Wien: 0043 1 3831111

Reisezeit/Klima

Unser Zielgebiet liegt in unterschiedlichen klimatischen Zonen, erst recht in unterschiedlichen Höhen, wir müssen also noch mehr als in anderen Büchern differenzieren:

Selbst im **Frühling** (sicherheitshalber) nur mit Schneeketten im Gepäck praktikabel, im Grunde also ungeeignet, sind das Aosta-Tal und die sogenannten West-Täler, weil Sie dort in alpine Regionen vorstoßen, wo man, entsprechende Infrastrukturen vorausgesetzt, bis ins Frühjahr Wintersport betreiben kann. Wir nehmen nicht an, dass Sie dieses Buch gekauft haben, um nach Stellplätzen für Wintercamping zu blättern. Das Restgebiet ist ab Ende März machbar, vermutlich auch schon früher, aber in diesen Zeiten kennen wir uns nicht aus. Wenn Sie damit umgehen können, dass **März, April** und **Mai** keineswegs regenarm sind, dass Sie in den Bergen mit deutlich mehr Niederschlägen rechnen müssen als in Ligurien, werden Sie mit ein wenig Glück überall schöne Tage erleben. Sowohl an den Seen, wie auch in der Langhe haben wir schon Ende März tolle Frühlingstage am Stück erlebt. Im selben Urlaub, nach einem plötzlichen Wetterumschwung, hätte uns aber auch ein Graupelschauer nicht überrascht, als wir unsere Stimmung nur noch mit den kulinarischen Gaben des Landes, am Abend vor allem mit den flüssigen, davor bewahren konnten, ähnlich dem Thermometer abzusacken. Mit anderen Worten, die Heizung war dann ständig in Betrieb. Aber das änderte sich überraschend schnell, und es folgten wieder wunderbare Sonnentage.

Das Wetter ist südlich der Alpen meist besser und wärmer als in Deutschland, wenn auch die Natur nicht weiter fortgeschritten ist als bei uns in Baden. Mit einer Ausnahme: Die ligurische Küste ist ähnlich der Côte d'Azur vom Klima deutlich verwöhnter, weil die Berge die kalten Lüfte von Norden abhalten. Die Zeit um Ostern ist gerade für diese Region ideal, wenn Sie wandern - neben Ende September und Oktober - die beste Zeit.

Über **Ostern** ist in Italien wirklich jeder, der ein Wohnmobil besitzt ebenso auf Achse wie jedes Mietmobil. Zu keiner anderen Zeit sind die Stellplätze derart bevölkert. Am Abend des Karfreitag geht es los, und wir kennen Plätze, auf denen wir am Ostersonntag und -montag (in Italien im Gegensatz zum Karfreitag ebenfalls ein Feiertag) über 100 Fahrzeuge sahen, während in den Sommermonaten dort weniger als 5 Reisemobile anzutreffen waren. Ostern ist auch die Zeit, wo Wohnmobilverbotsschilder völlig ignoriert und die Verstöße genauso wenig geahndet werden. Wo Sie aber auch planen sollten und sich an den Gewässern sowie an sonstigen Top-Zielen spätestens am Nachmittag des Karfreitag einfinden müssen. Es ist ziemlich aussichtslos, beispielsweise am Ostersonntag an der ligurischen Küste einen freien Stellplatz zu suchen. Ersparen Sie sich diesen Frust und meiden Sie am Nachmittag des Ostermontag jede Art von Fernstraße, namentlich die Autobahn. Der **25. April** ist übrigens Nationalfeiertag, und wenn Ostern in dessen Nähe liegt, was allerdings nur selten vorkommt, ebbt der Andrang auch am Nachmittag des Ostermontags noch nicht ab.

Was sollen wir Ihnen über **Mai** und **Juni** berichten, die Zeit um Pfingsten? Sie sind Lehrer, aber dummerweise nicht in Baden-Württemberg oder Bayern, Sie würden gerne, aber Sie können nicht. Sie tun uns leid, weil das die beste Zeit ist, und zwar für's ganze Zielgebiet. Die Tage sind länger als im September, und die Natur trägt noch ihr Frühlingskleid. Wir trösten Sie, indem wir Ihnen mitteilen, dass die durchschnittliche Niederschlagsmenge aber noch deutlich höher liegt. Und dass der **2. Juni** ein Feiertag ist mit hohem Verkehrsaufkommen.

Eine sehr schöne Zeit ist auch die erste **Julihälfte**, in deren Genuss zumindest diejenigen ab und an kommen, denen die Kultusminister keine

Pfingstferien bescheren. Die Einheimischen sind dann noch, wie auch über Pfingsten, meist zu Hause. Das soll nicht danach klingen, als wünschten wir uns ein Italien ohne Italiener, ganz im Gegenteil. Aber Teile unseres Reisegebietes reagieren auf einen verstärkten Wohnmobilansturm ziemlich sensibel, die piemontesischen Seen, die ligurische Küste und ganz besonders die Cinque Terre. Italienische Urlauber sind aber mit dem Wohnmobil in einer Konvoi-Stärke unterwegs, wie sie in Europa einmalig ist (die tatsächlichen Zulassungszahlen sind zwar in Deutschland höher, die gefühlten italienischen übertreffen diese jedoch bei weitem).

Je mehr wir uns nämlich auf den **August** zu bewegen, umso problematischer wird es in der Nähe von Gewässern, und sei es auch ein paar Kilometer davon entfernt, also an den Seen, an der Riviera und dahinter. Vor den ersten beiden Augustwochen muss man wirklich warnen! Das gilt nicht für das Piemont abseits der Seen, wo die Hauptreisezeit des Jahres noch lange nicht begonnen hat und wo Sie das ganze Jahr über Patz finden. Nur, wer möchte im August das Schloss von Barolo besichtigen? Was auch wirklich eine Schnapsidee wäre, weil es um diese Zeit in den flacheren Regionen brütend heiß werden kann und man dann, verzichtet man schon auf die Küste, tunlichst in das Aosta-Tal oder in die West-Täler reisen sollte, ideale Wochen für diese Regionen.

Die meisten Italiener beenden ihre Sommerferien am **Wochenende nach dem 15. August**, dem sogenannten *Ferragosto* (Mariä Himmelfahrt und in Italien Feiertag). Wenn Sie mit Hilfe unserer Bücher nur den einzigen, folgenden Tipp beherzigen, hat sich das Geld schon gelohnt: Meiden Sie an den beiden Wochenenden vor und nach dem 15.8. jedweden Verkehr auf italienischen Fernstraßen. Sie vergeuden sonst wertvolle Lebenszeit. Die Straßen, insbesondere die Autobahnen, sind dann noch voller als an Ostern, an den Mautstellen schwitzen Sie in langen Schlangen (das ist die Gelegenheit, Ihnen mal wieder die Fahrspuren für die *Via Card* in Erinnerung zu bringen, wo Sie Ihre Kreditkarte, nicht aber die EC-Karte, nach deutlich kürzerer Wartezeit in den Schlitz schieben).

Nach besagtem Wochenende wird es richtig leer, **Ende August** treffen Sie neben den Südlichtern aus Bayern und Baden-Württemberg, die dann wegen der notorisch späten Sommerferien in Italien häufig Ihren Weg kreuzen, nur noch Rentner im *Hymermobil* (kein Protest, irgendwann gehören wir auch dazu). Die retten sich über den September und vielleicht sogar bis deutlich in den **Oktober**. Dann allerdings trifft man sie neben den nun erneut urlaubenden Lehrern und Feinschmeckern nur noch in und um Alba, Asti, Barolo und vielleicht La Morra. Auf der Suche nach den ultimativen Trüffeln, und ab 11,30 Uhr bedudelt. Von der Weinprobe, die sie just dann zelebrieren möchten, wenn die Winzer Wichtigeres zu tun haben. Kurz, im Oktober, je nach dem Zeitpunkt deutscher, österreichischer und vielleicht auch schweizerischer Herbstferien, ist im südlichen Piemont die absolute Hochsaison. Nicht dass Sie dann um einen Stellplatz bangen müssten, wohl aber um einen Sitzplatz in den Lokalen, die um diese Zeit im *Feinschmecker*, in der *Zeit* oder bei *GeoSaison* als Geheimtipps gehandelt werden.

Die Trüffel-Saison dauert angeblich bis zum März, das aber interessiert Sie nicht. Spätestens in den ersten Novembertagen werden Sie unser Buch, möge es bis dahin gebraucht und zerfleddert sein, ins Regal stellen. Vielleicht haben Sie zuvor ein paar klare **Herbsttage** erlebt, mit zum Greifen nahen Westalpen und aus den Tälern der Langhe aufsteigenden Nebelschwaden. Mit ganz einfachen Worten: Die beste Zeit der Langhe liegt, so sehr wir die Tage um Ostern mögen, zwischen Mitte Oktober und Mitte November.

Restaurants

Nicht selten begegnen Ihnen noch traditionelle Menüs, besonders im Hinterland, im Piemont und wo die Italiener essen. Gereicht wird zu einem günstigen Pauschalpreis eine mehr oder weniger **feste Menüfolge**, die heutzutage in Touristengegenden kaum noch angeboten wird, weil die Fremden ständig und unerträglich umbestellt, ausgelassen, gemeckert und am Ende noch den Preis benörgelt haben. Das ist sehr schade, weil diese

Abfolgen typischer Gerichte, besonders von Vorspeisen, meist ein optimales Preis-/Leistungsverhältnis boten. Wenn Sie sich darauf nicht einlassen möchten (Sie müssen ja nicht alles essen), wechseln Sie lieber das Ristorante.

Telefonieren

Die **Ländervorwahlziffer** nach Italien ist stets die 0039, danach **muss die 0 der Ortsvorwahl mitgewählt** werden. Von Italien sind die Ländervorwahlziffern (ohne 0 der Ortsvorwahl):

von Italien nach Deutschland 0049
von Italien in die Schweiz 0041
von Italien nach Österreich 0043

In Italien wird (außer bei Notruf) immer die Ortsvorwahl einschließlich der 0 mitgewählt – auch aus dem selben Ortsnetz - wie aus dem Ausland !! **Alle Angaben gelten auch für Funktelefone.**

Trüffeln

Wenn Sie bei diesem Thema mitreden wollen, sollte Ihnen ein etwas peinlicher Schnitzer erspart bleiben: Es heißt nicht der Trüffel. Die Trüffel ist im Italienischen männlich *(tartufo)* im Deutschen hingegen ist sie **weiblich** und wird dekliniert wie Tafel (die Trüffeln).

Von der ordinären schwarzen Schwester, die nur halb so teuer ist, wollen wir hier nicht reden und auf das Umbrien-Buch verweisen. Denn im südlichen Piemont wächst *Tuber magnatum pico*, einer der wertvollsten Bodenschätze Italiens, laut Gesetz **Alba-Trüffel** genannt, umgangssprachlich eher weiße Trüffel, obgleich zumindest auf der Außenseite hellbraun. Dass Sie Gelegenheit haben werden, die angeblich potenzfördernde Wirkung der Knolle zu verspüren, ist ein wenig unwahrscheinlich, müssten Sie dazu diese in nicht ganz geringen Mengen einnehmen. Das würde teuer.

Zwischen 2 und 3 Euro kostet das Gramm (!), und die Preiskurve ging in den letzten Jahren mit trockenen Sommern, die dem Wachstum abträglich waren, möglicherweise auch wegen gestiegener Nachfrage steil bergauf. Trüffelsucher sind Schatzsucher, ihre Hunde, überwiegend Mischlinge, sind ein wertvolles Betriebskapital, das liebevoll gehegt und noch besser bewacht wird; 5.000 Euro ist der Vierbeiner locker wert, auf dessen feine Nase das Herrchen angewiesen ist, wenn es gilt, im Morgengrauen an geheim gehaltenen Stellen das Aroma aus bis zu 50 cm Tiefe zu riechen. Trüffeln wachsen an den Wurzeln einer Wirtspflanze, an Eichen, Weiden, Pappeln oder Linden, und es ist noch nicht gelungen, sie anzubauen oder plantagenartig zu vermehren. Die Gesamternte im Piemont liegt zwischen 3.000 und 5.000 kg pro Jahr, was vom Wetter abhängt; mehr allerdings noch davon, ob die hellbraune Knolle „weiß“ oder „schwarz“ verhökert wird. Die „schwarzen“ Erzeugnisse bleiben der Statistik fern, was wohl der Hauptgrund dafür ist, dass statistisch Jahr für Jahr geringere Mengen geerntet werden. Die größten und aromatischsten weißen Knollen wachsen, auch wenn sie schwarz wachsen, um Asti, bei Moncalvo und im südlichen Monferrato.

Zum Kauf bieten sich die **Trüffelmärkte** in Alba *(Mitte September bis 31. Dezember, Sa. 7,30-13,30 Uhr)* und Asti *(Piazza San Secondo, 21. November von Sonnenaufgang bis -untergang)*. In Alba bekommen Sie während der Saison aber auch in Geschäften frische Trüffeln, Sie können sich beinahe von der Nase leiten lassen, denn der sehr starke Geruch dringt bis auf die Straße und wird auch in Ihrem WOMO lange haften bleiben.

Bislang ist uns noch nicht aufgefallen, dass die Trüffeln vor Ort die in Deutschland inzwischen ständig anzutreffende bis zur Ungenießbarkeit führende Behandlung erfahren. Riechen Sie daran, und lassen Sie die Finger weg, wenn Sie eine Mischung aus Petroleum und Mottenpulver erschnüffeln - oder auch nur erahnen. Dann wurden die weißen Nuggets gegen Schimmel behandelt, um sie besser feucht halten zu können. Feuchtigkeit verbessert angeblich den Geschmack, vor allem aber erhöht sie das Gewicht - und damit den Profit. Sie sollten Trüffeln nicht länger als eine Woche aufbewahren, am besten in einem verschlossenen Glas mit Reis. Sie dürfen sie nur bürsten, keinesfalls waschen, bevor Sie die Kostbarkeit mit einem Trüffelhobel (ein absolut unverzichtbares Utensil, ohne das Sie sich die hohe Geldausgabe für den teuren Pilz wirklich sparen können) in hauchdünnen Scheiben über die Spaghetti hobeln. Ein wenig hochwertiges Trüffelöl verbessert das Geschmackserlebnis erheblich. Außer Nudeln eignen sich auch noch Spiegelei oder Rührei, in dem Sie die Trüffelspäne ziehen lassen.

Bedenken Sie, dass ein Steak auch Geld kostet und vergleichen Sie damit die für die Trüffelscheibchen aufgewendeten Kosten, werden Sie feststellen: Trüffeln sind nicht viel teurer. Eine nicht zu kleine Knolle reicht locker für zwei Personen als Gabe zum Nudelhauptgang.

Vergessen Sie alle Formen von konservierten Trüffeln. Wir haben dazugelernt: Jeder frische Zucht-Champignon schmeckt besser.

Verkehr/ Tankstellen

Gemeint sind die Vorschriften in Italien, wir nennen Ihnen die überraschendsten: Ein **Reservekanister** ist verboten. Aber Sie wären vermutlich der erste Leser, der kurz vor der Grenze die 5 l in den Fahrzeugtank umfüllt.

Ein Bußgeld riskieren Sie, wenn Sie keine **Warntafel** an Ihrem überstehenden Heckgepäckträger angebracht haben, selbst wenn dieser hochgeklappt ist. Der sogenannte *Panello* muss aus Alu sein, die früher gebräuchliche Plastiktafel ist bei Einheimischen noch häufig im Einsatz, sie wurde aber schon vor Jahren verboten. Und es hört sich nicht an wie ein Gerücht, wenn gemunkelt wird, die Warntafelindustrie habe Dankesschreiben an die Bürokratie geschickt. Die Empfänger solcher Post sind dieselben, denen nun die Warnwestenindustrie die Füße küsst, muss doch ab Sommer 2004 in Italien jeder, der pannen- oder unfallbedingt sein Auto verlässt, eine gestreifte **Leuchtweste** tragen, also auch die Beifahrer. Beflissen, wie wir nun mal sind, empfehlen wir, nur in Warnweste hinter das Steuer zu klettern und während der Fahrt auch die Familie genauso einzukleiden. Stellen Sie sich vor, sie steigen bei einem Unfall oder einer Panne alle eilig aus! Das dürfen Sie nämlich nicht - ohne Weste!! Die Glühlampenindustrie wird sich über verstärkten Birnenverbrauch freuen und ebenfalls Danke sagen: Seit dem Jahr 2003 ist in Italien außerorts auch tagsüber auf allen Straßen **Abblendlicht** vorgeschrieben.

Die **Strafen** sind saftig: 200 €, wenn der *Panello* fehlt. 1.000 € und der Führerschein sind nach einer Geschwindigkeitsüberschreitung von mehr als 40 km/h in den Händen der Polizei. Für Geschwindigkeitsüberschreitung unter 40 km/h können zwischen 100 und 400 € fällig werden.

Auf den Autobahnen ist an den Mautstellen größte Vorsicht geboten. Wer sich auf der falschen Spur eingeordnet hat, weil er zum Beispiel die *Telecard* mit der *Via Card* verwechselt hat (erstgenannte muss man kaufen, während anstelle der zweitgenannten die Visa Karte, nicht allerdings die ec-Karte, funktionieren) und dann rückwärts fährt, muss sich einen Ersatzfahrer suchen, falls die Polizei zuschaut. Die zieht nämlich dann sofort den Lappen ein, weil man auf der Autobahn bekanntlich nicht rückwärts fahren darf. Bleiben Sie stur stehen, bis Ihnen das Personal zu Hilfe kommt. Nachfolgend eine Tabelle über die erlaubten **Höchstgeschwindigkeiten** (km/h):

	Autobahn	Landstraße	Ortschaft
Schweiz	120	80	50
Österreich	130	100	50
Italien	130	90	50

Eine grüne Versicherungskarte ist für Italien wie auch für die Transitländer nicht erforderlich. Wir empfehlen sie trotzdem wie auch dringend eine Vollkaskoversicherung und einen Schutzbrief, beides halten wir für eine Selbstverständlichkeit, genauso wie die Rechtsschutz- und die Auslandskrankenversicherung.

Das **Tankstellennetz** ist in Italien dicht. Aber die meisten Säulen sind über Mittag zwischen 12.30 und 15 Uhr geschlossen. Auch sonntags ist es oft sehr schwierig, eine offene Zapfstelle zu finden. Beides gilt nicht für Autobahnen, wo Sie 24 Stunden tanken können und wo die Preise genauso hoch sind wie anderswo. Falls die Tankstellen bestreikt werden, gibt es auf den Autobahnen trotzdem Sprit, weil dort der Streik verboten ist. Die Urlaubskasse wird entlastet, wenn Sie an den zunehmenden Selbstbedienungssäulen tanken, die es teilweise auch innerhalb einer Tankanlage gibt. Sie können sie an der Beschriftung *fai da te (mach es selbst)* erkennen.

Wanderungen

Unser Reisegebiet wird in mehreren Wanderführern behandelt. Aus der Serie **WANDERN & ERLEBEN** des Bruckmann Verlages:

- *Lago Maggiore, Comer See und Luganer See* von Eugen E. Hüsler,
- *Südliches Piemont* von Lisa Bahnmüller,
- *Cinque Terre und Ligurien* von Michael Pröttel

Während die vorgenannten Bücher auch auf die allgemeinen Sehenswürdigkeiten ähnlich einem normalen Reiseführer eingehen, konzentrieren sich die **Rother Wanderführer** ausschließlich auf ihr Thema und sind demnach ein wenig preiswerter, kleiner und leichter sowie über den WOMO-Verlag zu beziehen. Von Rother gibt es:

- *Lago Maggiore* von Jochen Schmidt,
- *Aosta-Tal* von Johannes Führer,
- *Cinque Terre, Ligurien Ost* von Martin Locher (mit wertvollem Busfahrplan, weil sich die Gegend nicht unbedingt für Rundwanderwege eignet und nicht überall der Zug fährt).

Leider gibt es noch keine Wanderführer für die West-Täler. Dafür kann man dort mit Hilfe der **Karten** Nr. 6 und Nr. 7 des **Instituto Geografico Centrale** wandern. Man bekommt sie, wie auch die anderen **Wanderkarten** des Instituto, alle im Maßstab 1:50.000, das gesamte Gebiet unseres Führers abdeckend, vor Ort in Zeitschriften- oder Buchläden. Fragen Sie nach der *Carta dei sentieri* (Wanderkarte). Längst nicht alle dort eingezeichneten Wanderwege sind in der Natur auch markiert (sowie umgekehrt), aber man kommt damit zurecht. In der waldarmen Langhe, wo man zum Teil auf Sicht läuft, kann man sich auch sehr gut ohne Karte orientieren. Vertrauter sind die **Kompass-Wanderkarten** im Maßstab 1:50.0000, die Sie aber nur zu den Seen, zum Aosta-Tal und zur ligurischen Küste erwerben können (Näheres unter www.kompass.at).

Wein

Auch in Italien gilt inzwischen die **0,5 Promille-Grenze**. Allzu tief sollten Sie also bei der Weinprobe nicht ins Glas schauen.

Die größten Fachleute haben sich in ganzen Büchern, ja Werken, über *Barolo, Barbaresco, Barbera & Co* ausgelassen. In vorliegendem Buch anspruchsvoll über Wein zu schreiben, hieße daher, mit den großen Hunden das Bein heben zu wollen - und nicht einmal das zu können. Dieser Schmach möchten wir uns nicht aussetzen und bleiben daher an der Oberfläche:

Die **Preise** der guten Gewächse sind im Piemont genauso gestiegen wie anderswo. Auch beim Winzer kostet die Flasche *Barolo* oder *Barbaresco* stets mehr als 10 , meist über 15 Euro, einen *Dolcetto* gibt es nie unter 5 und selten unter 6 Euro. Aber nach wie vor sind die Weine bei den Winzern deutlich preiswerter als in den Weingeschäften, wo sie wiederum gar nicht so sehr viel preiswerter sind als in den Restaurants. In letzteren kann man am besten und in Ruhe ein Fläschchen testen, falls man sich Sorte, Winzer und Jahrgang (!) aufschreibt. Wenn man dann beim Erzeuger die beim Essen erschlurfte Lage nachgekauft und die erste Flasche zu Hause entkorkt hat, ist man oft etwas enttäuscht. Fragen Sie uns nicht, woran das liegt; bisweilen am Jahrgang, meist an der Stimmung und nicht selten auch daran, dass wir zu Hause nicht das Passende dazu essen. Eine überzeugende Erklärung haben wir allerdings noch nicht parat, wir finden uns mit dem Phänomen einfach ab und vergessen die Flaschen längere Zeit im Keller.

Sie erwarten **Adressen**? Damit uns die Biertrinker und Aldi-Rotweinkenner, die Wein nur nach der Farbe, mehr noch nach dem Preis unterscheiden, nicht wieder mit E-Mails überhäufen, um uns aufzuklären, sie hätten einen

WOMO- und keinen Weinführer gekauft, liefern wir nur zwei:

Azienda Agricola Cascina Ballarin, La Morra, unten im Tal an der Straße nach Barolo, gleich wenn man von La Morra heruntergekommen ist, rechts. Der *Barolo*, gekühlt vergoren, aber sonst traditionell ausgebaut, gefällt uns besonders, weil er mächtig, würzig und weich ist. Wir haben uns auch mit *Dolcetto* eingedeckt, den wir gern trinken, bei dem zu Hause jedoch ein wenig der oben geschilderte Effekt eingetreten ist. *Cascina Ballarin* empfehlen wir auch deshalb, weil das Weingut über drei WOMO-Stellplätze verfügt nebst einer Dusche und einem Frühstücksraum *(Tel. 0173 50365, Anrufe halten wir nicht für erforderlich; www.cascinaballarin.it)*. Die Betreiber heißen mit Nachnamen Viberti, genauso wie unser zweiter Tipp:

Azienda Agricola Eraldo Viberti, La Morra im Ortsteil S. Maria, Borgata Tetti 53 *(Tel. 0173 50308 der Ortsteil Santa Maria liegt nordöstlich von La Morra)*. Eraldo keltert einen famosen *Barolo*, sein Nachteil ist nur, dass er pro Jahr damit lediglich etwa 16.000 Flaschen füllt und demnach nicht in der Lage ist, Ihre Heckgarage mit Barolo-Kisten zu füllen. Beim *Barbera*, den er auch herstellt, ist er weniger kleinlich. Seine Weine sind deutlich teurer als die der *Cascina Ballarin* (die Flasche Barolo kommt auf rund 25 €). Die geringe Menge und diverse überschwängliche Bewertungen in der Fachliteratur haben die Preise in die Höhe schnellen lassen.

Eraldo Viberti bevorzugt das kleine **Barriquefass**. Das tut inzwischen mehr als die Hälfte der Winzer im Piemont, nachdem in den 80er Jahren eine neue, junge Generation die hergebrachten Produktionsmethoden geradezu radikal verändert hat. Sie reduzierte die Traubenmenge auf weniger als die Hälfte, führte Gärtanks aus Edelstahl mit integrierter Kühlung ein und kleine, französische Barriques, statt alter slowenischer Eiche. Ihr Vorreiter war Elio Altare, den angeblich sein Vater enterbt hatte, nachdem Elio mit der Kettensäge die großen Holzfässer angegriffen hatte. Es entstand ein tiefer Graben zwischen den *Modernisten* und den *Traditionalisten*, der bislang erst teilweise wieder zugeschüttet ist. Der Hauptunterschied besteht darin, dass die modernen *Barolo*, wenn sie nach etwa drei Jahren auf den Markt kommen, schon trinkfertig sind, während die Produkte der *Traditionalisten* bis zu 10 Jahre im Keller nicht angerührt werden dürfen, ehe sich der Gerbstoff ausreichend abgebaut hat (das gilt nicht für die Produkte der *Cascina Ballarin*).

Aber so ganz hat man sich doch noch nicht angenähert, zumal sich inzwischen Önologie und Politik mischen: *„No Barrique, No Berlusconi"* schrieb unlängst der bekannte *Traditionalist* Bartolo Mascarello in großen Lettern auf seine Flaschen.

Es bringt der Buchstabe mit sich, das **W**, dass wir am Ende unserer Bücher stets miteinander auf Land und Leute, die Winzer und Köche, unsere Verleger, immer seltener auf die Produzenten unserer Wohnmobile, gelegentlich auf die Bürgermeister, auf Petrus, unbeirrt auf Kodak, in erster Linie aber auf Sie und Ihren Urlaub anstoßen.

Stichwortverzeichnis

Der WOMO®-Pfannenknecht

ist die saubere Alternative zum Holzkohlengrill.

* Kein tropfendes Fett,
* Holz statt Holzkohle,
* vielfältige Benutzung –
* vom Kartoffelpuffer bis zur Gemüsepfanne.

Massive Kunstschmiedearbeit, campinggerecht zerlegbar,
Qualitäts-Eisenpfanne von Rösle,
bequeme Handhabung im Freien, einfachste Reinigung.

Nur 45,50 € – und nur bei WOMO!

Der WOMO®-Aufkleber

WOMO® fan
www.womo.de

* passt mit 45 cm Breite auch auf Ihr Wohnmobil.
* ist das weit sichtbare Symbol für alle WOMO-Freunde.

Nur 2,90 € – und nur bei WOMO!

Der WOMO®-Knackerschreck

* ist die universelle und **sofort sichtbare Einbruchssperre**.
* Wird einfach in die beiden Türarmlehnen eingehängt, zusammengeschoben und abgeschlossen. (tagsüber unter Einbeziehung des Lenkrades, nachts direkt, somit ist Notstart möglich).
* Passend für Ducato, Peugeot, MB Sprinter sowie VW (LT & T4).
* Krallen aus 10 mm starkem Edelstahl, d. h. nahezu unverwüstlich.

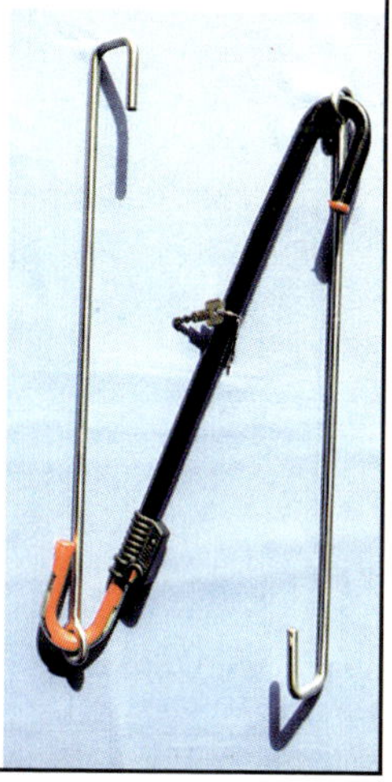

Nur 37,50 € – und nur bei WOMO!

Info-Blatt für das WOMO-Buch: Piemont & Ligurien '05

(ausgefüllt erhalte ich 10% Info-Honorar auf Buchbestellungen direkt beim Verlag)

Lokalität: Seite: Datum:
(Stellplatz, Campingplatz, Wandertour, Gaststätte, usw.)
unverändert gesperrt/geschlossen folgende Änderungen:

Lokalität: Seite: Datum:
(Stellplatz, Campingplatz, Wandertour, Gaststätte, usw.)
unverändert gesperrt/geschlossen folgende Änderungen:

Lokalität: Seite: Datum:
(Stellplatz, Campingplatz, Wandertour, Gaststätte, usw.)
unverändert gesperrt/geschlossen folgende Änderungen:

Lokalität: Seite: Datum:
(Stellplatz, Campingplatz, Wandertour, Gaststätte, usw.)
unverändert gesperrt/geschlossen folgende Änderungen:

Lokalität: Seite: Datum:
(Stellplatz, Campingplatz, Wandertour, Gaststätte, usw.)
unverändert gesperrt/geschlossen folgende Änderungen:

Lokalität: Seite: Datum:
(Stellplatz, Campingplatz, Wandertour, Gaststätte, usw.)
unverändert gesperrt/geschlossen folgende Änderungen:

Meine Adresse und Tel.-Nummer:
(nur komplett ausgefüllte Infoblätter können berücksichtigt werden)

Wir bestellen:

- ❑ Allgemeines Wohnmobil Handbuch .... 14,90 €
- ❑ Allgemeines Wohnmobil Kochbuch .... 12,90 €
- ❑ Heitere Wohnmobil Geschichten .... 5,90 €
- ❑ Mit dem Wohnmobil durch Belgien & Luxemburg .... 14,90 €
- ❑ Mit dem Wohnmobil in die Bretagne .... 14,90 €
- ❑ Mit dem Wohnmobil nach Dänemark .... 14,90 €
- ❑ Mit dem Wohnmobil ins Elsaß .... 14,90 €
- ❑ Mit dem Wohnmobil nach England .... 14,90 €
- ❑ Mit dem Wohnmobil nach Finnland .... 14,90 €
- ❑ Mit dem Wohnmobil an die franz Atlantikküste (Nordhälfte) . 14,90 €
- ❑ Mit dem Wohnmobil an die franz Atlantikküste (Südhälfte) . 14,90 €
- ❑ Mit dem Wohnmobil nach Griechenland .... 14,90 €
- ❑ Mit dem Wohnmobil nach Irland .... 14,90 €
- ❑ Mit dem Wohnmobil nach Island .... 14,90 €
- ❑ Mit dem Wohnmobil nach Korsika .... 14,90 €
- ❑ Mit dem Wohnmobil nach Kroatien (Dalmatien) .... 14,90 €
- ❑ Mit dem Wohnmobil durch Languedoc/Roussillon .... 14,90 €
- ❑ Mit dem Wohnmobil in die Normandie .... 14,90 €
- ❑ Mit dem Wohnmobil nach Norwegen (Nord) .... 14,90 €
- ❑ Mit dem Wohnmobil nach Norwegen (Süd) .... 14,90 €
- ❑ Mit dem Wohnmobil auf die Peloponnes .... 14,90 €
- ❑ Mit dem Wohnmobil durch Piemont/Ligurien .... 14,90 €
- ❑ Mit dem Wohnmobil nach Polen (Norden/Masuren) ..... 14,90 €
- ❑ Mit dem Wohnmobil nach Portugal .... 14,90 €
- ❑ Mit dem Wohnm. durch Provence & Côte d'Azur (Osthälfte) . 14,90 €
- ❑ Mit dem Wohnm. durch Provence & Côte d'Azur (Westhälfte) 14,90 €
- ❑ Mit dem Wohnmobil durch die Pyrenäen .... 14,90 €
- ❑ Mit dem Wohnmobil nach Sardinien .... 14,90 €
- ❑ Mit dem Wohnmobil nach Schottland .... 14,90 €
- ❑ Mit dem Wohnmobil in die Schweiz (West) .... 14,90 €
- ❑ Mit dem Wohnmobil nach Schweden (Nord) .... 14,90 €
- ❑ Mit dem Wohnmobil nach Schweden (Süd) .... 14,90 €
- ❑ Mit dem Wohnmobil nach Sizilien .... 14,90 €
- ❑ Mit dem Wohnmobil nach Slowenien .... 14,90 €
- ❑ Mit dem Wohnmobil nach Spanien (Nord/Atlantik) .... 14,90 €
- ❑ Mit dem Wohnmobil nach Spanien (Ost/Katalonien) ..... 14,90 €
- ❑ Mit dem Wohnmobil nach Spanien (Süd/Andalusien) ... 14,90 €
- ❑ Mit dem Wohnmobil nach Süd-Italien (Osthälfte) .... 14,90 €
- ❑ Mit dem Wohnmobil nach Süd-Italien (Westhälfte) .... 14,90 €
- ❑ Mit dem Wohnmobil nach Süd-Tirol .... 14,90 €
- ❑ Mit dem Wohnmobil durch Toskana & Umbrien (Osthälfte) . 14,90 €
- ❑ Mit dem Wohnmobil durch Toskana & Umbrien (Westhälfte) 14,90 €
- ❑ Mit dem Wohnmobil durchs Trentino/Gardasee .... 14,90 €
- ❑ Mit dem Wohnmobil durch die Türkei (West) .... 14,90 €
- ❑ Mit dem Wohnmobil durch Ungarn .... 14,90 €
- ❑ WOMO-Pfannenknecht mit Qualitäts-Eisenpfanne .... 45,50 €
- ❑ WOMO-Knackerschreck mit Edelstahlkrallen .... 37,50 €
- ❑ WOMO-Aufkleber "WOMO-fan" .... 2,90 €

Hinweis:
Die besten zu unseren Büchern passenden Autokarten und Wanderführer finden Sie in unserem Internet-Buchshop unter www.womo.de.

Alle Preise in € [D]. Preisänderungen vorbehalten.

Absender:

Datum

Unterschrift

XX'05

WOMO®-VERLAG

Versandabteilung

Wiesenweg 4-6

98634 Mittelsdorf/Rhön